当代大学生心理问题的典型现象研究

DANGDAI DAXUESHENG XINLI WENTI DE
DIANXING XIANXIANG YANJIU

张将星 等 著

·广州·

版权所有　翻印必究

图书在版编目（CIP）数据

当代大学生心理问题的典型现象研究/张将星等著．—广州：中山大学出版社，2022.11
ISBN 978-7-306-07640-3

Ⅰ．①当… Ⅱ．①张… Ⅲ．①大学生—心理健康—健康教育—研究 Ⅳ．①G444

中国版本图书馆 CIP 数据核字（2022）第 200260 号

出 版 人：	王天琪
策划编辑：	曾育林
责任编辑：	曾育林
封面设计：	曾　斌
责任校对：	王　燕
责任技编：	靳晓虹
出版发行：	中山大学出版社
电　　话：	编辑部 020 - 84113349，84110776，84111997，84110779，84110283
	发行部 020 - 84111998，84111981，84111160
地　　址：	广州市新港西路 135 号
邮　　编：	510275　　传　真：020 - 84036565
网　　址：	http://www.zsup.com.cn　E-mail：zdcbs@mail.sysu.edu.cn
印 刷 者：	广东虎彩云印刷有限公司
规　　格：	787mm×1092mm　1/16　15.625 印张　293 千字
版次印次：	2022 年 11 月第 1 版　2025 年 5 月第 2 次印刷
定　　价：	68.00 元

如发现本书因印装质量影响阅读，请与出版社发行部联系调换

国家社科基金后期资助项目
出版说明

　　后期资助项目是国家社科基金设立的一类重要项目，旨在鼓励广大社科研究者潜心治学，支持基础研究多出优秀成果。它是经过严格评审，从接近完成的科研成果中遴选立项的。为扩大后期资助项目的影响，更好地推动学术发展，促成成果转化，全国哲学社会科学工作办公室按照"统一设计、统一标识、统一版式、形成系列"的总体要求，组织出版国家社科基金后期资助项目成果。

全国哲学社会科学工作办公室

序

高校学生的生理年龄基本处于 18～25 岁，在学制阶段包括本科学习和研究生学习两个阶段。心理学家艾瑞克·埃里克森（Erik H. Erikson）在其人格发展八阶段理论中将 18～25 岁归为成年早期，认为该阶段的人生任务是处理亲密对孤独的冲突。换句话说，这一阶段的重要任务是处理人际关系，在寻求与他人建立亲密关系并维持这种亲密关系的过程中获得成长。根据玛格丽特·马勒（Margaret S. Mahler）的观点，18～25 岁是分离－个体化的重要时期。分离－个体化是指个体脱离原本所依赖的家庭进而形成自己独立个性心理的过程。分离－个体化主要是从青春期开始的，但实际上却是一个持续一生的过程。这个过程可以分为两部分：其一是与父母分离，其二是寻找原生家庭之外的新关系。

然而，分离－个体化不是一个简单的线性轨迹，在这个过程中，个体会遇到很多问题。对这些问题的理解、分析对个体继续前进有着重要的指导作用。本书采用了精神动力学、认知行为治疗和动力学团体治疗三种理论来建构分析框架。精神动力学和认知行为治疗是传统且经典的两个理论流派。团体治疗越来越得到学界的重视，并且在不同的理论流派中发展出独特的团体治疗理论。

本书共分为三编十三章。第一编对心理问题的必然性及理论分析框架做了阐述。首先，对精神动力学做了简要介绍，包括经典精神分析、客体关系、自体心理学、主体间性心理学、依恋关系理论。然后，对认知行为治疗的基本原理进行了简要介绍。同时，作为对动力学团体的开创性运用，本书简要介绍了"团体交互模型"在高校心理咨询和心理教育中的使用范畴。

第二编运用三种理论分析框架对大学生常见的五种典型心理问题的表征（包括自卑、焦虑、强迫症、恐惧症、抑郁）进行分析。这些问题的适用理论和治疗技术是不同的，有的适合用精神动力学，有的适合用认知行为治疗。但不管针对哪种问题，都可以用团体治疗来进行处理，只不过需要团体带领者对当事人当时的状态是否适合进入团体进行评估，并且需要在当事人进入团体前进行访谈评估。

第三编运用三种理论分析框架对大学生典型心理问题的关系领域（包括自己与自己的关系、自己与他人的关系、自己与社会的关系）进行分析，其中，自己与他人的关系又分为一般人际关系（包括师生关系、同学关系、舍友关系等），以及亲子关系和亲密关系。关系，在我们一出生的时候就关乎着我们的存活，在我们度过了与母亲的共生期后，关系又开始影响我们对自己的认同，如我们是否信任这个世界，我们是否信任自己。如同温尼科特（D. W. Winnicott）所说的"从来没有婴儿这回事儿，当你看到婴儿的时候，一定同时看到照顾他的母亲"，母亲与婴儿的关系决定了婴儿对客体关系的认知和对自己的认知。客体关系是指存在于一个人内在精神中的人际关系形态的模式。"依恋的工作模式"根源于我们与最早期的依恋对象之间的体验，并形成一系列有关他人会如何对待我们的期望。亲密关系是亲子关系在成人世界的两人关系中的体现，社会关系则让我们归属于不同的团体；社会关系作为一种共同的社会文化基因、共同的集体主义价值导向的社会心理共同体，承载着使团体成员在其中获得疗愈和成长的容器功能。个体在团体交互的人际交往中反思其内在人际交往模式，修复从原生家庭带来的创伤和缺憾，并在团体交往过程中完成人际交往模式的矫正。我们了解客体关系、依恋关系、亲密关系、团体关系的最终目的是要了解自己，与自己和平相处。但是，在成长过程中形成的假性自体如同我们的影子，既代表着我们，又掩饰着我们，有时甚至会让我们忘记真正的自己。而且夸大的自体和全能感又让我们无法接受真实的自己。因此，找回真正的自己是人生自始至终的一门功课。

本书的撰写工作由两位作者共同完成，其中认知行为治疗理论的相关章节及结语部分主要由徐勇老师执笔。本书中所有案例均来自学生与笔者的书信往来，以及课程论文的自我分析，并获得了使用授权。需要说明的是，本书中所用素材均隐去或修改了个案的个人信息，同时为了真实性尽量保持了书信的原貌。感谢贡献这些素材的同学，其中还要感谢李利平和许必颖两位同学帮忙收集整理相关理论素材。更要感谢学界前辈们，本书中借鉴的研究已尽量以脚注、尾注和参考文献等方式予以说明备注，如有错漏，恳请谅解并告知。

此外，本书是国家社科基金后期资助项目的研究成果，在此还要感谢评审专家对完善本书所提出的宝贵意见。

高校是年轻人聚集的地方，如同有满天星斗的天空。每一个年轻人都像一颗闪耀的星星，每一颗星星都有自己的故事，在一明一暗的光芒中传递着自己的心声，而每一个心声都值得我们用心去倾听，这也是笔者撰写这本书的初衷。

最后笔者想说的是，如果身为父母的朋友们也能读到这本书，那就更好了。

目　　录

第一编　心理问题的必然性及理论分析框架的建构与阐释/1

　　第一章　成年早期的人生任务：心理问题的必然性/1
　　第二章　大学生典型心理问题的经典解析框架——精神动力学治疗
　　　　　　与认知行为治疗/22
　　第三章　大学生典型心理问题的第三条解析路径——团体治疗/48

第二编　大学生典型心理问题的表征分析/57

　　第四章　自卑/57
　　第五章　焦虑/73
　　第六章　强迫症/90
　　第七章　恐惧症/102
　　第八章　抑郁/112

第三编　大学生典型心理问题的关系领域/126

　　第九章　自己与自己的关系：自体的发展/126
　　第十章　自己与他人的关系——一般人际关系/154
　　第十一章　自己与他人的关系——亲子关系/165
　　第十二章　自己与他人的关系——亲密关系/196
　　第十三章　自己与社会的关系/218

结语　接纳是健康关系的核心/233

参考文献/240

第一编 心理问题的必然性及理论分析框架的建构与阐释

第一章 成年早期的人生任务：心理问题的必然性

高校大学生的生理年龄基本处于18～25岁，在学制阶段包括本科学习及研究生学习两个阶段。心理学家艾瑞克·埃里克森（Erik H. Erikson，也译为埃里克·埃里克森）在其人格发展八阶段理论中将18～25岁归为成年早期，认为该阶段的人生任务是处理亲密对孤独的冲突。换句话说，这一阶段的重要任务是处理人际关系，在寻求与他人建立亲密关系，并持久地维持这些亲密关系的过程中学会如何既维持亲密关系又保持个体的独立性。如果个体能够在这个阶段学会与他人建立亲密关系，并在维系亲密关系的过程中保持自我，那么在社会中个体就不会感到孤独，反而会形成愿意与他人相处的开放心态和美德。但是，在这一阶段中若个体很难建立亲密感，则会陷入一种不喜欢孤独却又不得不承受孤独的痛苦中，而且极有可能会在这种痛苦中出现对自己的性别认同混乱、两性关系混乱等问题。埃里克森认为处于青少年期的个人任务是走出家庭，寻找自我认同。这个成长期对于每个人来说都面临着去寻找"我是谁？""我和世界的关系是什么？""我想要成为怎样的人？"的答案。然而，这些问题并不是简单搁置在那里的，想要寻找答案，就需要面对波澜起伏的成长蜕变。[①] 因此，成长的必然性就是带着问题成长。不同历史时期、不同时代的个体都有着相似却又特殊的成长

---

① 林克明：《受伤的医者：心理治疗大师绝处逢生的隐秘人生》，中国法制出版社2017年版，第240页。

问题。

一、自媒体时代中大学生面临的成长困惑

在科技高速发展的影响下，当今已然是一个自媒体社会，每个个体都可以通过网络进行自我展示、自我宣传、自我传播。然而，硬币总是有两面的，自媒体也是一把"双刃剑"。它以"点开网络就是世界"的便利性、多样化、自由化特征为大学生自我呈现、了解他人及世界并与之交互提供了便利，但在其优势特征的另一面，大学生则需要面对文化冲击、关系迷失以及个体解体等危机。

20世纪60年代末，埃里克森在其著作中提道：人们容易忘记青少年的同一性认同问题其实是一个代际传递的问题，因为新生代同一性的形成和上一代的教育，以及基于此的期望有着强烈的关联。然而，非常遗憾的是，上一代需要承担的责任现在似乎有被放弃的迹象，这就使青少年有更好的理由去对抗旧的价值系统。[1]

今天，我们再来反复阅读这段文字，从中你会发现它并没有过时。在新媒体时代，由于大多数大学生的父母成长于非网络时代，因此面临来自科技时代的各种信息冲击与选择多元化的困惑，在对下一代网络原住民的教育中更多地表现为束手无策。人生信条的冲突、生活信息不同步的冲突、交流方式的冲突、教育理念的冲突常常让父母置身于一个局促的状态。适合现代青少年身心发展规律的教育方法的缺失让父母感到无力。通常，父母只看到了青少年倔强地展现独立的一面，却没有意识到对于青少年个体来说，对抗旧的价值体系并不等于建立新的价值体系。如果缺乏成熟的成年人的指导，在新媒体时代的文化冲击下，青少年群体更容易陷入迷茫和混乱之中。如前所述，青少年在追求新的关系的过程中经历着痛苦与焦虑，为了缓解这种痛苦与焦虑，个体会选择一种当下无害的行为，比如在网络世界中寻求压力释放和自我的即时存在感，这也是以脸书（Facebook）、微信（WeChat）为代表的新时代社交平台得以大受欢迎的原因之一。个体可以通过网络社交设计理想的自我

---

[1] 埃里克·H. 埃里克森著，孙名之译：《同一性：青少年与危机》，浙江教育出版社1998年版，第16－17页。

形象以进行自我展示,并从中获得自我满足。但是,由于脸书、微信等社交平台是 Web 2.0 产品,具有暴露真实身份的特征,因此个体的理想自我和真实自我可能会因纠结在一起无法分隔而出现界限不清的情况。① 这个特征是由内外信息整合的内爆(implosion)导致的结果。所谓内爆,是指事物内部的聚爆过程,它是超真实世界最重要的特征。内爆有两个最明显的特征:事物边界的消失和意义的消失。② 伴随着内爆的发生,个体形象在社交网络中的前台与后台的边界逐渐模糊并消失,同时模糊和消失的还有个体的现实检验能力和真实感受。这一点可以从当代青少年用词用语的网络化、戏剧化以及碎片化特征中得以验证。游走在两个世界是一件危险的事情,这样的游走如同孩子在不相往来的父母那里分别寻求自己欲望的满足的行为一样,爸爸满足不了就去妈妈那里,妈妈满足不了就去爸爸那里。其结果是孩子在分裂着自己的世界,分裂着对父母的认同,也分裂着对自己的认同,最终产生极端主义、偏执、隔离等问题。

(一)与所属整体文化一起,承受多样化的文化冲击

整体文化是一种文化类型,是团体存在并发挥作用的一个体现。我们生于团体,并且在家庭、社区、地域等大小各异的团体中成长,在整体文化的沉浸中长大。对于每个个体来说,整体文化的影响都可谓巨大。正因为有整体文化的存在,才有了"落叶归根""乡音难改""最美是乡愁"的文学表达。从某个角度来讲,整体文化孕育了个体文化,而个体文化从整体文化中独立出来又反哺整体文化。一方面,个体很难从整体文化中剥离;另一方面,当整体文化承受文化冲击时,个体的心理归属感和稳定感也会受到冲击。

卡韦罗·奥贝格(Kalvero Oberg)认为,文化冲击是失去熟悉的社会交流信号或符号,对新的社会符号不熟悉而产生的深度焦虑症。③ 阿

---

① 江爱栋:《社交网络中的自我呈现及其策略的影响因素》(硕士学位论文),南京大学2013年,第11-12页。
② 张跣:《重建主体性:对"网红"奇观的审视与反思》,载《中国青年社会科学》2016年第6期,第6页。
③ 朱国辉:《西方国际学生跨文化心理适应研究述评》,载《创新与创业教育》2011年第2期,第51页。

尔弗雷德·阿德勒（Alfred Adler）认为，文化冲击是对新的文化的各种经历不能正确理解所导致的一系列情绪反应。① 现当代文化冲击有两种不同的形式：一种是跨地域文化冲击，常见于移民问题，如在瑞典边界等待获得身份认同的儿童难民。② 现在我国境内移民现象也日益普遍，对于留守儿童以及跨地区读书的青少年来说，他们也面临着原有的整体文化遭遇文化冲击的问题。另一种是跨时空文化冲击，常见于代际冲突，如自媒体的介入导致家庭内部的代际文化冲击，以及虚幻空间（包括网络二次元）与真实空间的幻真冲突，如"宅居族""啃老族"。前者具体存在于面对面的人际冲突中，后者存在于个体是否愿意融入真实的社会化活动的内在冲突中。对于文化冲击，大多数人能够通过同化和顺应来解决，以获得新的认知结构的平衡。但是，仍有部分青少年很难划清个体和团体的界限，他们为自己的家庭或社区做出牺牲，比如就读后出现的适应不良。即使没有直接的鼓励或指令，因整体文化思维的存在，这些孩子仍然按照整体的"潜规则"行事。这类心理问题乃至心理疾病是因适应文化的偏见与恐惧而生的，是个体精神困境的表现。

（二）心理诉求由外向内的转变：从寻找好的客体容器到创造积极互动的主体间性模式

客体关系和主体间关系是后弗洛伊德理论的两个主张。前者强调个体来到人世间的目的是寻求好的客体关系；后者强调的是每一个个体都是主体，没有主客体之分，关键是主体之间的互动关系使个体产生了怎样的情感感受。从哲学的意义来说，主体间性是关系构建者的交互主体性的体现，是没有主体和客体对立或者以某一主体为中心的新哲学。从

---

① 朱国辉：《高校来华留学生跨文化适应问题研究》（博士学位论文），华东师范大学 2011 年，第 9 页。

② http://www.newyorker.com/magazine/2017/04/03/the-trauma-of-facing-deportation/amp。申请移民证的孩子长期生活在边界，等待通过审核获得绿卡。在漫长的等待过程中，他们试图融入当地社会，在当地学校上课学习，并与当地的孩子一起生活。他们觉得自己是当地的一分子，并渴望成为真正的一分子。然而，在得知其归属诉求被拒之后，有些孩子会出现类似"白雪公主"一样的疾病，他们会丧失意识反应，进入一种深度睡眠状态，无法被唤醒。心理学家、政治学家和社会学家都推测这是一种特定社会特有的心理疾病。多伦多大学的医学史学家爱德华·肖特（Edward Shorter）解释其为一系列身体症状，通过无意识的身体来表达心理冲突。

心理学意义来说，主体间关系收回了"求"的手，而伸开了互相给予、互相滋养的双手。大学生的心理成长也要经历这样的变化。从出生到幼儿园、小学、中学各阶段，个体基本上都是在接受客体的要求和支持，运气好的会遇到好客体容器，运气不好的则不得不忍受坏的客体的存在，并在分裂类的防御机制的保护下产生不完整的自体。

中国传统文化强调合一和团结，这种文化精神对中华民族来说是一种集体潜意识，它的存在帮助整个民族抵抗攻击并获得独立与发展。但是，任何事物都有两面性，从另一面来说，这样的合一精神在家庭教育中产生的问题是家长将孩子作为自己的一部分并紧密联系在一起，进而导致青少年的个体化发展受到束缚。当然，在科技高度发展的影响下，世界变成了"世界村"，各种新文化、新思想、新教育观蓬勃而出，这使得在中国传统伦理教育和文化沉浸下成长起来的父母及教育者也不得不做出一定的改变。但是，对于不少父母来说，他们仍然习惯使用控制式的教育方式，并以此来让孩子成为自己的情绪、情感容器。而孩子则在被控制的窒息中渴望有好的客体出现来解救自己。

因此，如何从寻找好的客体的心理诉求转换到成为独立自主的主体，同时自己可以与他人一起创造良好的人际关系以及人际空间，是当代大学生面临的又一个挑战。主体间性强调主体之间在语言和行动上相互交流、相互理解和双向互动、双重融合的关系，是不同主体间在实践中形成的发展共识，是不同主体通过共识关系而表现出的相互关系和一致性。① 也就是说，主体间性是在主体间互动的基础上互相学习并改良原有的认知、情绪、行为这三种模式的一种探索与实践。这对于当代大学生来说是一个非常严峻的挑战。在自媒体时代，如何从复杂的自媒体环境中获得信任、选择信任？如何在平等的基础上开展师生对话、亲子对话？这些不仅是教育者需要思考的问题，更是大学生需要思考的问题。

（三）个体的自我认知系统面临着自体解体危机

大多数青少年进入大学时会产生"原来我这么普通"的心理落差。

---

① 张国宁、鲁燕：《主体间性视域下高校网络思想政治教育实现路径探析》，载《理论导刊》2019年第5期，第63页。

团体中的普同性不仅会产生疗愈作用,也会让个体产生迷失感。丧失自我的独特性对隐藏在内心深处的原初全能感也是一次打击。进入大学后所要面对的竞争者的水平较高,这导致个体追求优越的心理受到伤害。而追求优越的驱动力生而有之,从未消失,当其无法得到满足或预见其无法得到满足时,产生的焦虑和驱动力之间的冲突会导致自体解体危机的出现。焦虑是对未发生的事情的灾难性想象。当个体面临心理冲突所导致的不一致时,会付诸行动以缓解焦虑。这里的"付诸行动"未经良性思考,目的在于以行动暂时缓解焦虑情绪。行动的结果会让个体短期受益,比如暂时不再焦虑;但对个体的长期发展却是有害的,它会加重个体的不良反应和症状。因此,在这个过程中,个体对不确定性的忍耐程度决定了他的自体是否面临解体的危机。有学者将不确定性的忍耐程度命名为"认知闭合需要"①。低认知闭合需要者在冲突的过程中会忍耐不确定性和混乱状态,进而达到对原有的文化自体进行新的同化的目的;高认知闭合需要者则不能忍受模糊的情境,会以最小的努力和最短的时间来对冲突做出"非黑即白"的判断,即"要么全盘接受,要么全盘否定"。这也是童话故事中常见的好人一定就是好人、坏人一定就是坏人的泾渭分明,因为幼儿不能接受一个人既好又坏的状态。但是,当个体成熟以后,如果仍然不能整合好坏于一人、一事之中,这种非黑即白的判断会因其绝对化和认知歪曲不符合事实,在现实检验中让个体经受更大的痛苦,最终导致其自体解体。

不过一般来说,个体的自体系统最重要的功能就是维持自恋自稳态,维持最佳水平的自尊。因此,当自尊受到所谓的自恋损伤的伤害时,比如失去通常的自恋供给,遭受失败、打击以及其他糟糕的体验,个体会采取措施来拯救自己受到威胁的自恋平衡。同化和顺应是其保持自恋平衡的有效途径,也是个体认知结构改变的两个过程。同化是将外界信息纳入认知结构,顺应是改变原有的认知结构以适应环境。让·皮亚杰(Jean Piaget)认为,同化和顺应是一个硬币的两面,两者共存于个体认知发展的过程中。通过同化和顺应,个体最终获得认知结构(即图式)的动态平衡,进而保证自恋的动态平衡以及自体系统的稳定。

---

① 崔冉冉、张盛楠:《认知闭合需要带来的心理影响》,载《中国社会科学报》2017年7月3日第6版。

二、成长与创伤

（一）过去经历与创伤

尽管有人批判埃里克森对各发展阶段的危机定义与基督教伦理观相顺应，显现出一种说教姿态，但是其关于各个阶段之间相互影响的观点却和众多理论相一致。如果要追溯，早期西格蒙德·弗洛伊德（Sigmund Freud）的性心理发展理论对此做出了更为绝对化的评价。弗洛伊德在其性心理发展五阶段理论中指出，个体的童年经历对其成年后所处的人格发展阶段起着决定性作用。他甚至认为如果一个个体在某一低阶阶段发生了创伤性事件并留下了心理创伤，那么这个个体就会一直停留在这个阶段，很难继续发展。因此，在弗洛伊德的概念里，很少有人能真正达到最高阶段，即自我实现。而弗洛伊德之后的精神分析学派理论，包括客体心理学、自体心理学以及主体间性心理学，在摒弃了绝对化影响的前提下仍然强调各个阶段的相互影响作用。此外，认知行为主义、完型格式塔以及依恋关系等相关理论在其理论框架中也承认过去经历对现在的行为或认知的影响。

因此，从众多心理学理论认可的过去经历对现在的生活有重要影响这一角度来看，高校学生在校期间出现的各种心理困惑可能与其原生家庭及个人成长经历有关。没有一个人是不带着过去的经历成长起来的，在成长过程中，个体对不同事件的解释和理解会形成大大小小的心理坑洞。其中，童年的某种缺失会导致个体某个需求的无限扩大，童年的创伤会延续到个体成年后并导致他的防御机制和行为模式出现固化乃至偏激。这些创伤便会在个体的心灵上形成大大小小、深浅不一的坑洞。由于这些心理坑洞的存在，个体很容易重新陷入童年时期的痛苦感受之中，从而引发他们的情绪困扰，阻碍其进行正常的人际交往，导致其社会功能失调，严重时会造成其行为背离社会规范等。这种个体在童年时期所受到的创伤如果没有得到合适和明确的处理，在防御机制的作用下，它会隐藏起来，进入个体的潜意识，如阴影般对其成年后的生活造成影响，甚至通过其言谈举止等人际互动行为延续到后代身上。因此，一个人常常在其成长的过程中背负了个人创伤、父母创伤、家族创伤以及族群创伤、社区创伤、民族创伤等。影响个体童年感知的不仅仅涉及是否有功能健全的父母，还包括整个家族或者族群是否功能健全，即他们是否了解祖辈传递下来的创伤，以及这些创伤在自己的个性、人格、认知和行为模式上的影响。更进一步来说，关乎他们在明白了这些影响之后是否有意识地去区别、剥离、放下或者治疗这些创伤。① 创伤的心理体验不仅来自代际传递，也包括从环境到自我内心的自我体验传播。这是个体作为施虐者（或是外部事件）对待自己的潜在过程，如同创伤后应激障碍（post traumatic stress disorder，PTSD）症状和自我破坏性性格模式一样。病理学将其归结为外界发生的事情作用于个人的内在，个人成为其折磨、虐待、拒绝和忽视自身的来源。为了应对疼痛，自我变成自我精神伤害、抛弃、折磨、拒绝的滥用者，这成为创伤治疗中的诸多挑战之一。

　　心理创伤与生理创伤的不同之处在于，前者是个体感受，而后者是事实。心理创伤可以基于真实的事实，也可以基于自我建构的事实。但不管是来自真实的事实还是自我建构的事实，个体的主观体验是真实的，感受也是真实的。这类创伤的感受皆来自没有被认同和共情。创伤的本质是无助的，如个体面对事件突袭的无助、事件进程转变带来的无助以及个体无法改变事件进程的无助：无论如何，该发生的还是会发生。在创伤中，我们在面对巨大的毁坏和痛苦时深感无助，而创伤亦让本该被信赖的才智向我们所体验到的脆弱和屈服妥协。心理学关于习得性无助的实验将努力后还是无法改变的痛苦如何被消极接受的过程清晰地呈现在世人面前。为什么很多人身陷痛苦却不肯采取行动来进行改变？因为对他们来说，对于不做改变所要承受的痛苦，他们是熟悉的；而尝试改变，不仅要承受原有的痛苦，还要承受无法改变痛苦的无能感和绝望感，甚至还得承受未知的痛苦。与其如此，不如不做改变。

　　不过令人欣慰的是，随着心理健康理念的传播，越来越多的人开始觉察到，并有意识地想要去修复创伤。对创伤的修复就是对自我追求认同和共情的需要的认识以及接纳，并在这一过程中通过矫正性的情感体验及领悟来和自己、他人及世界和解。如同本书中38封书信的主人一

---

　　① 张将星：《恐怖分子的心理分析——以"基地组织"为核心案例》（博士学位论文），暨南大学2015年，第77页。

样，我们渴望和追求的是一种个体与自然、社会和谐相处带来的身心安宁和满足的健康。健康状态包括心理健康和生理健康。其中，心理健康作为健康的一个重要组成部分，代表了一种持续的、积极的心理状态，在这种状态中，个体富有活力、充满好奇心，是一种保持开放的学习状态，也是一种接纳不同的生活状态。个体会因为开放学习与接纳不同的状态而激活自己的内在潜能，并因为自己与世界的积极联系而感到快乐和满意。于外，它表现为知情意行的协调统一；于内，它表现为一种有弹性的、有效率的自我满意。这种心理健康是指个体心理在本身及环境条件许可范围内所能达到的最佳功能状态，但不是十全十美的绝对状态。① 这个释义说明心理健康是一个动态的过程，是一个有弹性的过程，也是一个自我修复能力良好的过程。我们会在知情意行都参与的过程中趋于完善，但自我完善永无止境。

（二）创伤不是有或无，而是多或少

事实上，个体的心理健康状况是一条上下波动的曲线，健康与不健康之间并无明显界限，也不是僵化的对与错或黑与白，而是一个连续性的过程。在这个过程中，出现心理问题是很正常的，但并不是说一旦出现了心理问题就会永远保持或者加重。南希·麦克威廉斯（Nancy Mc-Williams）认为，心理咨询师和心理治疗师应该用维度化的观点来看待症状和人格，而不是以有或无的观点来看待。② 这就意味着我们不能以点的方式来看待疾病，而应以线的方式来看待。从这个视角来说，我们每一个人都有这样或那样的心理问题，并不是有或无，只是多或少的区别。也就是说，我们所有人都是一样的，都是同类。这样的认识有助于我们以平等的眼光去同理共情他人，更为重要的是让我们认识到有心理问题并不可怕，因为人人皆有心理问题。心理问题可以被视为每个人一生中皆会有的某种经历，而且每个人的生命中或多或少都会携带这种经历的影响。这是一个普遍现象，如同现代科学发现的在每个人身上或多

---

① 李富健：《体育锻炼与心理健康的关系》，载《成都教育学院学报》2003 年第 17 卷第 3 期，第 34 - 35 页。

② 南希·麦克威廉斯著，鲁小华、郑诚等译：《精神分析诊断：理解人格结构》，中国轻工业出版社 2015 年版，第 9 - 11 页。

或少都带有癌细胞因子，即便是长寿的老人也是如此。大多数时候，我们可以与癌细胞共生，而大多数心理问题也是可以自行解决的，只有少部分心理问题因为忽略、反复出现、因素增加等才会发展为心理障碍或者心理疾病。从积极的方面来看，每一种症状或疾病都有其健康的动机，一个人出现这些症状有可能是为了寻找某种健康或达到某种平衡。如同家庭治疗理论反复强调的一个观点，个体会以生病等方式来为这个家庭的发展做出自己层面的牺牲，其目标就是保持自己与客观世界之间的内稳态，进而确保对客观世界的反映具有高度的准确性和有效性。但是，这种准确性和有效性反过来会强化个体的自我牺牲和使病症加重，最终导致其自我功能与社会功能受损。比如，一个调皮捣蛋的孩子总能精准地感受到父母的情绪变化，并总能通过自己的行为吸引父母将情绪宣泄在自己身上。还有闹着要自杀的孩子，或许目标很简单，就是为了不让父母离婚。例如，因为孩子有自杀行为，所以父母必须结束两地分居，住在一起来照顾孩子。因此，每一种症状也许都有着积极的追求，可以让个体即时性地受益。但是，这种受益不能长期存在，而且为了长期受益，个体可能会选择使症状加重的行为。需要说明的是，这个时候的选择都不是意识层面的选择，而是潜意识作用的结果。

  大学生心理健康的基本标准是他们能够进行有效的学习和生活，这是判断他们自我功能是否受损及受损程度的一个标准。在笔者于2011年发表的论文里，有一组数据显示大学生主要的心理问题集中在适应性问题（包括对环境和人际关系的不适应、生活上的不适应、学习上的不适应）、人际关系问题、恋爱及性意识困扰问题、情绪问题（包括抑郁、焦虑、情绪失衡）、学业问题（包括学习目标不明确、学习动力不足、学习成绩不够理想、学习动机功利化等）及就业和发展问题六个方面。统计表明，以上六个方面的问题占全部心理问题的92.5%，成为大学生主要的心理问题诱因。[1] 而据笔者所在高校近三年的新生入学心理测量结果显示，强迫症状、人际关系敏感、抑郁、焦虑和偏执五项因子常年占据超标项目前五名。同时，近三年来学校心理咨询工作中排名前五的问题分别为人际关系、家庭关系、学业困难、恋爱问题等。由此

---

[1] 张将星：《大学生心理健康教育存在的问题与建议》，载《华东理工大学学报（社会科学版）》2011年第26卷第3期，第102－108页。

可见,近年来当代大学生所面临的心理困惑及心理问题具有普遍性、稳定性和独特性。这些心理困惑及心理问题一方面反映了大学生在对自我和世界及其周围人的关系认识上存在困难,另一方面也反映了大学生在处理自己和世界及其周围人的关系上的实际困难。

三、成长任务

在心理咨询过程中,咨询师会通过肯定来访者的积极且正面的优点(如自我的勇气),并使用面质、解释等技术来帮助来访者认识并接纳这种肯定,从而提高来访者的自尊和自我价值感。通过对自尊和自我价值感的提高,来访者在其内心会肯定自己值得被好好对待的感受和认识,进而改变其如同虐待者折磨自己那般的自我贬低和诋毁。这种转变往往从微小且真正的肯定开始,并聚焦于创伤疗愈中的自我成长和自我接纳。尤其是大学生,由于其本身生理年龄处于快速成长的阶段,心智处于开放状态,而且因其长期接受逻辑思维训练以及自我反省训练,对于主动走进心理咨询室的他们来说,其自我提升能力和反省能力普遍较高。同时,由于大学里的心理咨询资源是免费面向全体师生的,因此资源相对短缺,一般情况下,大学里的心理咨询都是短程的,以结构化咨询为主,较少使用精神分析的长程治疗。但是,在结构化的短程咨询中,我们仍然需要运用精神分析的技术,尤其是动力学治疗,去梳理个案的问题,并对个案的心理症状进行概念化的分析。也就是说,面对大学生来访者,心理教育是必不可少的一种措施。总而言之,面对大学生来访者,我们需要做的一件事就是帮助其发现自己的正面优点,提高其自尊和自我价值感,体验自我接纳的感受,最终完善其人格发展,改善人际交往水平。回到本章开篇所引用的埃里克森的理论,大学生要解决的阶段性任务是建立亲密关系,然而,这一阶段任务的完成情况并不仅仅取决于个体的倾向和愿望,还受制于前期阶段的任务是否得到妥善的解决,因为埃里克森认为,任何年龄段的教育失误,都会给一个人的终身发展造成障碍。在此阶段之前,个体的成长任务是形成角色同一性。当个体对自我认识不清晰时,要建立亲密关系对他来说是困难的。因此,这个阶段的任务完成的前提是处理好个体对自我的认知,只有如此,才能处理好个体与他人的关系以及个体与世界的关系。

如前文所述，个体的自体系统是为了保持自恋的自稳态。但是，幻想在青少年的成长历程中从不缺席。此阶段的青少年有着自恋式幻想，其中既有对自身的高估，又有对他人的贬低，比如其将自己攻击性的、较差的、不道德的部分投射到社会或其表征上，老师和父母作为其坏的部分的投射对象，则被视为自我中心的、无能的、剥削的形象。在埃里克森的观念中，青少年个体以其行为的反叛或傲慢无礼引发父母的沮丧情绪，这让他们从中获得了满足，而这种满足体现出来的炫耀是一种真正的宣言，即坚持某种不以父母型遵奉或矫饰为基础的积极同一性。这种不信奉转而又是一种向同伴获取兄弟般确认的恳求。[①] 这一否定父母且渴求伙伴的认同的过程，就是玛格丽特·马勒（Margaret S. Mahler）所说的分离-个体化过程。马勒认为，一个人的人格发展是从和另一个人的心理融合开始的，并且通过逐渐分离的心理过程而完成，暗示着人类存在的最早阶段是联结、依附和合作。她认为早期共生状态的困难和分离-个体化过程的未完成都会影响一个人一生的人际关系。马勒通过仔细观察婴儿在出生后的最初几个月中与母亲的互动，总结出早期联结的特质。她将这种联结以及儿童建立分离认同（separate identity）的原始努力看作持续一生的被称为"分离-个体化"阶段的开始。[②] 生理层面的分离-个体化从我们离开母亲的子宫开始，而心理层面的分离-个体化随着儿童自我能力的逐渐增强而开始，并且在青春期到达蓬勃发展期，因而青春期的叛逆是为了让我们义无反顾地离开家庭，做到自我独立。我们一辈子都在进行分离-个体化，也许直到死亡才终止。分离-个体化过程可以分为两个部分：一是与父母分离，二是寻求家庭以外的新关系。

（一）与父母分离

孩子可以得到父母的喂养和庇护，作为孩子这也意味着我们不得不放弃部分自我以换取依附。当我们下定决心离开对父母的依附时，需要

[①] 埃里克·H. 埃里克森著，孙名之译：《同一性：青少年与危机》，浙江教育出版社1998年版，第15页。

[②] 麦克·St. 克莱尔著，贾晓明、苏晓波译：《现代精神分析"圣经"——客体关系理念与自体心理学》，中国轻工业出版社2002年版，第119－126页。

提前做很多的心理准备与建设。① 因为这并不是一件容易的事情。有很多人由于父母、家庭、社会等各方面的原因，当然更多的是自己的原因，被阻于分离－个体化的道路上。他们以各种病理的状态留在原生家庭中，继续做不能独立的孩子，满足自己和父母不愿意分离的潜意识需求。只有在个体有着强烈的独立意愿、心智变得成熟的情况下，分离－个体化过程才会启动。所谓成熟，可以指个体能够理解自己，也能够理解自己与他人的关系，这个理解来源于他从与母亲的共生状态中脱离，如同大树下的小树苗的移植，需要在阳光雨露中独自成长。因此，理解自己与母亲的关系、自己与自己的关系非常重要。

在马勒看来，分离－个体化过程包括原始自闭阶段、融合共生阶段和分离－个体化阶段。第一阶段是原始自闭阶段，这个阶段如混沌未开的天地，"一切都是我，我又不存在"。第二阶段是融合共生阶段，个体认识到母亲与自己不是同一的，而是两个紧密相连、共同呼吸的共同体，是互为生存支柱的"连体儿"。第三阶段是分离－个体化阶段，是个体认识到自己和母亲是可以分离的两个主体，尤其是认识到自己是可以离开母亲去拓展世界的独立个体，自己有能力去观察世界、发现世界，并且在这个过程中与他人建立新的关系。这些不同发展阶段之间不是完全割裂的，而是有重叠的空间的，因此不是任何阶段都可以由后一阶段完全取代的。不过想要离开母亲追求自主和想要继续保持与母亲的融合状态之间的冲突最为激烈的阶段是第三阶段。是妥协，还是投降？或者即使惨烈也要坚持到底？又或者可以较为和平地渡过分离期？在这个阶段，如何处理冲突、化解内在与外在的矛盾，是个体面临的巨大挑战和艰巨任务。若处理得好，则可以顺利地开始新关系的建立与成长；若处理得不好，则可能意味着个体会带着病态心理走完一生。②

分离－个体化阶段的分离与个体化两个进程不是按逐一顺序进行的，而是同时进行的。分离是与以母亲为代表的原生家庭中的重要抚养人进行心理上的分化并拉开距离、保持距离，从相应关系中解脱出来；

---

① 朱迪恩·维奥斯特著，吕家铭、韩淑珍译：《必要的丧失》，上海三联书店2007年版，第3页。
② 谢尔登·卡什丹著，鲁小华等译：《客体关系心理治疗：理论、实务与案例》，中国水利水电出版社2006年版，第12页。

个体化则是个体开始内心自主性的发展。

分离-个体化阶段能否完成与融合共生阶段的经历有着密切的关系。融合共生期分为四个亚期（孕育、练习、和解和客体恒常性形成期），并且持续 2～3 年①，该阶段起着为个体进入分离-个体化阶段进行过渡与搭桥的作用。整个过程相互重叠，各个发展亚期之间并没有严格的界限。因此，我们可以通过分离-个体化的整个过程来尝试理解为什么有的亲子间密不可分，有的亲子间会使用一些非正常方法（施虐—受虐）来促成分离，而有的亲子间则可能会不断去做一些可以削弱亲密关系的事情，或许因为害怕过度亲密会剥夺自己的独立，或者害怕失去客体、失去自我。这些防御可以被理解为对未能形成安全型依恋的焦虑和对分离及丧失重要他人的恐惧。② 因为有心理意义上的丧失，所以分离-个体化是一个哀悼的过程。一个成功的哀悼过程对安全的成人自我认同（同一性）是有帮助的。对于青少年来说，离开父母的过程是漫长且痛苦的（如果不考虑人为延长这种与父母的融合共生期，那么漫长在于人类抚养孩子的时间是动物界中最长的），它意味着个体必须放开父母的双手，离开父母营造的避风港，解开与父母情感上的各种纠结，脱离父母表征以实现个体化。在这个过程中，个体不得不缓慢地学习如何应对失望，直到分离过程结束。这不只是年青一代的痛苦与哀悼，对于父母来说，也同样意味着痛苦与哀悼。痛苦的是过去投入的关注必须从一个特定的个体身上收回，哀悼的是不得不接受好的客体或者好的客体所代表的意义的丧失或变化。因此，我们可以看到，有时候是孩子离不开父母，而有时候却是父母离不开孩子。这种离不开有时候会以无微不至的关怀与妥协来表达，更多的时候则是通过激烈的反抗来表达的。在控制与反控制的争斗中，能否安稳过渡取决于父母与孩子双方的心理反思与觉察能力，同时还与父母是否在孩子成长过程中为其建构一个基本的认知体系有关。

我们可以轻易地看到个体生理上的分离-个体化过程，但其心理上

---

① 南希·麦克威廉斯著，鲁小华、郑诚等译：《精神分析诊断：理解人格结构》，中国轻工业出版社 2015 年版，第 27 页。

② 大卫·萨夫著，李迎潮、闻锦玉译：《性与家庭的客体关系观点》，世界图书出版公司北京公司 2009 年版，第 35－36 页。

的这个过程却较少被父母和自己觉知。而一旦个体进入青少年阶段，这个心理上的分离过程则变成了亲子关系的中心内容。对于父母来说，孩子突然的情绪变化以及心理冲突似乎来得莫名其妙，这个阶段青少年的情绪变得不可预测，或者突然就像变了一个人，因此在教育心理学或发展心理学上习惯称这个阶段为"疾风骤雨期"。这个描述不仅可以帮助我们更好地理解为了在心理上和父母分离，做到真正个体化的自我认同，每一个孩子所付出的努力；也可以帮助我们理解为什么分离过程是漫长的，而且这么漫长的分离过程似乎也只在人类中存在。对于那些已经30岁却还在和父母同住，并且不出去工作仍然依靠父母供养的"啃老族"来说，这个分离过程更显得无比缓慢且看不到终点。

（二）寻求家庭以外的新关系

人际关系是人的社会性的体现，是两人及两人以上在互动过程中产生的心理联结，是在集群中才能产生的联结，是群体成员之间情感远近、生疏或亲近、吸引或排斥的心理状态<u>丛</u>。因为是"<u>丛</u>"，所以是多种关系的汇集，也是多种关系的交互交集，是人际交往的基础，也是人际交往的结果。因此，研究人际关系必须将其放进所属的人际环境中去考虑，没有人际环境就没有人际关系可言。单独个体在人际关系的研究中是缺乏意义的，只有当个体遇到了个体，才具有了人际学的研究意义。而这也是我们思考人格形成、心理病理产生的机制，以及对个体进行精神分析、动力学治疗的重要基础。从人际视角来看，只关注个体而不考虑其过去与当前的关系，是将研究对象从有助于理解它的环境中剥离出来。哈里·斯塔克·沙利文（Harry Stack Sullivan）认为，人类活动和人类心灵不是原本就存在于个体内部的，而是在个体间的互动中产生的；即使是心理困扰程度较轻的人，也同样置身于人际环境之中，脱离环境来理解他们是极其错误的。[①]

大学生，由于学习、交往、娱乐都在关系里，因此关系对他们有非常重要的影响。沙利文在其早期作品中就曾指出，青少年的主要课题就是与同行朋友建立"情同手足"的密友关系，由此发展出健全的归属

---

① 斯蒂芬·A. 米切尔、玛格丽特·J. 布莱克著，陈祉妍、黄峥、沈东郁译：《弗洛伊德及其后继者——现代精神分析思想史》，商务印书馆2007年版，第81页。

感、认同感。① 对有些人来说，人际关系是天堂，会让他们感到温暖、幸福、快乐；但对另外一些人来说，人际关系可能是地狱，他们在关系里会觉得很痛苦、很受伤、很孤独。因此，我们都想知道到底是什么影响着我们的人际关系，我们如何才能发展出一种令人满意的、健康的、持久的、稳定的关系。

在20世纪40年代，费尔贝恩（W. R. D. Fairbairn）发表了一系列临床报告，他认为人类行为的终极目标之一是建立有意义的关系。费尔贝恩驳斥了弗洛伊德的观点，他认为力比多力量不是源于对需求快乐的本我需要的满足，而是源于对与客体建立关系的需要的满足。每个人都有与他人建立关系的特殊模式，而这个特殊模式是源于婴儿时期与生活中重要抚养人之间的互动建立起来的关系模型。② 与他人建立关系时，有的人可以很快"自来熟"，而有的人则需要花很长的时间。这与是否能快速建立关系和能否在他人面前暴露自己的脆弱有关，前者暴露得比较快，后者暴露得比较慢。个体的暴露模式一般是很稳定的，与我们小时候是否建立起安全感有关。

能否在别人面前表现脆弱是由我们的安全感所决定的——是否信任别人，是否关注别人的情感，是否接纳对方，是否相信当我们感到痛苦的时候这个人会帮助我们。我们在别人面前表现强大，事实上是让别人远离我们，而靠近是通过我们敢于暴露自己的脆弱来实现的。只有暴露自己的脆弱，个体才会允许别人靠近他。因此，那些从来都表现得很强大的人就是在告诉周围的人"不要靠近我"。

是否感到安全及是否愿意建立关系的生理解释和大脑构造有关，我们的大脑是为建立关系而存在的。社交参与系统（social engagement system）是大脑的中枢神经系统为了让我们参与人际关系而构建的一个情感中心，这个系统包括皮脂、脑干、小脑等。比如前额叶对应我们的反思功能，反思功能是指我们对自己的情绪是否具有觉察能力，是否能够

---

① 林克明：《受伤的医者：心理治疗大师绝处逢生的隐秘人生》，中国法制出版社2017年版，第195页。

② 谢尔登·卡什丹著，鲁小华等译：《客体关系心理治疗》，中国水利水电出版社2006年版，第8页。

知晓情绪从哪里来、为什么来,以及应该如何让它离去。事实上,我们的整个中枢神经系统,包括植物神经系统及与脑干相连的脊髓和延髓等生理结构,跟我们的人际关系都密切相关。如果感到不安全,身体是会做出反应的,最经典的例子就是战斗或逃跑反应模式(fight or flight)。我们一旦感受到危险,身体就会被调动起来,包括肾上腺素分泌水平提高、血液流动加速、大脑和内脏的血液大量调集到四肢以做好行动准备。远古时期,我们的祖先在面对具体威胁(比如老虎)时会出现这些防御性的身体反应。当我们感觉到人际关系有危险时也会出现类似的反应。根据对现代各种心理咨询流派都接受的概念来说,人际互动是两个主体间的主观互动。如果一个人感到不安全,他便会做出防御性反应。防御性的生理反应会表现出心慌、心跳加快等,表情也会变化,并会做出自我保护的选择,把自己封闭起来。而如果感到安全,我们就会参与互动,通过优先关注人的声音和面部表情,可觉察与辨析那些细微的表情、声调等的意味,这些是通过无意识进行交流的。

但是,建立家庭以外的新关系说起来似乎很容易,做起来却很难,因为这种无意识的交流也是与从小形成的反应模式有关的。一个在母亲那里没有得到积极回应的孩子,在建立新关系的时候会变得敏感或迟钝。每一种新的重要客体关系中总是继承着原始亲密关系的依恋和分离,温尼科特(D. W. Winnicott)称之为"文化经验轨迹"①。在发展新关系的过程中,对新关系的失望会激活指向家庭环境中人物的丧失焦虑,进而使分离变得更加困难。

总而言之,在大学阶段,个体在离开家庭、建立新关系的过程中是需要共情的理解和指导的。我们将这个阶段性任务分解为以下三个子任务。

首先是个体对自我的认知。想要处理好关系,先要处理的问题是自我定位。这个自我定位建立在自我认知的基础之上,以整合的能力接纳自己好的部分和坏的部分,并认识到每一个人都是好和坏的整合。在这个认识上,个体能做到对自己以及对他人去理想化。对于绝大多数人来

---

① 大卫·萨夫著,李迎潮、闻锦玉译:《性与家庭的客体关系观点》,世界图书出版公司北京公司2009年版,第39页。

说，我们能轻而易举地识别出生理自我，并且知道自己对生理自我的接受程度。比如，我是高是矮、是胖是瘦，皮肤是黑是白，觉得自己胖还是身材刚好等都属于生理自我的认知和定位。当然，我们对生理自我的接受程度也受到我们对社会期待的接受程度的影响。但是，相比较而言，对社会自我以及心理自我的认知却比对生理自我的认知要困难得多。在认知这两个层面的自我时，我们更容易陷入困境。随着年龄的增长，很多时候我们会努力追求社会自我，想要得到物质条件的满足和超越，并通过他人的认可和社会的认可来获得自尊以及社会尊重；但是，对心理自我的认知却常常被我们忽略。造成这个现象的原因中，较为重要的一点是受到中国传统文化的影响。从中国传统文化的角度来说，中国伦理制度的实质是一种"无我"伦理。中国传统伦理制度的其中一面是"我"，是被忽略的对象，如"老吾老以及人之老，幼吾幼以及人之幼""己所不欲，勿施于人"等思想都要求"爱人"，却未曾提醒"爱我"。"我"需要尊重长辈、照顾晚辈，甚至爱惜身体都是因为"身体发肤乃父母所赐"而不可损伤。"我"的生活是"无我"的生活，"我"是为了适应他人的要求而活。① 传统伦理制度中的另一面是礼让、尊重权威、谦逊等思想，作为社会超我的一部分要求，"我"以他人的感受为标准来"内省"是否做到了"无我地爱他人"。因此，个体在成长过程中会将他人的观点和认可看得非常重，并用他人的判断来评价自己的价值和存在的意义。很多时候，这种他人评价甚至不需要对方或他人明确表达，个体已然内化其价值判断标准并在头脑里对自己进行扫描式的苛责。我们常见的一种情况就是当学生因学业压力大而不得不休学时，家长会觉得很委屈，并很吃惊地说："我们从来就没有对他有过任何的高要求。"然而，对于孩子来说，即使家长不说，他也能在头脑中揣测父母的希望和判断标准，并自行将自己的行为与这些标准进行核对，进而根据核对结果做出对自己的判断。正因为将关注力放在周围人的身上，个体往往会形成假性自体（false self），试图通过获得他人的认可来认同自己。

---

① 张将星：《大学生心理健康教育存在的问题与建议》，载《华东理工大学学报（社会科学版）》2011年第3期，第107页。

其次是人际关系的处理。这个任务的完成是建立在完成第一个任务的基础之上的。在人际关系的处理中，个体面临着去中心化和边缘化的矛盾冲突，如何理解并坦然接受两种状态都会存在的现实是处理人际关系的重点。除此之外，保持边界的弹性和清晰度也是处理人际关系需要学习的知识。我们常说，工作压不死人，但关系可以压死人。关系既是诱因，又是结果。这里的关系主要指个体自己内在的关系以及个体与外在世界的关系。前者是指个体如何与自己相处，后者是指个体如何与别人相处。内外人际关系的处理都离不开个体对自我的认知和界定。当个体将注意力放在自我的成长时，他能感受到成长的快乐，爱自己，既接受自己的好，也接受自己的不足。但是，当个体将注意力放在别人对自己的认同时，他可能做到的就是接受自己的好，不能接受自己的不好。这样的个体骨子里有一种觉得自己不够好、担心自己不够好的恐惧，而克服恐惧的唯一路径就是尽量做得更好。因此，他会不断提高对自己的要求，最终会因自己不能达到这些要求而崩溃，完美地做到了"自我实现的预言"——我不够好，我不值得爱，我没有什么价值。在这种恶性循环中，由于依照头脑中他人对自己的要求进行想象，个体在与现实生活中的他人交往时，过去和现实的混淆感非常强烈，分不清真实世界和想象世界的边界，导致"自我实现的预言"频繁出现，进而损害其现实的人际关系，弱化其人际交往能力。比如我们常见的"学霸"，学习是其唯一可以证明自己价值的途径；还有生活中存在的"老好人"，通过无条件帮助他人才能体现自己活着的意义。但是，如果周围的人不对其成绩好坏做出评价或者不对其助人行为做出积极反馈时，这些"学霸"和"老好人"就会失去行动的快乐，丧失意义感和价值体验。

最后是建立良性情绪联盟。每一个人都有很多情绪，包括我们熟知的喜怒哀乐。情绪是一种心理体验，是个体在对外界影响和刺激的内心反应活动中产生的心理体验。这些心理体验的好与坏取决于客观事物是否满足了我们自身需要的主观判断。因此，情绪是以客观事物为源泉的，并且以需要是否被满足为中介，是一种可以激发起生理反应并且表现在行为中的内心感受。自卑、焦虑、抑郁、恐惧等情绪的产生皆因需要没有得到满足。但是，从另一个角度来看，情绪又具有多重功能。比如情绪具有动力功能，在情绪的驱使下，个体会产生强烈的动机去完成某个行为或达到某个目标，从而可以体验爱的力比多释放时的愉快和喜悦，或者体验具有攻击性的力比多得以软着陆时的安全。情绪也具有提醒功能，可以预警问题的出现，帮助个体正视问题、解决问题。情绪还具有沟通功能，不管哪一种情绪的表达，都是在尝试用情绪表达潜意识需要或者无法用言语表达的需要。同时，由于情绪的表达，人际关系中的他者可以看到个体尝试表达的意愿并进行沟通与交流（有一种情况是如果遇到的他者是缺乏言语化能力或容易被情绪裹挟的人，这个他者也可能用情绪表达来交流），因此情绪在我们的人际交往过程中具有非常重要的意义，是我们生活中必不可少的。简而言之，因为情绪是具有动力功能的内心感受，所以它具有生理反应和行为反应两种外显载体。也正因为如此，情绪是具有保护功能的。在个体的成长过程中，情绪是伴随其一生的伙伴。然而，该如何与这个伙伴相处呢？有人提出了情绪控制，有人提出了情绪管理，还有人提出了情绪疏导，但控制、管理和疏导都是从上而下的约束。本书提出了对情绪的另一类理解和相处方式，即联盟。情绪是多样的，而且不同的情绪在不同的场合下也是具有积极功能的。比如痛苦与愤怒，可以让集群变成集体。青年学生需要学习的不是去控制自己的情绪，而是和情绪做朋友，理解情绪在表达什么，进而可以反思自己遇到的问题，并对问题进行全面分析，然后采取合适且有效的措施去改变现状。控制情绪是"对立关系"，而与情绪做朋友是"伙伴关系"。但是，绝大多数时候，我们都是喜欢积极情绪而不喜欢消极情绪的。因此，有些消极情绪在个体那里从来没有被真实地面对或得到命名；当消极情绪出现时，个体会因为害怕逃跑而使这些情绪变得更为膨胀和强大，进而导致行为异常，比如我们常见的强迫性行为。对于与情绪结盟来说，命名情绪是非常重要的一步。在笔者用三年的时间在课堂内做的随机测试里（参与学生达到 4000 人），能一口气写出 20 个情绪词语的学生不到 1/5。学生所写的情绪词语中表达积极情绪的词语与表达负面情绪的词语相当，还有不少混合情绪词。当我们无法命名情绪时，意味着这个情绪对我们的自我认知是有伤害的，可以打击到我们的自恋，损害我们的全能感。出于对自我全能感的保护，我们会下意识地采用防御措施，比如不做具体的命名，以此来逃避痛苦。但是，痛苦最让人讨厌的就是你越逃避它，它越让你无处可逃。因此，当痛苦来临时，试着与它安静地共处，之后我们会看到，痛苦并没有我们想象的那么可怕，而且，痛苦之下开出来的花朵才是最绚烂的。看到痛苦之下的需求和渴望，正视它、悦纳它、拥抱它并和它一起前行才是解除痛苦的正确途径。

在接下来的章节里，我们会聚焦于大学生在完成分离－个体化过程中可能出现的典型问题表征以及关系领域，运用三种有效且具有代表意义的理论框架去分析这些问题，并辅以案例进行解释和说明。

第二章 大学生典型心理问题的经典解析框架
——精神动力学治疗与认知行为治疗

心理问题的解决不能单独依靠一个理论或者一种方法，需要综合使用多种理论，其中最具影响力的当属精神动力学治疗与认知行为治疗两种理论。

一、精神动力学治疗

精神动力学治疗又称为精神分析心理治疗、探索心理治疗或领悟心理治疗，是一种运用语言交流而使患者的行为发生改变，从而达到治疗精神疾患的方法。① 精神分析学派的创始人是西格蒙德·弗洛伊德，我们习惯将弗洛伊德时期的精神动力学治疗称为弗洛伊德经典理论。在传统精神分析理论之后，精神动力学治疗的理论发展出以克莱因为代表的客体关系理论、以科胡特为代表的自体心理学理论，以及以比昂为代表的主体间性心理学理论。不论是传统精神分析学派还是新生精神分析学派，都接受三个治疗作用原理：将潜意识意识化、增强自我功能、再现发展生机。②

（一）传统精神分析理论

西格蒙德·弗洛伊德是奥地利的精神病医师，也是精神分析学派的创始人。弗洛伊德针对临床过程中出现的问题提出了他的核心观点。①他用地形模型（topographical）将个体的心灵划分为三个区域：潜意

---

① 罗伯特·厄萨诺等著，杨华渝译：《精神分析治疗指南》，北京出版社2000年版，第4-5页。

② 德博拉·L. 卡巴尼斯等著，徐玥译：《心理动力学疗法》，中国轻工业出版社2012年版，第9页。

识，该区域充斥着社会道德原则不可接受的各种想法、欲望以及情绪情感，类似城市的地下通道里居住的流浪汉、犯罪嫌疑分子、老鼠等；前意识，该区域存在的是能够变成意识内容可接受的想法和情感，如某种意义上具有合法性且可识别其合法性的居民和存在；意识，该区域光鲜亮堂，如同能被摄像头随时可见的存在。②人格结构模型。由于地形模型无法完全解释临床中存在的问题，尤其是心理冲突的存在无法被充分解释，因此，在地形模型的基础上，弗洛伊德于1923年提出了人格结构模型。该模型认为个体的人格由本我、自我和超我组成，它们大部分都存在于潜意识层面。本我遵循快乐原则，由原始、无结构、冲动的能量构成，比如吃、喝、拉、撒、睡；超我遵循道德原则，主要内容是内化的父母形象以及权威形象组合出来的评价和批判，是一组内化的声音，由"应该，不应该""要，不要"组成；自我遵循现实原则，在本我和超我的冲突之间进行协调，故自我有一套防御机制来处理冲突。③本能驱力理论。弗洛伊德认为人有两种驱力。其中一个是性驱力，又称为性本能，分为生的本能和死的本能。在弗洛伊德看来，性驱力是一切冲突和心理问题的根源，而性驱力从广义上来讲是身体不同部位产生的一系列紧张感，这种紧张感必须通过行为活动来获得释放。1920年以后，弗洛伊德还引入了攻击驱力的概念，他承认人类不仅有性驱力，还有从死本能那里衍生出来的破坏力。① ④自由联想和梦。弗洛伊德提出的自由联想技术可以帮助分析师了解来访者的无意识愿望，破除防御，获得经验上的知识。梦同样是对潜意识的隐藏想法的处理。②

弗洛伊德最突出的核心思想是对俄狄浦斯情结的重视。精神分析理论取得的长足发展，也是围绕着俄狄浦斯情结这个核心而展开的。传统精神分析将注意力放在儿童的4～5岁，即俄狄浦斯期，该学派将该阶段视为个体发展中最重要的时期。在该阶段，儿童需要理解自己在父母关系中的位置，需要理解自己和母亲的两人关系已经变成了自己和母亲、父亲的三人关系。个体通过接纳父亲的介入及与母亲的分离逐步理

---

① 斯蒂芬·A. 米切尔、玛格丽特·J. 布莱克著，陈祉妍、黄峥、沈东郁译：《弗洛伊德及其后继者——现代精神分析思想史》，商务印书馆2007年版，第19页。
② 唐纳德·温尼科特著，魏晨曦译：《妈妈的心灵课——孩子、家庭和大千世界》，中国轻工业出版社2016年版，第158页。

解自己在家庭这个原生团体中的位置,进而理解自己在社会中的位置。如何理解自己在不同团体尤其是原生家庭这个团体中的位置意义重大,这关乎着个体如何判断现实、解释现实,如何认同他人,如何认同自己,并最终建立起自己的人格结构。弗洛伊德认为,心理是围绕着驱力的冲动与防御建构起来的,个体的自我功能就是发展起来进行冲突处理的。[1] 因此,自我功能在个体的心理结构模型中有着重要的作用。弗洛伊德及其女儿安娜·弗洛伊德(Anna Freud)在对自我进行深入解析的过程中,共同发展出自我心理学,又称为结构心理学。自我心理学认为,自我在最初是躯体的自我,在与客体(主要是父母)的互动中逐渐通过模仿客体、接受客体的教育(比如不能这样,可以那样)、认同客体教育的内容三个途径开始自体的建构,发展出独特的本我、自我与超我的人格结构模型。到了青少年时期,个体还会通过模仿、认同同龄人并接受同龄人的教育,从而扩展或修正其自我意识。

(二)客体关系理论

与弗洛伊德及其女儿安娜·弗洛伊德同一时代的梅兰妮·克莱因(Melanie Klein)提出了客体关系理论。

客体关系(object relations)是心理动力学取向的人格发展理论。客体关系即人际关系,是指存在于一个人内在精神世界中的人际关系形态的模式。客体关系理论认为,人类行为的动力源自寻求客体(父母和孩子世界中的其他重要的人)的存在,并且根据客体与主体之间互动关系的质量来判断客体对个体内在心理健康状态的影响。"客体"这个词最早是由弗洛伊德提出的。对婴儿而言,客体是指满足其需求的事物,比如乳房;对儿童而言,"客体"代表着不是"我"的他人。随着研究的深入发展,客体被视为一个与自体相对应的概念,即客体可以是一个具体的人或物,也可以是一种幻想,如古诗词里的"一种相思,两处闲愁",表示被自体爱着或恨着的指向。因此,客体可以分为外在客体和内在客体。外在客体又称为亲附客体,一般最开始是母亲,后来很快有了父亲,当然,也可以指外祖母或外祖父等对自体来说非常重要的他

---

[1] 斯蒂芬·A. 米切尔、玛格丽特·J. 布莱克著,陈祉妍、黄峥、沈东郁译:《弗洛伊德及其后继者——现代精神分析思想史》,商务印书馆2007年版,第34页。

人，即有着情绪情感联系的人；也可以指地方或东西，比如一条毯子或者一张床，或者习惯了的居住环境。内在客体则更多地指向个体的内部心理结构。① 它是心理表象，包括与客体有关的影像、想法、幻想、感觉或记忆。它也是一种自体内部的心理结构，是在整个发展过程中与重要的他人相处内摄经验的合成物。比如记忆里妈妈做的饭菜和拥抱，记忆里美好的童年和故乡，还有童年时期被人欺负的感受或者欺负了他人以后的感受，等等，都会融合在我们的心理结构中，以体验与经验的结果整合成关于客体的心理表象。

对克莱因的学术思想产生重要影响的除了弗洛伊德之外，还有卡尔·亚伯拉罕（Karl Abraham）的理论以及她在柏林期间治疗的22个儿童案例。克莱因在亚伯拉罕的理论中吸收了关于幻想（phantasy）的概念和理解，并将其作为驱动力的心理表征。通过对22个儿童案例进行研究，克莱因认为个体之所以会出现精神病性的症状，是因为原始的精神病性的焦虑没有被修通，这些焦虑变成了精神病性的幻想，引发了症状。原始的精神病性的焦虑主要由两个恐惧导致，一个是毁灭掉主要客体的爱的焦虑，这种焦虑在克莱因的理论中被称为偏执－分裂心位；另一个焦虑则刚好相反，是被爱的主要客体毁灭的焦虑，这种焦虑又被克莱因称为抑郁心位。心位对于克莱因来说，是自体与他人互动产生关系时的某一种特定的表征模式，而这个表征在生命的任何时间里都可能存在并发生变动。一个客体在个体成长的过程中，可能有时候是好的，有时候又是坏的；有时候被分裂出去，有时候又被内摄进来。这有点像婴儿吃东西一样吞进去又吐出来，是一个消化的状态。只有在个体能够将客体好的部分和坏的部分整合起来变成一个完整的客体时，个体才会开始对自己之前滥用客体（包括不良态度、行为等）感到内疚，并开始去修复受到损伤的客体。但有的时候，个体想要修复的客体可能已经丧失或者因无法修复而损坏（比如无法挽回的某人或某段感情），因此这个时候需要哀悼。需要指出的是，不同心位的转移是终其一生的，并不仅仅局限于婴儿时期。

在谈到偏执－分裂心位时，克莱因对反移情做出了自己的贡献，强

---

① 大卫·萨夫、吉儿·萨夫著，童俊、丁瑞佳译：《客体关系家庭治疗》，世界图书出版公司北京公司2012年版，第45－46页。

调利用反移情去理解来访者的内在世界。克莱因提出了一个新的概念，即投射性认同。投射性认同像棒球手练习接球一样有一个你来我往的运动弧线。来访者将自己内在认为不好的那部分投射到咨询师身上，同时向咨询师施加人际关系的某种压力，让接收到这部分投射的咨询师不得不以来访者预设的方式投回给来访者，进而印证来访者的预设是正确的。在这个过程中，咨询师接收到一些让自己很困惑的感受，但又没有时间或者没有办法去思考这些感受从何而来、因何而来，并且不得不做出一般情况下不会做出的反应。在投射性认同的影响下，来访者可以很坦然地说："看，我就知道是这样的。"但是，咨询师却一头雾水地体验着自己陌生的情绪反应。

克莱因和弗洛伊德一样认为有双驱动力，尤其是死亡本能的驱动力带着攻击、嫉妒、占有欲等。但克莱因和弗洛伊德不一样的地方在于，她将分析重心前移至2岁左右的儿童，这也是克莱因和安娜·弗洛伊德最初产生分歧的地方——关于分析儿童的技术性问题。安娜·弗洛伊德认为成人的分析技术不适用于儿童，但是克莱因认为可以，指出这种操作的可能性在于可以利用游戏来理解儿童式的自由联想。[①]

克莱因是继弗洛伊德之后对当代精神分析最有影响力的著述者。克莱因的初衷是通过对儿童的直接观察和临床治疗去验证和拓展弗洛伊德的假说。她的思想影响了多种客体关系理论的形成，比如温尼科特的理论，甚至直接影响了后来的比昂思想，因而有人称之为克莱因—比昂派。

虽然说克莱因的思想影响了温尼科特和比昂，但是他们在后期发展出和克莱因学派不太一样的理论，并在历史上被称为第三学派，又称为中间学派，以区别于当时盛行的安娜·弗洛伊德和克莱因两个学派。

威尔弗雷德·鲁普莱希特·比昂（Wilfred Ruprecht Bion）通过他自己的容器与容纳物（container-contained）概念对克莱因的投射性认同概念做了更好的诠释。比昂是对团体心理进行研究的先驱之一。1952年，他在回顾自己早期关于团体的思想时，将他对团体生活模式的描述（即被他称为基本假设状态）与克莱因提出的偏执-分裂心位联系起

[①] 斯蒂芬·A. 米切尔、玛格丽特·J. 布莱克著，陈祉妍、黄峥、沈东郁译：《弗洛伊德及其后继者——现代精神分析思想史》，商务印书馆2007年版，第37页。

来,并将他提出的基本假设团体现象与投射性认同联系起来。20世纪60年代,他重新思考了个人和团体现象,对其中的精神病性人格与非精神病性人格进行了区分,并提出了自己的核心观点。比昂认为分析精神病性人格对现实原则的深深敌意,以及利用投射性认同来消除它是精神分析工作的核心。每个人身上可能都有精神病性人格和非精神病性人格,因此,当我们尝试与来访者进行交流时,必须假设他们的非精神病性部分可以理解交流的内容,同时也必须认真对待他们的精神病性信念,否则来访者会将自己希望摆脱的"理智"部分投射到咨询师身上,并将他们投射出来的幻想当作事实来实现。有鉴于此,比昂强调在与来访者的每一次见面中,咨询师应该忘记来访者所有的过去和未来,只关注当下、此时此刻。因此,在比昂的思想观点中,容纳、容纳性环境、容器都是非常重要的概念。[1]

"容器"从字面意思来解释是一种容纳物。"容纳"是一个动词,体现的是一物接纳另一物的过程,它可以是外显的,也可以是内在的。要有容纳的过程,就必须有容器的存在。容器与容纳的互动形成了容纳性环境;这个环境是感觉性的,即个体在这种容纳性环境里有温暖与被包容的感受。在个体成长过程中,容器可以是人、动物或者一个真实的物理环境,但在人际关系里,容器则是关系中的某一方,或者双方互为容器。有时候成为容器是被动的,比如孩子成为父母情绪的容器,被他们责骂和体罚;有时候成为容器又是主动的,比如父母发现孩子情绪不佳时会主动去关心孩子或拥抱孩子。因此,容器和容纳物在一起时可以发挥动作性的完整与联合的作用,但也有可能发挥破坏性的分裂与隔离的作用。一个好的容器会营造一个好的容纳性环境,这个环境是安全的、稳定的,在这个环境中的容器也是安全的、稳定的。这就像哈洛的猴子寻找妈妈一样,可以温暖地陪伴其受伤的心灵。每一个孩子都需要这样一个安全的容器,也就是稳定的、安全的母亲,不管我们如何调皮捣蛋甚至带有破坏性地哭闹撕咬,母亲都在那里包容着我们、拥抱着我

---

[1] 琼、雷维拉·司明屯著,苏晓波译:《思想等待思想者:比昂的临床思想》,中国轻工业出版社2008年版,第80-81页。

们。这样的容纳性环境对个体而言是正性的和促进成长的。[①]

如同克莱因所说，个体在成长过程中有两个心位，而比昂发展了这个心位学说。他认为人类存在两种精神状态：一种是偏执分裂状态，这种状态来自被害的"妄想"，害怕自己被外在客体消灭或者自我变得支离破碎；另一种是抑郁状态，害怕因为自己的想法或行为导致客体的消失或使其变得支离破碎，所以这个状态会产生内疚感。因为这两种状态对每个个体来说都是难受的，所以一些个体会用不合适的分裂和投射以及投射性认同来处理这种难受的情绪。然而，他们投射出去的那些内容却无法被容器消化和处理，因此个体会出现精神类的疾病。比如有患者会因为自己拿了一把公用的雨伞没有送回去而感到内疚与自责，觉得自己是人类的渣滓，这是他的容器没有办法容纳的精神状态。

容器容纳容纳物的精神状态是为了帮助容纳物接受、消化关系中的新知识。比昂认为个体的思想史不断受到由新的关系或者关系的新阶段带来的内外感知与现实联系之间的冲突与攻击的影响，而这内外感知与现实联系的联结主要由三个内容组成：一个是 L（爱），一个是 H（恨），还有一个是 K（知识）。L 和 H 在克莱因的理论中是重要研究领域，但在比昂的理论中，K 才是重要研究领域。人类有着对 K 孜孜不倦的追求，但是，这种追求又会被潜意识所阻止，以防备自己获得受伤或挫折的体验。如何才能获得 K 呢？比昂提出 α 元素与 β 元素，以及 O 理论。O 代表我们从出生开始就带着的懵懂状态，更多的是类似于一个哲学理念，是万物宇宙的原始存在，是在"我"出现之前的存在，这个存在不以"我"的意志为转移，但"我"却带着它的痕迹。这个 O 既与荣格心理学的集体潜意识相似，在雅克·拉康（Jacques Lacan）那里也被理解为是真实存在的。β 元素是我们从婴儿期开始的原始体验，也是我们在成长过程中带有的碎片化的情感体验。α 元素则是我们思想的基石，是整体化的思想信念等。咨询师或者母亲需要通过一个 α 过程来运用 α 功能（也就是自我功能、自我的力量），以帮助来访者或者儿童消化这些 β 元素，把它们变成更加象征化的东西，也就是 α 元素。α 元素的转换过程，即思考，就是 K，也就是知识。一个人如果想要将 O

[①] 琼、雷维拉·司明屯著，苏晓波译：《思想等待思想者：比昂的临床思想》，中国轻工业出版社 2008 年版，第 81 页。

转化为 K，只有借助他人 α 功能的帮助才能做到。从 β 到 α，从 O 到 K，比昂的解释都充分展示了他的一个假设：思想早于思考。

上述对 α、β、K 和 O 的命名源于比昂对物理学、数学等多学科的涉及和喜爱，他使用了代数学的描述方式，而这也正是克莱因式的描述精神分析的方法。

比昂是精神分析理论领域最深刻的思想家之一。比昂的思想对精神分析发展的贡献有四个方面：一是不纠结于问题的前因后果，重要的是去理解问题的产生；二是"就事论事"，把有限的东西压缩在有限里，"活在当下"，而不是朝无限的方向发展；三是提出要面对痛苦和承受痛苦；四是指出梦是用来整合一些心理碎片的过程，如精神分裂症患者的内心世界破碎到没有办法通过梦来整合，他们便出现了临床症状。

唐纳德·伍兹·温尼科特（D. W. Winnicott）的客体关系理论始于他对婴儿的观察，他曾受过克莱因的督导，但是因为其思想过于独立（又或者由于克莱因太过专制且不允许不一样的声音，或者是他不想夹在克莱因和安娜·弗洛伊德之间）而和克莱因分道扬镳，与科胡特等一起成为中间学派的代表人物。虽然温尼科特与克莱因分道扬镳，但是在他的论著中，我们仍然可以看到克莱因客体关系理论对他的重要影响。温尼科特毕生致力于儿童精神病学的临床工作，他的名句"没有婴儿这回事"强调了婴儿刚出生时是和妈妈融为一体的以及婴儿母亲作为真实环境来为婴儿提供一个稳定环境的重要性。在此基础上，他提出了"足够好的母亲"一说。该理论认为，不够好的母亲会将自己的现实强加到婴儿身上，这种强加的现实太过强大，导致婴儿无法消化（毕竟婴儿还没有足够的力量去消化），因而这种强加行为会给婴儿带来伤害。为了保护自己不受到伤害，婴儿发展出一种功能，即自体分裂，也就是把部分真实的自我隐藏起来，装出母亲喜欢的样子去取悦母亲。隐藏起来的这个部分被温尼科特称为真实自体，而假装的部分则是虚假自体。

温尼科特的想法并不能构成一个体系，但通过他对有关母亲与孩童间的互动是如何促成或妨碍孩童发展这方面的研究，心理咨询与治疗开始强调环境的重要性。因此，可以说温尼科特通过许多方式丰富了客体关系研究。这些研究一方面超越了弗洛伊德对本能的重视，不再纠结于内在冲突；另一方面又为科胡特有关健康自恋以及自体重要性等理念的提出奠定了基础。①

总的来说，客体关系取向的精神分析师关注的是个体在童年时期有什么样的重要关系人，即重要客体，他们之间的交往模式是什么，个体内化了这个重要关系人的哪些特质或表征，以及这些内化的客体表征是如何影响成年后的个体的。②

（三）自体心理学理论

客体关系理论强调内在的自我与客体之间的关系与对话，而自体心理学理论则强调外在关系如何帮忙维持自尊和自我凝聚力。自体心理学的核心理念是由海因茨·科胡特（Heinz Kohut）在20世纪60年代提出的。科胡特提出自恋的理想命运并不是转化为客体力比多，而是发展成为个人的抱负和理想。在这个过程中，自恋的力量可以激发人性中最令人向往的方面，如共情、创造力、幽默、对无常的接纳以及智慧的产生，还包括对我们的自我价值与健康抱负的积极接纳。与弗洛伊德关注个人内心中的罪恶感不同，科胡特关心的是个人疏离的痛苦感受。他认为，在一个个体努力去追寻关系却不断经受被抛弃的痛苦以后，会怀疑自己不可能从他人那里得到自己想要的感情和关系，从而让自己身陷于与社会和他人疏离的痛苦之中，最终只能在夸大性自体的支持下"一切靠自己"。这样的疏离与自立是最痛苦的。因此，科胡特认为必须要给个体提供一个含有人际关系的环境。这样的环境可以为个体提供成长必需的经历和经验，让个体在这里感觉到自己是一个与他人有联系的人，而不是只有自己一个人。而这种与他人联结在一起的感觉才能促成人类社会的发展与进步。③

科胡特改变了有关力比多的观念。他认为，当个体与他人处在一种人际关系中时，个体会将自己自恋的力比多投注在他人身上，通过他人的反馈来体验自己的自恋性自体的存在，因此，这些他人是我们的自体

---

① 斯蒂芬·A. 米切尔、玛格丽特·J. 布莱克著，陈祉妍、黄峥、沈东郁译：《弗洛伊德及其后继者——现代精神分析思想史》，商务印书馆2007年版，第125页。

② 斯蒂芬·A. 米切尔、玛格丽特·J. 布莱克著，陈祉妍、黄峥、沈东郁译：《弗洛伊德及其后继者——现代精神分析思想史》，商务印书馆2007年版，第33页。

③ 海因茨·科胡特著，訾非、曲清和、张帆译：《精神分析治愈之道》，重庆大学出版社2016年版，第241页。

客体。自体客体一方面是指"他者",即在自体的存在中起着关键和核心作用的非自体;另一方面是指持久的结构化模式,在个体人格中具有广泛而深刻的组织和动机力量。

科胡特认为自体区别于自我,是一个类似于客体的结构,可以在本我、自我、超我的任何部分中找到。对于科胡特来说,自体不是一个概念,而是一种觉察和体验。只有通过对自体客体的心理现象进行内省和同理观察,才能感受到自体的存在。自体像一个接收器或容器,接收着包括主体和客体的觉知、个人记忆的集合、潜意识的痛苦和否认的部分、在不同时期出现的与情境相关的各种特征,以及与文化相关的各种现象。① 科胡特将自体的发展分为三个阶段:一是夸大自体(grandiose self),二是理想父母意象(idealized parental imago),三是孪生或另我(twin ship or alter-ego)。前两个阶段是一致性移情的反应。夸大自体是照料者对孩子的表现的回应,这些回应构成了个体基本的自尊感受,并会对个体未来的发展(包括特质和抱负等)产生深远影响。这些回应的本质就是镜映功能,有些类似温尼科特的"婴儿在母亲的眼中看到自己"。理想父母意象是自体的理想极,是从与被视为强大有力且完美的照顾者的融合体验中发展出来的。这一过程帮助孩子在早期发展过程中获得情感调整结构。因为在这一过程中,孩子发现自己以为完美的、有力量的父母也会让自己遭遇恰当的挫败,这种"恰好的挫败"迫使孩子去学习接纳自体客体的不同方面。这个过程被科胡特称为"蜕变的内化作用"。这个过程是另一种自恋转移作用,即理想化移情作用。孩子试图借着理想父母意象,且力求和该客体保持融合而坚守住自身全面性的自恋完美性。因此,这个阶段的自体发展会形成个体的理想和指导价值观,而这一套理想和指导价值观会在未来推动个体加入某类团体并为之奉献力量。自体发展的第三个阶段是一个"中间"区域,一端是夸大自体的目标和抱负,另一端是理想和理想化。在这两端之中,需要一个与自己相似或相同的存在以体验真实的自己。因此,在精神这一阶段,个体会与同龄人或有相同志向的人建立紧密关系,用他人来表达自己或者体验自己。

---

① Michael St. Clair 著,贾晓明、苏晓波译:《现代精神分析"圣经"——客体关系与自体心理学》,中国轻工业出版社2002年版,第192页。

传统的精神分析认为，当我们碰触到个人内在的心理冲突，即个体意识到自身的性本能和攻击本能时，我们就已经到了一个人心里的最深处。而科胡特的自体心理学则认为，致病的俄狄浦斯情结是发生于俄狄浦斯期的自体－自体客体障碍。在这个时期，由于没有一个良好的有镜映能力的自体客体，因此个体缺乏回应性的自体客体情境体验，个体会产生强烈的焦虑如自体解体焦虑，并呈现出对失去爱或死亡的恐惧和对失去与现实世界联系的恐惧等。在这些恐惧的体验中，个体会感受到无力的抑郁，也咀嚼着自恋的愤怒。因此，在精神分析中，不仅要治疗俄狄浦斯本身，还要进行下一阶段的处理，也就是关注掩藏在下面的抑郁和俄狄浦斯期自体客体失败。① 自体心理学坚持处理的是驱动力体验，而不是驱动力本身。科胡特认为，只有分析师能够或多或少地准确理解被分析者当下以及过去的体验，他才可以通过自己的解析建立一个修通的过程，即在分析中重建一种环境，使患者能够持续暴露在促进发展的、恰到好处的挫折中。②

（四）主体间性心理学理论

随着精神分析的推广与不同精神分析师对其进行的扬弃，精神分析师逐渐变得更加容易觉察工作时来访者和分析师的主体间性及其互动中发生的事情。在咨询过程中，精神分析的关注重点从"你""我"转变为"我们"。有的咨询师利用其作为一种镜像来反映和揭示来访者的心智，有的咨询师关注两者之间真实发生的紧张关系的处理，而有的咨询师则针对两者之间发生的事情进行分析，运用技术讨论咨询师在临床事件中的作用。

主体间性的根源可以追溯到费伦齐、沙利文、温尼科特或科胡特的理论，但它在精神分析中的当代生命力则是由罗伯特·斯托罗洛（Robert Stolorow）、乔治·阿特伍德（George E. Atwood）和罗斯（Ross）在1978～1988年发起的。他们在一些精神分析文献中开始使用"主体间

---

① 海因茨·科胡特著，訾非、曲清和、张帆译：《精神分析治愈之道》，重庆大学出版社2011年版，第10－14页。
② 海因茨·科胡特著，訾非、曲清和、张帆译：《精神分析治愈之道》，重庆大学出版社2011年版，第78－79页。

性"一词,之后学界开始追溯这个词的前身,结果发现在费伦齐、沙利文、费尔贝恩、温尼科特、克莱因、比昂和科胡特的作品中都有过类似表达,因此,"主体间性"更多地以一种进行精神分析的态度出现在越来越多的精神分析流派中,影响着精神分析师的思考。

在早期三位发起人的观念里,个体主观心理的来源并不主要是被压抑的愿望,等待着被咨询师或分析师通过解释来分析焦虑和阻抗而"现身";相反,它们是前反思(prereflective)的意义系统,这些系统通过一种主体间的对话被提升到意识中,分析师起的作用就是为此贡献其共情与理解。①

"主体间性"是一个非常强调主动性、共同作用的词。这个情境如同来访者和咨询师一起构建一幅图画一般,来访者将对自己的理解呈现在咨访关系中,咨询师也将对来访者的理解呈现出来。在这个过程中,双方是一种集体状态的沉浸,也是一种精神分析状态的沉浸,双方的自体都参与其中,并且都为最终创造出来的工作状态以及结果贡献自己的力量。最终,大家一起创造出如何对来访者的心智无意识地工作的共同理解。在这个过程中,来访者和咨询师一起对来访者的故事进行共同叙事,在共同叙事的过程中让问题暴露出来,并通过共情的协助,一遍又一遍地重复共同叙事的过程,直至双方一起对问题进行重新建构。

如前文所述,主体间性的观念和态度在很多心理学先驱那里都有所涉及,在这里我们不再一一介绍。杰伊·格林伯格(Jay Greenberg)和斯蒂芬·米切尔(Stephen Mitchell)在1983年提出,精神分析理论化有两个主要趋势:一是按照弗洛伊德的观点,无意识心智的基石是由力比多和攻击性驱力内在地产生的愿望;二是无意识心智的基石是关系体验的表征。米切尔在1988年提出,心智已经从"一个个体有机体内部产生的一组预先决定的结构"被重新定义为"从一个相互作用的人际领域衍生出来的互动模式和内部结构"。② 而南美洲的玛德琳·巴郎热(Medeleine Baranger)和威利·巴郎热(Willy Baranger)夫妇更是开创

---

① Stolorow R. D., "Intersubjectivity, Psychoanalytic Knowing, and Reality," *Cotemporary Psychoanalysis* 24, no. 2 (1988): 331-337.

② Mitchell S. A., *Relational Concepts in Psychoanalysis* (Cambridge: Harvard University Press, 1988), p. 17.

性地提出，在咨访场域中，除了有来访者和咨询师的心理结构外，还有第三种心理结构，即由个人的反移情词典和反移情指示物组成的城堡结构。在这个城堡中，咨访双方秘密扮演着不同的角色，诠释着咨访双方创造出来的情境和反映出来的问题。① 而托马斯·奥格登（Tomas Ogden）则正式命名了"第三者"概念，并将其作为分析工作的正常部分。当我们与另一个人进行互动时，我们不能直接接收来自另一个人的无意识交流，我们的无意识也不能将任何东西都直接放入我们的意识中。每个事件都是由第三个无意识主体作为中介的。在分析过程中，它在分析师的心智中产生联想，而这些联想则隐藏着关于来访者无意识的工作方式和分析师无意识的工作方式的线索。因此，在奥格登的思想里，部分之和大于总和。② 在奥格登之后，还有很多分析师提出了非常有意义的新认知和新理论，更大地拓展了咨访关系中的主体间性研究。正因为这些分析师卓有成效的研究，各个流派之间的"和而不同"在对待咨访关系的态度上得到了更好的体现。

（五）依恋理论

约翰·鲍尔比（John Bowlby）把依恋定义为"个体与重要他人之间形成的牢固情感纽带的倾向，它能为个体提供安全和欣慰"。依恋的产生源于婴儿与父母，尤其是婴儿与母亲的互动过程，是母婴关系的情感纽带，也是母婴关系的情感表达。鲍尔比认为，"孩子与母亲联结的现象包含了数套行为系统，这些行为系统运作时的结果是与母亲保持最短距离"③。依恋关系不仅是婴儿得以存活的保证，也是个体成人后与他人建立关系的基础。

与客体关系理论相比，依恋理论认为儿童的目标不是寻求一个客体，而是寻求通过靠近母亲或类似客体而取得的一种躯体状态及心理状态，这种状态是"我和母亲很亲密"的感觉。这种"和母亲很亲密"

---

① Baranger M., Baranger W., Mom J., "Process and Non-Process in Analytic Work," *International Journal of Psycho-Analysis* 64, no. Pt1 (1983): 1–15.

② Ogden T. H., "The Analytic Third: Working with Intersubjective Clinical Facts," *International Journal of Psycho-Analysis* 75, no. Pt1 (1994): 3–19.

③ 道斯著，樊雪梅译：《夜未眠——帮助失眠的婴儿及父母》，江苏教育出版社2010年版，第95页。

的感觉影响个体内部对关系的认知和关系建立模式的形成与发展,因为它们是以心理图式被储存的,并产生了关于他人对自体行为的期望的经验。鲍尔比认为,依恋有四个决定性特征:一是明显的趋近行为,即个体想要并尝试与依恋对象保持亲近,不愿意离开;二是明显的分离痛苦,即当个体不得不与依恋对象分开时,会抗拒并且感到痛苦;三是个体将依恋对象作为一个遇到挫折和问题时寻求安慰与帮助的避风港;四是个体将依恋对象作为一个安全基地,可以让自己在其中养精蓄锐并整装出发。①

20世纪60年代,约翰·鲍尔比开始对依恋进行深入研究,时至今日,依恋研究经历了三个阶段的发展:第一个阶段从20世纪60年代至70年代中叶,是依恋概念的提出和理论构架建立阶段;第二个阶段从20世纪70年代中叶至80年代中叶,由于测量工具的发展,依恋研究成为西方儿童社会化研究的活跃领域并开始了跨文化研究;第三个阶段从20世纪80年代后期至今,是对依恋的心理机制进行深入研究的阶段,如不同年龄段的纵向研究、依恋的神经心理机制的横向研究、依恋在精神病理学中的贡献等。②

依恋理论中的一个核心概念是"心智化",这是指一种理解能力,能理解自己和他人的想法在本质上是表征性的,以及自己和他人的行为是受内在状态诸如想法和感受所激发的,也就是一种能够理解自己与他人关系的能力。有心智化能力的父母或照料者能理解婴儿的主观心理状态,婴儿最终会在照料者的内心中发现自己,并将照料者的表征内化,以此形成一个核心的心理自体。通过这种方式,孩子对照料者的安全依恋使之拥有了心智化能力。换句话说,通过与照料者的互动,孩子了解到通过假设想法和感受决定一个人的行为是最好的理解行为的方法。

玛丽·安斯沃思(Mary Ainsworth)用陌生情境测验来观察婴儿在其中的反应。实验设计:母亲在孩子玩耍的中途离开房间,而陌生人会进入房间,再过一段时间后母亲再次回到房间。这个陌生情境实验通过

---

① 廖明英、李田伟:《婚恋依恋研究回顾与展望》,载《四川文理学院学报》2007年第17卷第2期,第88-91页。
② 李同归、加藤和生:《成人依恋的测量:亲密关系经历量表(ECR)中文版》,载《心理学报》2006年第38卷第3期,第399-406页。

观察婴儿对母亲离开后陌生人进来、母亲回来后的反应，发现依恋是否安全决定了个体间的重要差异。安斯沃思将婴儿的依恋关系分为安全型和不安全型。她认为多数人是安全型的依恋关系，既离得开又走得近，这样的个体有内化了的稳定的安全的母亲形象。但是，也有不少人是在缺乏母亲有效陪伴的过程中长大的，因此会发展出两种不安全依恋模式，一种是回避型，另一种是抗拒型。前者对母亲的靠近和离开都无动于衷，甚至会回避母亲的亲近；后者对母亲的离开会感到非常愤怒，但是当母亲回来后又会用拒绝和反抗亲近来表达需要。

20 世纪 80 年代中后期，随着人格心理学家与社会心理学家的加入，依恋研究的对象不再局限于婴幼儿。辛迪·哈桑（Cindy Hazan）和菲利普·谢夫（Phillip Shaver）发表的《浪漫的爱可以看成是依恋过程》一文，成为成人依恋模式研究的标志。他们在安斯沃思等对婴儿依恋模式研究的基础上做了一个成人依恋模式自评量表。根据量表测试结果，他们发现，约 60% 的成人认为自己是安全型，约 20% 的成人把自己描述为回避型，另有约 20% 的成人把自己描述为焦虑-抗拒型。[1] 后来的学者巴塞洛缪（Bartholomew）和霍洛维茨（Horowitz）在 1991 年推出成人依恋关系量表（Relationship Questionnaire，RQ），这个量表将成人依恋风格分为四种类型，增加了恐惧-回避型。[2]

依恋理论为我们理解人类动机做出了重大贡献。性欲、攻击性和自体内聚力，这些都与理解前来寻求心理治疗的成年患者相关。然而，约瑟夫·桑德勒（Joseph Sandler）认识到，寻求安全也是一个主要的激发因素，他的这种理解部分源自依恋理论和相应研究结果。此外，与克莱因强调内心幻想相比，依恋理论将真实的忽视、抛弃和其他早期创伤及对这些创伤的心理加工放在精神分析理论的中心位置。大量的证据表明，紊乱的依恋是精神障碍的易感因素，而安全依恋对成人的精神病理学起到了保护性因素的作用。[3]

---

[1] Glen O. Gabbard, *Psychodynamic Psychiatry in Clinical Practice* (Washington: American Psychiatric Publishing, 5th ed., 2014), p. 78.

[2] 吴薇莉、方莉：《成人依恋测量研究》，载《中国临床心理学杂志》2004 年第 12 卷第 2 期，第 217-220 页。

[3] Glen O. Gabbard, *Psychodynamic Psychiatry in Clinical Practice* (Washington: American Psychiatric Publishing, 5th ed., 2014), p. 78.

二、认知行为治疗

认知行为治疗的发展在20世纪五六十年代逐渐兴盛。认知行为治疗并不是一种单一的治疗技术和方法,而是一个范畴,即技术丛。在这个范畴之下,认知行为治疗有很多不同的流派和模式。比如美国心理学家阿尔伯特·艾利斯(Albert Ellis)的理性情绪疗法,以及最近发展很快的以正念为基础的认知治疗(Mindfulness Based Cognitire Therapy,MBCT)、图式治疗(schema therapy)、接纳和承诺治疗(Acceptance and Commitment Therapy,ACT)。本书介绍的是以阿伦·贝克(Aaron T. Beck)模式为主的认知行为治疗(Cognitive-Behavior Therapy,CBT)。

目前,认知行为治疗主要用在情绪障碍的治疗上,比如抑郁障碍、焦虑障碍等。这里可能涉及一个很关键的问题,就是我们如何理解自己的情绪障碍。在大多数人的认知里,情绪和感受是由事实决定的,或者受态度和我们行为的影响。但是,影响我们情绪的并不是事实本身,而是我们如何赋予这个事实意义。个体不是环境或生物性影响的被动接受者,而是现实的主动建构者,建构现实的意义也就是个体自身在不断地去赋予事件意义。

(一)认知行为治疗的五个认知基本原理

在认知行为治疗中,认知行为治疗师对寻找生活事件格外关注。但是,关注并找到生活事件的重点不在于找到了事件,而是尝试去理解当事人如何赋予这个事件意义,进而了解其是如何对事件进行主观现实建构的。认知行为治疗学派相信,不同事件对不同的个体是有不同的意义的。

在此基础之上,认知行为治疗提出了五个认知基本原理。

认知行为治疗的第一个基本原理是,影响和决定个体情绪的不是事件本身,而是当事人如何赋予事件意义。所谓的具有心理障碍或者情绪障碍的个体,他们的问题与正常人或者说健康的人本质上的差异不是他们对事物的看法不同,而是他们对事物过于僵化或者过分极端。他们对事物的看法常常只有一种或单调有限的几种视角,进而导致他们赋予事件意义也会僵化且刻板。

当个体体验到情绪痛苦的时候，个体的信息处理过程可能会出现歪曲。这个时候的认知歪曲，又叫作"状态依赖性"。认知行为治疗认为，很多认知歪曲其实就是信息处理过程的歪曲。这个过程是不经过我们意识检验的，是我们从小在与照料者或者环境的互动中产生的。

认知行为治疗处理的是维持或加重个体情绪障碍的因素，而不是个体产生情绪的原因。认知歪曲，比如全或无、非黑即白、草率下结论、贸然断定等，不是个体情绪障碍的原因，但在维持或加重当事人的情绪障碍上起着非常重要的作用。首先是读心术，比如，在精神分析里说的是投射，即个体往往在缺乏足够事实根据的情况下去揣测对方行为背后的动机或心思，并认为自己想的就是事实。其次是贴标签，个体认为自己一无是处。抑郁症患者多半有一种易患性或者说高危因子，即他们潜在的、有着认知歪曲的看待问题的模式。在没有抑郁的时候，不容易看到这样的模式或特点存在，一旦遇到生活实践的挫折，这些认知歪曲极易被激活并成为他们维持或加重抑郁的一个重要因素。

认知行为治疗的第二个基本原理是，个体看待问题的方式和模式通过治疗是可以改变的，但改变的前提是个体自己能够看到或者识别到自己的认知歪曲。然而，当个体体验到情绪痛苦时，人类生存的本能就是远离痛苦，因此不管是物理反应还是心理反应，我们都会想要回避痛苦，而认知歪曲的信息处理就可以达到这个目的。因此，痛苦的情绪会影响我们看待问题的方式。

认知行为治疗的第三个基本原理是，认知治疗从三个水平的认知系统来理解情绪障碍。阿伦·贝克提出，人们的认知实际上分为三个水平，最表层的叫作"自动想法"，即个体对一个特定的情景或者事件的一种评价或赋意。自动想法存在于意识表层，决定个体每天的体验。所谓体验，就是个体的情绪，比如开心或不开心、焦虑或放松，而体验很大程度上取决于我们怎样看待这些事件并做出情绪反应。只要稍加努力，就可以觉察到自动想法的存在。每个个体每天都会产生大量的自动想法，究其原因，是人类作为有意识的动物，在看到任何事物或者经验到任何事情时都会赋予其意义，而这些对事件的解释和赋予的意义决定了我们的体验。那么自动想法从何而来呢？

自动想法是对一个特定事件的解释，这种解释是受信念的影响而产生的。此处的信念还可以细化为中间信念和核心信念。

中间信念又称为"生活规则"，是个体的行为指导原则，它决定了个体如何行动以及如何人际互动。中间信念对应的是个体的行为模式，而且往往是一个僵化的行为模式。但是这个行为模式是为了进一步建立和发展个体的自我感觉，为了维护自己的自尊而存在的。因此，中间信念大部分与接纳有关，即我是否能被他人接纳、他人是否接纳我的能力和价值。只有被他人接纳，才能说明我是有价值的、可爱的、有能力的。

这一部分事实上和核心信念密切相关，或者说中间信念是在核心信念的基础上发展起来的，因此它涉及接纳（acceptance）、能力（competence）以及控制（control）。控制多半和我是否可以控制自己的命运、是否可以掌握自己、这个世界是否可以预测等信念有关。到了信念这个层次，我们讨论的就是机制（mechanism）问题，而自动想法则探讨症状问题。最深层次的信念就是核心信念，是关于个体的自我或自体、关于他人、关于周围世界的最基本且最具概括性的稳定看法。

核心信念代表我们最基本的自我感。这种自我感不是与生俱来的，它反映的是小时候个体的照料者及世界对其造成的影响，是个体如何看待自己的反应。阿伦·贝克的女儿朱迪斯·贝克（Judiths Beck）也是一个非常著名的认知行为治疗师。她认为，关于自己的核心信念主要有两个：一个是我可不可爱，是否有价值；另一个是我有没有能力。在童年早期，我们在和自己的主要照料者以及重要他人的互动中，认同了照料者对我们的态度和看法。越是年幼的孩子，越认同父母对自己的态度和看法。

对他人的核心信念是和对自我的信念同时产生的，也是在互动的关系中产生的。比如一个人关于自我的核心信念是"我没能力"，而他对他人的中间信念很可能是"别人都很苛刻""别人对我很严厉"，他对他人的核心信念就会是"没有人会真的爱我""我不值得别人爱"。

功能失调的核心信念（比如"我不可爱""我没有价值"）承载了大量的痛苦情绪和消极情感，当事人如何去应对这些取决于其性格或基因或所处的环境。在他应对和处理这些核心信念时，他会受到性格、环境等因素的影响而发展出自己的中间信念。比如一个人比较聪明，他发现，如果成绩好，老师会很喜欢自己；而在家里，尽管妈妈不会因为他成绩好就喜欢他，但是妈妈的贬低辱骂会减少。在这样一个生活基础之上,他可能会产生这样的信念:只要我成绩好,我就是可爱的。

认知行为治疗的第四个基本原理是,我们的想法、情绪、生理反应、行为以及环境(这里的环境指代我们生活的事件)之间是相互联系、相互影响的。情绪障碍是多因素作用的结果。因此,在认知行为治疗中有"生物心理社会"模式。该模式强调心理障碍是由多因素诱导的,涉及遗传、生物学、环境、家庭、个人生理因素、文化与性格等,这个多因素诱导观点在教育学、医学等很多学科中都是一致的。

认知治疗将来访者的感受放在非常核心的位置,在阿伦·贝克提出的"认知治疗三角"(又称为五因素模式)里包括了想法、行为、生理反应、情绪和信念。这五个因素形成的模式是理解来访者主观体验的一个非常重要的参考框架。

五因素模式可作为一个重要的评估工具帮助我们去尝试建立"情景概念化",帮助我们去理解来访者如何处理在认知歪曲下加重的症状极其痛苦,进而可以看到是否有现实检验来帮助来访者产生新的体验并矫正认知歪曲。同时,五因素模式还有助于我们在"情景概念化"的基础上对来访者进行心理教育,换句话说,五因素模式是对来访者进行心理教育的工具。

认知行为治疗的第五个基本原理是,情绪障碍都有特定主题。不同的精神障碍有着不同的主题是认知行为治疗的一个特点。阿伦·贝克提出个人领域概念,该概念指出,每个个体都会认为某些事件对他们而言是重要的。比如有人认为考试成绩重要,有人认为要有人爱才重要,还有人认为要手握权力才重要。个人领域决定了不同的精神障碍有着不同的主题。比如社交恐惧症,又叫社交焦虑,它的核心问题是个体总是担心自己会获得别人的负面评价,在所有场合下都会担心自己表现拙劣、被人讥笑、看不起以及贬低。例如,抑郁症患者是负性认知三联征,惊恐障碍患者是灾难性解释和灾难化体验,强迫症患者是担心因自己的疏忽给家人带来灾难性后果。

(二)认知行为治疗的行为基本原理

行为治疗是早于认知治疗的,其基本原理是行为主义心理学,其创始人为约翰·华生(John Watson)。行为主义心理学理论出现在20世纪20年代,由于精神分析的理论绝大多数都不是通过实验产生的,缺乏足够的临床研究证据，因此这是行为主义想要去纠正的一个方向。行为治疗与行为主义心理学强调证据，其理论和技术都是以经验性发现和实验心理学研究为基础的，比如动物实验，且其目标是关注外显行为以避免所谓的主观因素。然而，因其否认情绪情感及内部思维，也导致了其在后来的发展变得困难。

行为治疗有两个从行为主义心理学得来的重要原理：一个是经典条件反射（classical conditioning），又叫经典条件化；另一个是操作性条件反射，又叫操作性条件化。

1. 经典条件反射

经典条件反射用以解释我们的情绪或植物神经功能反应是如何和新的刺激建立联系的。"巴甫洛夫的狗"就是经典条件反射的实例。给狗喂食，狗会分泌唾液，这个反应过程不需要任何其他条件，因此，这个反应叫作非条件反应（unconditioned response），而引起非条件反应的刺激叫作非条件刺激（unconditioned stimulus）。在经典条件反射强化的过程中，每次都要在呈现食物之前或同时给予一个无关刺激（又叫中性刺激，比如红灯亮）。伊万彼德罗维奇·巴甫洛夫（Ivan Petrovich Pavlov）发现经过十几次之后，灯一亮，即使没有食物，狗也会分泌唾液。这样的现象说明，一个无关刺激因为反复和非条件刺激（食物）相组合，也可以引起原来的非条件反应。这个时候的刺激就叫作条件刺激，而它引起的唾液分泌的反应就叫作条件反应。

华生注意到巴甫洛夫的这个发现可以用来理解人们的很多反应，尤其是情绪反应非常容易通过这种条件反射得以强化。华生通过小艾伯特（little Albert）的实验向人们证明，过去被认为是发乎于本能的诸多情绪反应，事实上是后天习得的。

当个体暴露在条件刺激面前，但非条件刺激不出现时，那么过去所建立的条件联系就会逐步减弱直至消逝，这个过程叫消退（extinction）。消退是行为治疗的暴露原理。行为治疗里最有利的治疗方法就是暴露治疗，几乎所有的焦虑障碍都涉及暴露治疗。因此，暴露治疗必须是暴露在条件刺激面前的。只有在条件刺激面前的暴露，才能使其过去所建立的条件联系消退，否则就会导致强化。

条件化或者条件反射还有另外两个现象：一个是分化，另一个是泛化。分化是指能将条件刺激与非条件刺激区分开来，泛化是将所有的条件刺激都视为非条件刺激。年龄越小的孩子越容易泛化,也就是说承受焦虑的能力越差,认知能力就越差,就越容易泛化。泛化在临床上也有其重要意义。恐惧症分为三大类,一是特定恐惧症,二是社交恐惧症,三是广场恐惧症。特定恐惧症意味着个体的恐惧症不泛化,只是对某一种具体的事物或行为感到恐惧,但另外两种恐惧症就具有典型的泛化特征。

2. 操作性条件反射

操作性条件反射描述的是行为结果对行为的影响。操作性条件反射的过程有三步:行为—刺激—行为增加或减少。其理论代表人物包括爱德华·李·桑代克(Edward Lee Thorndike)和伯尔赫斯·弗雷德里克·斯金纳(Burrhus Frederic Skinner),后者的影响尤为重要。斯金纳认为,操作性条件反射的原理包括三个:强化、惩罚、消退。强化和惩罚又分别有正负之分,强化是描述行为如何增加,惩罚和消退则描述行为如何减少。

正强化指伴随一个行为的发生而出现了一个新的刺激或原有刺激增加,并最终使行为增加或增强。能够带来强化作用的刺激叫作正性强化物,正性强化物又分为初级正性强化物和次级正性强化物。初级正性强化物是指最初的且与生存有关系的刺激,比如食物。强化物不仅仅指向物品,还可以指向人和关系,比如婴幼儿时期的重要抚养人、母婴关系等。正强化还分为间隔强化和非间隔强化,前者指固定间隔,如每月工资;后者指非固定间隔,如按绩效得到的分红。

负强化指伴随一个行为的发生而出现了原有刺激的消除或降低,并最终导致行为的增加或增强。若负强化行为出现,则说明在这个行为出现之前有持续进行的痛苦刺激或不良刺激。负强化行为可以使个体消除痛苦刺激,因此这个行为得以被强化。此外,回避行为都是被负强化的。

惩罚同样有三个步骤:一是某个具体行为的发生,二是伴随具体行为出现一个刺激,三是结果导致行为减少或发生的可能性减少。惩罚也分为正性惩罚与负性惩罚。

3. 认知行为治疗的双因素模式

在认知行为治疗,尤其是行为治疗中,有一个双因素模式帮助我们更好地理解个体的焦虑或某种情绪是如何与特定情景产生联系的,以及情绪是如何被强化的。双因素模式指的是在对来访者进行案例概念化（case formulation）的过程中用经典条件反射以及操作性条件反射的原理和理论去理解其原因及发展。也就是说，用经典条件反射的原理去理解来访者的情绪是如何与特定情境产生联系的，用操作性条件反射的原理去理解来访者的行为问题是如何发展、维持和加重的。

三、两种理论的异同

心理咨询与治疗业界曾经有过楚河汉界的学派之争，因为很多理论流派都是在批判先前理论的基础上建立起来的，所以在其发展初期常常有着非此即彼的楚河汉界，尤其是精神分析或精神动力学和认知行为治疗仍然在部分实践者口中被分成两派。然而，从某个角度来讲，这是治疗法使用者自己的纷争。包括精神分析治疗和认知行为治疗在内的现代理论已然开始走向融合，比如人本主义的"以来访者为中心"的相关概念已成为咨询和治疗的共识，而以解决人格问题为主的精神分析治疗和以解决症状为主的认知行为治疗也在系统脱敏、暴露及过往经历等方面有着异曲同工之妙。

但是，诚如吉拉尔德·科瑞（Gerald Corey）在其《心理咨询与治疗的理论及实践》一书中指出的，很多咨询师说自己是"综合型"，然而这种综合是没有总体理论指导的随意选择技术之行为，这种行为应被称为"合并"，持有这种倾向的咨询师或治疗师由于没有系统的知识和技能，"胡子眉毛一把抓"的过程造成了我们所说的"技术的漂移"，即哪个好用用哪个，没有章法、没有原则、没有结构，只有混乱。从这个角度来说，还不如狭隘的教条理论合适。

吉拉尔德·科瑞认为，心理治疗整合最佳的方式应该是超越一派理论的局限来看从其他理论中学到了什么。整合方法的特点是对整合的不同理论和技术的各种方法保持开放态度。他在书中引用了阿科维茨的观念，认为要达到整合的目标有三条路径：技术选择、理论整合、共同因素。第一条路径是收集技术，使用不同流派的技术，不一定遵循技术的理论；第二条路径是将两个或更多的理论结合以形成一个理论框架；第三条路径是从不同的理论体系中寻找共同成分，比如共同核心，而这些共同成分与每一种疗法中影响治疗效果的独特的原因一样重要。①

(一) 两种理论的共通性与区别

精神动力学治疗与认知行为治疗的相似之处在于：①承认个体内在思维过程的重要性。②精神分析反复重现过去的分析技术与认知行为的系统脱敏技术是内在一致的，都是暴露技术的使用。精神分析的过程使来访者有机会不断暴露过去的客体关系，我们称之为"重现"。来访者必须尝试去面对这些过去的经历所带来的痛苦，以及从过去发展出来的缓解或回避痛苦的方式。恰恰是这些僵硬的防御机制和应对方式可能会造成来访者将来出现心理障碍的潜在危机。因此，在精神分析的过程中，来访者必须暴露过去的客体关系并尝试去理解和反思，要去面对而不是回避，尝试去发展适应性的防御方式。在精神动力学治疗中，来访者暴露的是"人际刺激"，相比于认知行为治疗的暴露治疗更复杂。③两者皆看重并着重培养个体自我解决问题的能力。④精神动力学治疗中的假性自体与认知行为治疗中的核心信念有着内在的相似性。⑤精神分析强调的"此时此地"与认知行为治疗的"滚烫的想法"（hot thought）都看重对当下感受和想法的捕捉。⑥精神动力学治疗中的内在客体关系与认知行为治疗中的自我与他人、自我与世界的核心信念是密切相关的。⑦两者皆看重个体的感受并将其放在重要的位置上。⑧精神分析的修通就是认知的整合。⑨两个理论里都有关于消退的路径。⑩两个理论都重视主体间性与主观建构的意义。

精神动力学治疗与认知行为治疗的不同之处在于：①哲学基础不同。精神动力学治疗认为是个体早期经验与心理能量导致的无意识动机与冲突产生的情绪和行为问题；而认知行为治疗则认为是个体倾向于产生错误的思维导致的情绪和行为上的紊乱。也就是说，精神动力学治疗强调的是心理的复杂性，而认知行为治疗强调的是奥克塔姆说的宁简勿繁。② ②治疗目标不同，其由第一点的不同所决定。认知行为治疗是目

---

① 吉拉尔德·科瑞著，石林等译：《心理咨询与治疗的理论及实践（第七版）》，中国轻工业出版社2004年版，第313–314页。
② 吉拉尔德·科瑞著，石林等译：《心理咨询与治疗的理论及实践（第七版）》，中国轻工业出版社2004年版，第318页。

标取向性的，自我心理学着重提高自我功能，即承受压力和情绪的能力，客体关系需要的是主客体整合；而精神动力学治疗是发展人格，精神动力学治疗尝试去理解和修正患者潜意识的动力，比如冲突、心理结构的整合、内在客体的修复。认知行为治疗关注的是如何能尽快缓解患者症状，提高其社会功能，因为它的假设是，来访者的社会功能受损是由症状带来的。③方法不同。认知行为治疗着重暴露与强化、苏格拉底式谈话、与非理性信念辩论、家庭作业、角色扮演等技术来帮助来访者学习新的技能，以改变错误信念；而精神动力学治疗强调用解释、澄清、梦的解析、自由联想、对阻抗和移情及反移情的分析等技术来理解影响症状的潜意识动力和冲突。④认知行为治疗假设来访者的问题来源于技能不足，因此会强调技能训练以解决现在的问题，有家庭作业；而精神动力学治疗没有家庭作业，因为该理论注重对治疗过程中的移情、反移情的理解和反思，通过咨访双方建立关系的方式和觉察帮助来访者在治疗关系中获得矫正性的情绪体验，并最终获得真正的领悟。⑤治疗风格不同。认知行为治疗是短程的、有时限的治疗，因此是有结构的，咨询师会更加积极主动，更具有指导性；而精神动力学治疗是非结构性的，因此咨询师的风格也是非指导性的。⑥认知行为治疗不鼓励来访者退行，利用来访者对咨询师的信任，使来访者能够和咨询师合作，完成咨询的任务；而精神动力学治疗是在一定的治疗框架中，利用咨询师的中立、节制、匿名等态度，促进来访者退行，使来访者有机会对自己早期的客体关系或者不成熟的防御机制进行觉察和反思，并尝试去发展新的建立关系的模式或新的适应性的防御方式。因此，精神动力学治疗取向的咨询师必须忍受来访者对自己的失望，否则就会偏离治疗方向、远离目标。

（二）临床实践的技术选择

当代心理咨询及治疗理论多元化、后现代化的发展让我们意识到每一种理论在临床应用中都有其优势，都是可行的。但是，在实践操作中总想着要用某一种理论来解释其工作对象的一切资料是需要避免的形而上危险。作为高校心理工作者，必须要做好两个心理准备：一是来访者会带领他到任何一个看起来与临床资料最匹配的理论领域，二是将他引向没有任何理论模式是特别有用的未知领域。没有一个理论或分析流派是可以解决所有问题的，因此，因人而异、因时而异、因事而异是临床需要对咨询师或者高校心理工作者提出的要求，要求临床工作者必须具备灵活性、弹性以及科学性。

因此，在解决学生的心理问题时，试图用一种理论来解释或用一种技术来解决所有问题并不是一个好的选择。我们需要将不同的理论技术流派整合，并在理解学生问题的产生及问题的处理全程中使用。

此外，我们必须清楚地认识到不同流派和理论之间的共通性以及融合，不论是精神动力学还是认知行为治疗，或者新近崛起的后现代主义治疗方法，以及大家热衷讨论的中国本土化疗法，这些治疗法之间必定有共通性，而这些共通之处则汇集成心理咨询的基本技术得以体现，比如倾听、观察、询问、发现闪光点、共情、面质等。

在处理精神动力学治疗与认知行为治疗之间的取舍时，我们赞同使用精神动力学去理解来访者的心理成长历程以及咨访双方的关系和主体间性，并在此基础上形成对个案的动力学思考和案例假设。在处理个案的人格发展时，用精神动力学治疗来帮助来访者是比较合适的；而在特殊类型如焦虑、恐惧、强迫等心理问题的案例中，则推荐使用认知行为治疗来帮助来访者。

高校的心理咨询资源有限，因此在心理咨询工作中常见的是供需不平衡的矛盾，即可提供的心理资源不能满足学生的需求。一般来说，学校在尽可能保证资源为大多数人使用的公平目标指导下，会秉承培养学生带着对问题的觉察能力去成长的原则，规定心理咨询师对一个个案接待8～12次。因此，在接待个案时，我们需要借助精神动力学理论对个案进行动力学的思考和理解，并做出恰当的案例假设，完成案例概念化，再结合包括认知行为治疗在内的理论和技术对个案进行具体化的处理。

对个案进行精神动力学思考和理解，并做出案例假设以及完成案例概念化的建议性操作包括以下几点：首先是收集个案的历史资料。我们常说当一个来访者走进咨询室，他一定带着一些包括自己以及父母和家族甚至民族的历史记忆或故事。在收集个案的历史资料时，我们不仅需要收集当下呈现的病症或症状（是什么，怎么来的，导火索是什么？），还需要收集过去的历史（过去有没有发生过？当时是怎么解决的？有什么资源，或者形成了什么模式？家里其他三代人有没有过类似的问题，又是如何解决的？家族力量在哪里，文化的影响是什么？社会潜意识对这个家族的束缚是什么，是否有病耻感？是否有被压抑的女性觉醒？等等）。在收集这些资料的时候，要通过来访者的表述来对其进行精神状态的检查，以确认该个案的问题以及状态是符合心理咨询范畴的，这些检查包括个案的物理知觉、社会知觉、心理知觉。当然，身体及神经科学的检查也是需要的，还要检查来访者是否具有精神类疾病以便及时转诊。其次，在收集了上述资料之后，我们需要整合资料信息对来访者的状态做一个精神动力式诊断。我们先从传统精神分析的视角诊断来访者的自我特质是什么，比如个案的自我与超我的关系是什么、本我和超我的冲突是什么、自我解决这些冲突时产生的防御机制是什么，接着我们从客体关系的品质来理解来访者的重要抚养人对其产生了什么作用，在移情和反移情的过程中形成了什么模式，是否形成了稳定的内在客体和内在客体关系，个案的依恋模式是什么。然后，我们需要对来访者的自体进行心理画像，包括个案的自尊及自体凝聚性如何，个案的自体延续性又是怎样的、自体与自体客体之间的联结如何，个案的心智化能力如何、处于哪一个水平。最后，根据上述整理的信息形成对个案的整合性理解，也就是对个案形成立体影像认知。

有了全面的认知后，我们就对来访者的"认知—情绪—行为"之间的模式发展路径有了清晰的了解，也能清晰地看到该用什么方法和技术在哪个关键点进行处理。这样的动力学梳理对后面的跟进处理（不论是用认知行为治疗，还是用叙事疗法、正念疗法或家庭疗法）都是有益的。

第三章 大学生典型心理问题的第三条解析路径——团体治疗

一、团体的存在意义

团体即为社会缩影,对于每一个学生个体而言,社会即为一个复杂的团体。心理教育需要帮助学生个体融入团体,并在团体中觉察自我与心理自我的关系、自我与他人的关系以及自我与团体的关系,在团体中培养心理成长的能力,从而最终能够回馈团体、奉献团体。

在高校心理教育工作中,心理团体具有较高的实用价值及优势。首先,心理团体本身的设置具有一定优势。由于高校心理教师师资配备不足而学生需求量较高,心理团体中一对多的形式可以满足高校的实际需求,团体可同时容纳多人,从而节省时间及空间成本。其次,心理团体作为一个特殊的"容器",允许冲突存在。对于学生个体而言,团体是一个安全的社会试验场,也是包容其积极与消极的容器,个体可在其中锻炼与发展处理冲突的能力、建立亲密关系的能力及社会化能力。最后,团体亦是一个"镜子屋"。团体中每个个体都是映射他人潜意识的一面镜子,成员可在其中找寻失落的"自体",觉察真我,发掘自身的内在能力,从而在团体疗效因子的协同作用下根植于"大我"完成自体的重建,并发展建设性的心理力量。

欧文·亚隆(Irvin D. Yalom)在其《团体心理治疗——理论与实践(第五版)》一书中讲了团体治疗中的12个疗效因子。[①] 参考这12个疗效因子,结合高校团体特征,我们认为在高校团体中发挥重要作用的疗效因子主要有以下五个。

(1)团体凝聚力。这是团体成员体验到"大家在一起"的感觉,

---

① 欧文·亚隆、莫林·莱斯茨著,李敏、李鸣译:《团体心理治疗——理论与实践(第五版)》,中国轻工业出版社2010年版,第1-16页。

也就是我们常说的团队精神，成员有被接纳及不再和旁人隔离开来的感觉。在这里，成员不用担心因揭露有关自己的心结而被团体排斥或拒绝，因此可以安全地、真实地表达自己的情绪和揭露心结。

(2) 普同性。个体发现其他成员也有与自己类似的问题及感受。在与团体成员进行交流之前，很多个体都会带着"我是最糟糕的了""没有人经历过我的痛苦，所以没有人可以理解我"这样的想法和孤独的感受进入团体。但是，在团体中，他们会逐渐发现自己并不是唯一的。他们会发现"有人和我一样""原来别人也担心过或者害怕过""原来我不是最糟糕的"，这使个体自身有了"属我族类"之感。

(3) 人际学习。团体是一个异质团体，也就是各种各样的问题都可能存在于这个团体之中。成员间有不同的问题，也可能有相似的问题。在其他成员分享观感时，个体可以更好地认识问题的本（性）质。同时，通过在团体中做出真诚的表达，个体有机会与他人练习新的交往方式，从而解决自己在人际交往中的困难和障碍。人际学习还包括行为学习，成员通过观看其他成员对某一事件的处理，学习到不同的处理方法。

(4) 体验矫正。在团体中，个体会重现自己原生家庭以及因自我成长过程中对重要事件的解释而生成的不良经验，其他成员给予的不同反馈和反应会让个体有机会对其经验进行矫正，也就是同化和顺应的出现。

(5) 自我成长责任。在团体中，个体可以看到不同的他人如何成长，并从中获得力量以鼓励自我成长，同时，个体还可以从他人和自我成长的过程中看到成长的第一责任人是自己，进而修通自己和自己、自己和他人、自己和世界的关系，使其获得既懂得帮助他人，又懂得寻求帮助，同时还懂得不依赖他人帮助的能力。

二、团体的三维框架

对于如何建设团体以及如何有效发挥团体作用，大多数学者或实践工作者都提出要强化集体主义价值导向、培养大学生的集体归属感和认同感、引导学生认识到个人的发展离不开集体的发展等。然而，仅仅依靠意识层面的工作已然不能满足学生的心理需求并发挥其心理动力，反之,说教式的教育极易导致学生拒绝发展。作为高校学生工作者,我们必须清晰地认识到个体潜意识层面的心理动力是个体需要集体并为归属的集体做出贡献的源泉之一。而这也是全国高校思政工作会议中强调心理工作的意义之所在:在思政工作中,必须加入心理学的理论指导来对个体进行教育和培养。

基于团体技术的核心是彰显团体内每个个体,隐藏"教者及其教之用意和目的",充分运行团体并建立起团体之于个体的教育影响。个体可能在团体中受伤,但也可以在团体中疗伤,进而在团体中成长。为此,我们提出团体教育的团体技术三维框架,即将团体理解为由个体、个体群两类活动主体,以及以活动第三方形态存在的团体带领者(代表教者)构成。

第一个维度是解读框架。该维度的技术目标是了解学生个体,通过学生成长史来整体把握学生的"认知素描",并在其中找寻历程细节,以确定共情深浅与切入点是否妥当。了解学生的解读框架的技术特征是历史代入,内含时代背景、历史文化及家族文化三个方面对学生团体活动的可能和实际影响。

精神动力学的基本原则之一是认为人类所有的行为和思想都是逻辑的链接,没有偶然。在无意识的过程中,个体通过防御机制影响着自己的直觉、信念和行为。人类的行为都是目标导向的,只不过这个导向的力量来源于不同的理论,有着不同的解释,比如古典精神分析认为力比多和攻击性是其内在动力,而客体关系认为其是为了获得客体的爱和关系。但是,不管动力如何,所有的理论流派都承认早期发展阶段对个体人格及其行为模式的塑造功能,承认早期阶段的抚养关系、重大事件以及个体对重大事件的解读造成了缺陷或创伤。因此,个体的原生家庭文化及其原生家庭所属的历史文化对个体的世界观、价值观的影响非常重要。历史文化和家族文化都与创伤有关,都用叙事的方法和途径在代际间传递。如果没有时代背景的差异,历史文化和家族文化会如同月亮默默照耀江河一样默默传递。然而,由于有了时代背景这一变量,文化心理及行为模式的传递则变得犹如江河充满暗流、漩涡、险滩一样充满矛盾、冲突和妥协。时代背景赋予历史文化和家族文化裂变的缝隙。在这个过程中,个体经历了文化冲击、整体文化的撕裂、自体的破碎、个体化与分离之间的矛盾、同化与顺应,以及自体的整合。

第二个维度是觉察框架。该维度的技术目标是感知学生团体（关系），通过所确定的观察结构，对学生在现实团体活动中的具体表现进行查看感知，把握学生与学生之间的互动，也就是团体内的动力。感知学生团体的觉察框架技术特征是潜意识，包括集体潜意识、社会潜意识和个体潜意识三个意识层面。其中，在社会潜意识层面观察团体中呈现了哪些人际关系障碍，以及团体如何处理和消化人际关系障碍。

从弗洛伊德到卡尔·古斯塔夫·荣格（Carl Gustav Jung）再到埃里希·弗洛姆（Erich Fromm），三位心理学家提出的潜意识概念囊括了个体能接收到的各种可能的潜意识影响。要想让个体获得人性体验并进一步理解自己，我们不仅需要帮助个体看到其潜意识的作用，还要看到集体潜意识与社会潜意识对其认知、情绪与行为的影响。社会潜意识的作用在团体中会尤为明显，因为社会潜意识的内容是社会规范不允许的部分，但是这部分会在个体某时某刻某场合与某人或某人群的活动互动中以不同方式呈现出来，阻碍个体与外界的交流和人际关系。而教育的目的在于找到分析这些样式的工具，以发现这些样式和表现，并予以纠偏和引导。

团体治疗认为，最好的方式就是把个体放回团体，在团体中呈现问题，通过团体成员的"镜子"功能，让个体的社会潜意识造成的关系障碍变得意识化，也就是被意识到，这样就可以得到矫正了。由于社会潜意识是大多数人都被压抑的部分，因此一个人的问题呈现不仅仅帮助该个体，还帮助了整个团体。但是，这个呈现问题的个体有可能成为替罪羊。福克斯（S. H. Foulkes）[1]曾经指出：患者常常是"社会的替罪羊"。而"替罪羊"只是四种团体容器中的一种，贾扎里安（Yvonne M. Agazarian）[2]认为还有另外三种容器：被标签化的患者、英雄和失望者。这四个容器的出现都与功能失调有关。当有关分离和个体化、攻击、认同、接纳或排斥等强烈的情绪在团体中没有被包容时，功能失调的关系就会被共同制造出来。[3]

---

[1] 团体分析心理治疗创始人，同时也是团体分析协会（IGA）发起人。
[2] Systems-Centered Therapy（SCT）系统中心团体治疗技术创始人。
[3] Susan P. G., Yvonne M. Agazarian, "Systems-Centered Group Therapy," *International Journal of Group Psychotherapy* 67, sup1 (2016): S60–S70.

第三个维度是行动框架。该维度的技术目标是改变学生团体，通过团体构建结构，选择并采用适时的团体技术对所把握的学生团体交互现状予以打乱、影响，并重构团体。此维度蕴含着对前两个维度的融合。改变学生团体的行动框架技术特征是交互影响。我们借鉴罗比·弗莱德曼（Robi Friedman）[①]的"三明治"团体及社会梦工作坊两种技术，结合生命线分析和动力学家庭治疗技术以及叙事疗法技术，构建团体建设的团体交互模型，并以此来开展团体建设实践。

该模型（如图3-1所示）以大小团体交互进行的方式开展团体建设，将班级分为若干个10人左右的小组（小团体），以生命线分析开展半结构化团体活动，其中嵌入原生家庭分析，并以叙事疗法的技术对成长过程中的重要事件和时刻赋予另一种视角的意义解读。在每次开展小组（小团体）活动后，再集中起来开展非结构化的大团体活动。非结构化的团体活动可采用报告梦的方式或者精神动力学团体治疗技术。带领者是通透的，团体也是通透的，通过团体自身的力量让社会潜意识流动，利用大团体来帮助个体在集体中找到自我，使其与集体相连又保持个体化。

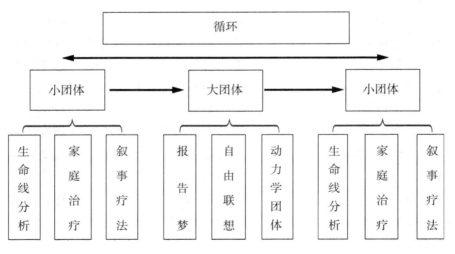

图3-1　团体交互模型

---

① 以色列海法大学教授，国际团体分析协会（GASI）前任主席，"三明治"团体治疗技术创始人。

三、团体交互模型及其应用

(一) 团体交互模型的运用

团体交互模型不需要教育辅助工具,其直接对潜意识进行工作且能让团体深入探讨随时出现的冲突或问题等特征使其适合在团体建设中发挥优势作用。该模型的运用将团体分为小团体和大团体予以区别处理,分别发挥团体技术对团体建设的独特作用。

第一,小团体建设。小团体(通常指10人左右)具有的优势是熟悉的保证,它能保证个体的三个根本性(潜意识的)"渴望"(通常出现在团体的第一阶段)——没有拒绝的保证、没有排斥的保证以及"荣誉"的保证,包括成就、渴望、唤醒、满意、生存、性欲。同时,小团体具有四个根本性的属性:具有选择的功效(比如制造"替罪羊"或者荣誉感)、给予和获得无私或自私的评价、从自言自语到对话的交流以及从以领导为中心到以团体为中心的工作模式。[1] 小团体通过共鸣和内省、镜映和外省、交换和练习以及自我实战训练,自由或半结构化地在去中心化—中心化的连续谱上进行工作。

小团体的三种技术:生命线分析强调个体自我梳理从出生(乃至出生前)到现在所发生过的重大事件和重要时点,并透过对这些重要事件和时刻的自我解读来看其对个体的人格形成和发展的影响。家庭治疗亦着重强调从原生家庭及家庭互动关系中来分析个体人格形成过程中的影响因素。旧精神分析强调过往事件对个体人格形成的重要影响作用,但新精神分析学派以及后弗洛伊德各种理论流派则更多地将注意力放在关系的处理上,并且强调关系的可修复性和可矫正性。因此,在小团体中应用这两个技术是为了让个体不仅能发现问题,更重要的是发现解决问题的途径和空间。认知行为疗法认为导致个体痛苦的不是事件本身,而是个体如何看待事件。而叙事疗法的技术则重点在于将问题与人分开,改写丰厚的生命故事。因此,叙事疗法在不断丰厚生命故事的过程中解

---

[1] Friedman R., Special Section: "Where to look? Supervising Group Analysis-A Relations Disorder Perspective," *Group Analysis* 40, no. 2 (2007): 251–268.

读过去的重大事件,寻找生命的力量,这对大学生来说是一个非常有效的技术。

第二,大团体建设。大团体(超过30人甚至上百人)是一个不可思议的空间,是由社会性主导、焦虑和愤怒盛行、个体可能被排斥的地方。大团体是一种社会治疗的工具。在个体自由表达的过程中,大团体使下面的一切成为可能:① 遇见大众、毁灭焦虑、对荣誉的渴望和防御(如领导作用、沉默、服从、希望、错觉等)、与"社会"和大众相遇制造了刻板角色……它引发了不同的"社会自体"或替代性身份。大团体也引发了刻板的关系(比如性别之间、年代之间以及共同"重要性"之间),但是,它在刻板之间建立了对话。大团体的目的在于在潜在的空间对"发现你自己的社会性声音"进行工作,觉察个体和其社会角色的关系,是否对和大众保持距离过度认同,如何处理与"巨大的权威"的关系,觉察攻击性和从属的位置,觉察独立的发展,觉察"冲突耐受"和个人相互依靠的自主性。

通过这样的交叉帮助团体成员相互接纳、消除排斥和拒绝,并在相遇与关注的过程中感受联结与亲密、分离与个体化的和谐相处。

大团体的三种技术:其实,报告梦与自由联想都是动力学团体的技术,但这里将其与动力学团体技术并列是为了说明在大团体中我们采用的技术都是以团体为中心的,即带领者在其中的作用会被淡化,团体成员的自主性是团体得以开展的动力,比如团体沉默的打破、团体冲突的呈现和消化都依靠团体成员对社会潜意识的内在处理机制来发挥作用。

不管是自由联想,还是在团体中报告梦,都是个体将自己未消化完的情绪拿到团体中进行完全消化。这是个体对团体是否具有包容力、团体成员间是否通透、自己是否安全等一系列问题的潜意识评估以及自我想要表达的各种动力之间的衡量。在这个过程中,个体不仅为自己表达,也在为其感受到的团体进行表达,团体中"在一起"的伙伴关系被作为容器用于包容报告者和听众的情绪。这是通过与一个阐释性的伙伴的投射性认同交流的"容器—被包容"过程来完成的。

所以,大团体聚焦在此时此地,既是个体发出声音,又是团体发出

---

① Friedman R., "The Group Sandwich Model for International Conflict Dialog Using Large Groups as a Social Developmental Space," *International Journal of Group Psychotherapy*, 2008.

声音。在大团体中，三种潜意识尤其是社会潜意识得以真实地呈现和表达。

（二）团体交互模型的适用性解释

团体建设于笔者而言，重点在初始阶段。教育学在个体记忆研究中提出的相关理论都可以用于理解团体初始建设对个体产生集体归属感的重要性，比如白板说、痕迹说等。一个团体要想让个体产生归属感，必须在个体刚进入团体时便开始工作。

由于刚进入新的环境，个体难免需要细致的关注或称之为"寻求母亲般的关注"。这时，小团体的形成可以发挥普同性等疗效因子的作用来帮助个体克服孤独感，获得初步归属感。但是，高校要培养的并不是紧紧抱团的孩子，而是个体独立思考、映照多方声音、兼顾个体和集体两种关系的能力。因此，个体在小团体中获得了应有的安全感后，就需要在没有特殊关注的大团体里学会觉察和反思自己的潜意识动力，并在大团体中学会发出自己的声音，学会享受从中心到边缘或相反的过程，学会跟随团体到跟随他人再到跟随真实的自我，学会在团体中消除张力、汲取力量，也学会在团体中奉献力量、滋养他人，最终反馈团体。此时，团体的形成工作才可以称之为真正的完型，其后三观教育可以于团体建设的稳定阶段、发展阶段以及结束阶段持续进行，并最终为国家输送心理素质过硬的专业人才。

在应用该模型开展团体建设时需要注意以下三点：第一，团体带领者必须学会忍耐，不要过多地发声，让团体发出声音，让个体发出声音；同时，要警惕自我全能感的满足。在团体初成立时，团体成员必定会奉带领者为主，随时都会寻求带领者的支持和帮助，或者会想让带领者来解决问题。这时，团体带领者首先要做到的就是"慢说话，少说话"。第二，团体带领者要学会相信团体。如同要相信个体有自我发展的能力一样，团体带领者要相信团体具有能力去包容所有的情绪和情感，并且具有自己的凝聚力和指引力。团体带领者能忍住不发声，就激发了团体的动力，自然会有团体成员跳出来打破沉默和僵局，也会在团体成员的潜意识力量的配合下形成团体动力推动团体发展。第三，团体带领者要学会敏锐地观察和适时地干预。学会忍耐并不等于放任团体，在团体中，团体带领者要敏锐地观察团体的动力走向、团体的发展阶段以及团体中每个成员的角色变化，并在适当的时机加以引导，以帮助团体动力流动、帮助团体成员关注团体动力。团体之间的交流应该是多维的、交互的，而不是集中在一个或两个团体成员身上，也不是具体在某一个生活事件上。团体带领者需要引导团体成员就情绪、情感进行交流，每个团体成员需要做到的是讲出自己的感受或类似经历以回应他人，而不是评价和判断，更不是猜测或幻想。

第二编 大学生典型心理问题的表征分析

第四章 自　　卑

阿尔弗雷德·阿德勒在接触到精神分析以后（因其成长经历有自卑，渴望优越），开始了终其一生的自卑心理研究。阿德勒的相关研究初次得到世人关注和认同是1907年他发表的《器官的缺陷及其心理补偿的研究》一文，随后发表的《自卑与超越》等一系列作品让人们看到他对这一问题的认识越来越深入。一方面，他对自卑的类别做了扩展，从生理自卑扩大到社会自卑、心理自卑。另一方面，源于自卑，他提出了自卑、补偿与超越的系统理论。阿德勒认为，没有人愿意待在自卑里，有自卑的地方就有想通过争取权力或变得更为有力量以补偿机体之不足的努力。[①] 努力的方法之一是将原本的缺陷变成优势，比如有人长得胖，却通过扮演胖人物获得成功，对此阿德勒称之为"超补偿"；另一种方法是承认缺陷的存在，用其他机能的优秀来弥补这个缺陷，比如失去双手的人将双脚训练得比双手还要灵巧。

无论我们生于何种家庭，如何被抚养长大，都不能掩盖我们生来就有自卑感的这个事实，这种原始的自卑感和我们需要他人照顾才能存活紧密联系在一起。尽管每个人的自卑感指向不同、程度不同，但是我们必须承认心理的自卑感是我们的基本处境。自卑感本身并不是问题，相反，正因为有自卑感的普遍存在，人类才能在这样的推动之下去追求卓越。它们是人类地位之所以提升的原因，也是个体之所以得以成长的动力。在阿德勒看来，人类的全部文化都是以自卑感为基础的，对优越感

---

① 林克明：《受伤的医者：心理治疗大师绝处逢生的隐秘人生》，中国法制出版社2017年版，第195页。

的追求是我们对人类文化贡献的源泉。人类的整个活动都沿着这条伟大的行动线——由下而上、由负而正、由失败而成功——向前推进。[①] 例如，人类从万物皆有神灵的神灵崇拜，从仰望神到追随神再到挑战神乃至自己做神这样一个发展过程，自卑在其中起着极大的作用。因为自己无能无知，所以才崇拜神灵；因为自己与神的差距太远，所以才会改进自己，想要如神一般全知全能。而正是在这样自知不足的情况下，科学才得以诞生并发展。科学越是发达，人类了解自己、了解世界并掌握自己命运的可能性才越大。对于个体发展而言，我们在婴儿时期对母亲乳房的羡慕以及猜想，乃至我们对全能母亲的塑造都源于自卑。而我们所做的每一次努力都是对自卑的超越、对全能自我的追求。在追求对自我和世界的了解的过程中，我们会努力去改变环境、创造环境，让自我获得更大的实现。所以，自卑是个体乃至整个人类得以发展的动力：因为自卑，所以想要超越自卑、想要变得优秀。超越自卑、追求卓越是人类发展史的一根精神脊梁，也是个体人格发展的动力。

但是，自卑会造成紧张，紧张会给个体带来躯体不适和精神压力，因此人们都想努力摆脱自卑。然而，不是只要努力就一定能真正摆脱自卑。有时候我们越努力，自卑感却越难以消退。这种努力想要摆脱却无法摆脱的感受和习得性无助非常相似，它是一种恶性的循环：我想摆脱自卑，但经过努力却失败了，所以我更自卑；我想摆脱这种更强大的自卑，所以我更加努力，然而还是失败了。所以自卑就像一个枷锁一样套在头上，伴随着我的每一次迈步而变得越发沉重。在这种沉重感之下，个体形成了摆脱自卑的无力感。在阿德勒的《自卑与超越》一书中，这种无力感被定义为自卑情结："当个体面对一个他无法适当应付的问题时，他表示他绝对无法解决这个问题，此时出现的便是自卑情结。"[②]

但是，当再次理解这样一个恶性循环的时候，我们可以看到恶性循环的原因也许是我们没有找到合适的钥匙来解除困境。比如，为了不输于人，有些人从来不参与可能是自己弱项的活动；为了体现自己的优越感，有些人总是出语伤人，拿自己的优势来践踏他人的弱势。现代社会

[①] 阿弗雷德·阿德勒著，李青霞译：《自卑与超越》，沈阳出版社2012年版，第50页。
[②] 阿弗雷德·阿德勒著，李青霞译：《自卑与超越》，沈阳出版社2012年版，第51－54页。

的个体在物理环境中随意流动，换工作也很容易。我们可能会发现有些人总在换工作，但他们是在水平层面换工作，即在一个水平层面从 A 换到 B 或 C。他们换的工作似乎总是不如过去，如果我们询问他们换工作的原因，他们可以说出一堆理由，然而最为核心的理由不是因为这些工作他们已经熟稔于心、没有了新的挑战，而是他们觉得自己在这些工作中体现不出优越感。因此，在换工作的过程中，他们的专业技能和心智成熟度都没有得到提升，只是通过换工作来逃避工作中可能遇到的一切挑战他们脆弱自尊的可能性。只要我们愿意去观察类似案例，在生活中总能发现各种表现形式，比如在学校中总是屈居人后的青少年、总是找不到婚姻伴侣的大龄青年、对别人做事冷嘲热讽但自己又没有能力做事的人、在单位低头哈腰回家却随意打骂孩子的人、喜欢讲黄色笑话却无法发展真正恋爱关系的人等。这些人在解决现实问题时踌躇不前，一方面渴望成功，获得大家的认可和崇拜；另一方面却因畏惧失败而不敢真正迈出一步。这时，白日梦就成为体现他们优越感的最佳情境。在这些白日梦中，个体成为具有神力般的非一般个体，比如那些通过网络游戏来逃避现实的学生。还有很多父母在抚养下一代的过程中将自己未能完成的神化幻想传递或者强压给孩子，会要求孩子优秀，恐惧孩子落后，进而用各种补习班和特长班占据孩子的所有空闲时间，将他们的学习安排得满满的，这样可以减少自己的自卑焦虑和由于追求优越的不确定性所带来的焦虑。

在阿德勒看来，各种心理疾病或障碍都是由错误的生活风格（也就是自我功能）导致的。错误的生活风格是个体专注于夸大的个人优越感并缺乏足够的社会兴趣（即与人合作，为他人做贡献）。日本有一部动漫叫作《一拳超人》，主角通过现实生活中每个人都可以做到的日常锻炼变成了可以一拳打遍世界的超人，这是很典型的夸大自体的幻想。如果真的只是关注自己可以一拳打倒所有人，这个超人也就不再是超人了。这个超人还有一些社会合作精神，比如与别人一起打游戏、一起做饭吃、一起制定目标等。这些"一起"保证了主角不会心理失衡。但是，很多文学作品中会描述一些人由于缺乏合作意识和兴趣，自己的目标又遇到挫折而心理失衡，从而变成了人类的敌人。阿德勒认为，这样的个体只有通过追求与社会的合作，培养社会兴趣而不再局限于自身的境况，才能找到新的视角，发现解决之道，将自卑转化为人格发展的动力。而且人类对所有价值和成功均以合作为判断标准，这正是人类优于非人类动物界的伟大之处。①

一、束缚的自卑

　　不知道您会不会看这封邮件，但我还是抱着试一试的心态给您发了这封邮件。

　　突然间想找个人倾诉一下，但是，又想不出到底要找一个什么样的人来聊一聊比较合适……说实话，我非常喜欢上您的课，我觉得这份喜欢有很大一部分并不是因为心理课本身，而是因为我很喜欢您总是带着微笑且乐呵呵地讲述某个话题，每当这时我似乎总能被感染，心情也会不知不觉好很多。

　　我觉得自己一直都是一个比较内向的女孩子，但身为一个来自乡村的孩子，从小爸爸、妈妈、老师就向我灌输要多和别人交流才能变得聪明伶俐一点的观念。所以，上了大学以后，我加入了校学生会，希望能慢慢改变自己的性格，变得善于交际一些，变得会交朋友一些。但是，经过上学期的体验，我发现自己好像并没有真正融入那个团体，所以这个学期我退出了学生会。后来我觉得这种妄想改变自己性格的行为简直愚蠢至极。可是经过这两周，我又发现自己的生活过得单调、无聊极了，突然间好像找不到生活的目标，也不知道重心在哪里，没有了方向，并且感到很无助、无力。

　　当我从一个小乡镇来到这个大都市的时候，我发现自己懂得的东西好少，很多是我没有见过也没有经历过的，但是，我有时候又怕被其他人嘲笑。也许有时候那种笑是不带任何恶意的，但我还是会有点自卑，这也许就是自尊心作祟吧。

　　我希望您能给我一点启示，或者说给我一个可以更加客观真实地面对自我的理由。

　　期待您的回信！

您的学生
（原谅我没有勇气写上自己的姓名）

---

①　阿弗雷德·阿德勒著，李青霞译：《自卑与超越》，沈阳出版社2012年版，第60页。

分析：

如前文所述，因为自卑感是人人皆有的基本事实，所以每一个人都在超越自卑、追求优越，这也是我们生活的基本事件。不同的是，每个人各自具有的优越感目标是属于个人独有的，它取决于我们如何看待人生的意义。来信的个案是一个性格比较内向的、自卑的女孩，她将人生的意义定义为希望"像张老师一样每天都带着微笑且乐呵呵的"。

阿德勒晚年认为，渴望达到"个性的理想"是人的最终目的。他把渴望完善表达为"心理学原理"，也就是生命活动的心理动力，如果没有它，生命活动难以想象。① "自卑与超越"在个体的成长中起着重要作用，其作为个体追求完整的原始动力，一直贯穿始终，它让个体永远在路上。"它使人摆脱本能自我的狭隘限制而又不因此使它消失在无限之中。"② 信中的个案也是在"渴望完善、追求完整"的驱动下，努力想要成为一个和现在的自己不一样的个体。所以，尽管她遭遇了很多挫折，甚至在觉得自己渴望完善的努力都是愚蠢的时候，仍然会因为放弃了行动而感觉到有所缺失。写信给张老师是她又一次对"渴望完善"的努力行动，又是一个找到方向和途径去追求"个性的理想"的尝试。

按照阿德勒对自卑的分类，信中的个案有两种自卑：一种是社会环境自卑，因为来自农村；另一种是心理自卑，因为从小爸爸、妈妈、老师向她灌输要多和人交流的观念，这种从小被灌输的行为说明她小时候就不擅长与人交流。父母和老师对她进行灌输时传达的非言语信息是，如果多交流，就会变得聪明伶俐一点，换句话说，大家觉得她不聪明伶俐。

有自卑之处就会有优越的渴望，阿德勒相信，每个人所做的每一件事都是为了达到自己的优越感目标，虽然在意识层面个体有可能并没有意识到。③ 所以，当个体发现自己不够聪明伶俐、左右逢源的时候，就会想要通过增加与人相处的机会来改变自己。信中的个案也是有意愿改

---

① 阿德勒著，黄光国译：《自卑与超越——生活对你意味着什么》，安徽人民出版社2017年版，第32－38页。
② 鲁道夫·奥伊肯著，万以译：《生活的意义与价值》，上海译文出版社1997年版，第62页。
③ 阿尔弗雷德·阿德勒著，陈刚、陈旭译：《理解人性》，贵州人民出版社1991年版，第48页。

变自己的，所以选择了可以多和他人交流的工作——加入学生会。然而，目标能否达成，并不在于是否增加了机会和经历。我们可以看到，参加学生会的这个行为给个案带来了很多与人相处的机会和经历，但是，这样的经历似乎对她没有太大的帮助，因为这些经历并没有变成有用的经验。而个案显而易见并不理解到底是什么妨碍了她和别人建立更加融洽和健康的关系。所以，虽然她加入了一个需要和别人沟通交流的组织，但是她并没有真正地和别人交流，比如真正地放开自己。她没有详细描述自己在部门中如何与别人打交道，而是说自己没有真正融入，换句话说，她没有真正地放开自己。所谓的放开自己，意味着让别人了解她的喜好、困难和真实的想法等。尽管她需要和别人交流，但是她没有放开自己，别人没办法了解她，而她也无法通过别人这一环境"镜子"来了解自己。结果就是她在过去的经历里可能做过很多这样的尝试，但都是屡屡受挫。这种不成功的经历让她感到很挫败，进一步打击了她的自尊心。因此，她最后做了一个价值判断："我觉得这种妄想改变自己性格的行为简直愚蠢至极。"但是，人的社会属性决定了她需要关系、需要团体。所以当她放弃和别人交往时又会陷入单调、孤独、隔离的痛苦之中。尽管她没有融入学校生活中，但是这毕竟是她生活的一部分，失去这一部分对她来说意味着某种程度的丧失。因此，这个个案面临必须重新寻找方向去真正解决这个问题，才能变得像张老师一样乐呵呵的。

那么她的问题出在哪里呢？她说："当我从一个小乡镇来到这个大都市的时候，我发现自己懂得的东西好少，很多是我没有见过也没有经历过的，但是，我有时候又怕被其他人嘲笑。"这是典型的低自尊。有的人是通过拥有什么来肯定自己，有的人是通过确定我是谁来肯定自己，她这样的孩子会通过拥有一些外在的东西来肯定自己，比如成绩好。当她来到一个陌生的大城市，发现自己这个不知道、那个也不知道的时候，她就没法肯定自己，会觉得那是一种缺陷。将自己来到一个陌生环境后对环境的不熟悉、不了解视为一种缺陷，说明自体发展得不好，或者某种程度上说是同一性发展得不好。她必须通过确定自己拥有什么才能肯定自己，如果不知道，那就只能否定自己。要么肯定要么否定这样的判断模式，究其原因是小时候她没有被作为一个独立的个体而被父母接纳，这样的孩子小时候会产生一个假性自体，就是说父母会在意识层面或者潜意识层面给他们传递一个信息：你只有做得很好，我们才会喜欢你。低自尊与敏感和回避行为之间是一个闭合环。由于低自尊，个体对嘲笑、贬低会很敏感；为了避免自己受到伤害和痛苦，个体会产生一种应对方式和一整套模式，比如减少和别人的交流，因为和别人交流势必暴露让他们感到自卑的部分。信中的个案说"但是，我有时候又怕被其他人嘲笑"，因此，即使她和别人交往，也会尽量减少自我暴露。所以低自尊的孩子在某种程度上要么明显地回避或者减少与别人交往，要么在不得不交往时也会隐蔽交往或者回避他们不擅长的话题等，他们关心的都是安全话题，所谓安全是指避免被看不起。

如果想要帮助他们，首先，必须帮助他们觉察并了解是什么样的经历给他们带来了自卑。当然，自卑往往来源于父母或老师过于严厉的批评，或者指责过多而肯定较少。还有就是他们会发展出一种维持和加重自己自卑问题的行为模式或者看待问题的方式，尤其是前者。比如个案担心别人看不起她这个不知道、那个也不知道，那她就会减少和别人交往，避免被别人嘲笑。这样确实会减少受伤害的次数，但她也就没有机会去理解、检验别人对自己的真实态度，无法了解别人可能会笑话她什么都不知道，但不等于别人不接受她这个人。她采取这样一种回避的行为模式，不管是外显的，还是隐蔽的，都让她不可能学习新的经验。其次，应该发展他们建设性的、适应性的应对模式，即减少回避行为，更重要的一点是，尽量尝试冒一点风险，承受一些不安和危险，试着去放开自己、暴露自己，并承受因此而产生的风险以及不确定性，尝试去体会、去探索别人的笑话到底意味着什么。当他们被低自尊控制的时候，过度敏感是他们常备的"装备"。过度敏感会让他们产生一种认知——"眼前即是一切"，导致一叶障目。比如"分不清暨南大学和济南大学"会认为自己很笨。最后，应该帮助他们将错误和自己分开，即不将自己与错误等同。因为小时候犯错误被父母将两者等同且对人不对事的处理导致他们认为"事情不对就是自己不对，事情没做好就是自己不够好"。所以，他们在尝试新体验的过程中，不仅要打开自己的感受，还要将自己与结果分开看待，把自己当作一个独立的可以被爱的对象，并将事情的好坏区别看待。

二、自卑型焦虑

尊敬的张老师：

您好。我是您这学期在校本部的一名学生。在听了您几节课之后，便萌发了写信向您咨询的想法。希望您能给予我一些建议，在此先感谢您。

我想说的就是我的经历和我的自卑。在我五六岁的时候，我父亲就病残，虽然不是卧床不起，但是起居各方面都需要人去照顾。也就是从那时起，我就没办法享受父母一起带我出去玩的待遇了。我还挺羡慕其他小伙伴的。而且没有父亲作为后盾，我做什么事都有点唯唯诺诺，毕竟我是家中唯一的男子汉，如果再出什么事，那么整个家庭怎么办？所以，久而久之，我就形成了一种过于谦让的性格，尽可能不与其他人产生矛盾，正因为如此，就好像变得比别人低了一等，由此引发了我的自卑。我很怕被嘲笑，很怕被看不起，因为我承担着整个家族的责任，毕竟我考到暨南大学，被寄予了很多希望，我很担心自己没法让我们一家走出困境，让母亲继续劳累。所以慢慢地，我变成一个怕事的人，很多事都不敢第一个做，担心做不好会被嘲笑，担心会因此被人看不起，即使我应该有能力去完成。就像我喜欢唱歌，但北极光大赛，我连初赛都没勇气去报名参加，担心唱不好会被嘲笑；像问老师问题，我会担心这个问题是不是太简单，老师会不会因此觉得我是一个不聪明的学生而看轻我；等等。也许是想太多，但内心这种想法总会浮现。在别人看来，我是一个很乐观的人，我也很喜欢笑着去面对身边的人，因为我想和他们交朋友，想用笑来掩饰自己内心那份脆弱和阴暗。

感谢老师您在百忙之中抽空看完这封邮件。希望您能给我几个建议。

分析：

这是一个用认知行为治疗可以很好地解释的个案，但同时我们仍然可以运用精神动力学去理解个案的成长。

从社会观察学习理论来说，因为个案的父亲有残疾，所以他缺少一个认同的对象或让他感到骄傲从而获得依靠、有力量的对象和榜样。从人际关系学说以及依恋理论来说，他虽然没有详细描述这个过程，但是可以看到他因为父母不能一起带他出去玩而很羡慕其他小伙伴。因为没有父亲作为后盾，所以他做什么事情都会唯唯诺诺。他的背后缺少支持，因而感到缺乏力量。另外，他感到承担的压力太大，他是家里唯一的支柱，所以内心会产生一个信念："我做任何事情都必须保证成功才能做。"也许因为缺少力量，他极有可能有过一些被嘲笑、被欺负的经历。如果是一些温暖的经历，如周围的人帮助过他，他可能不会产生这样的信念。

这封信里只讲了结果，而没有讲性格发展的过程，但是我们可以看到他形成了过于谦让的性格。谦让的性格在团体里的表现就是尽量回避冲突，其选择是放弃一些个人的需要去满足别人，所以他会觉得没有能力表达自己的想法，保护自己的界限。但是，这样的性格不是一朝一夕形成的，在最初的人际交往中，他一定尝试过表达自己的需求却被忽略或否定。因而，他内心一定有过强烈的冲突，势必经历过矛盾，但他没有仔细讲这个过程，而只是讲述了感到没有力量。不过，我们可以大胆假设他有过被欺负的经历，所以当面临矛盾的选择时，他不敢跟别人说出有矛盾的话语。正因为如此，他明显感觉到自己没有力量，没办法保护自己、坚持做自己。所以过去的经历在他的感觉和印象里是，自己是没有力量的，别人有可能会嘲笑他，而这意味着别人对他的评价都是具有贬低性的。这些过去的经历让他从小便产生了一种信念，这个信念正面的表达是"我只有变得优秀，别人才能看得起我"，反面的表达是"如果我不够优秀，别人就会嘲笑我"。所以"我还不够优秀，我还要更加优秀才行"的这种自卑心理给他带来了两个方面的行为取向：一方面给他带来了强大的学习动力。为了处理自己这种担心被嘲笑、被看不起的内心焦虑和恐惧，他在过去的学习和生活中很努力，学习成为他比较擅长的领域。另一方面则给他带来了同样强大的回避动力。在他不擅长的领域里，他变得谨小慎微，尽量不暴露自己的弱点，因为他担心做不好会被人笑话。所以如他信中所说，他担心会被人看不起，即使应该有能力去完成。他不是对自己的能力没有信心，而是对完成或实现他给自己设定的严格标准没有信心。他可能没有意识到自己的内心只有成功与失败、优秀与愚笨。所以他向老师问问题时会担心因问题太简单，老师会认为他不是一个聪明的人。在他心里，老师或别人都是具有贬低性的，如果他表现不好，别人就会看不起他。所以这样环境中的早期经验可以被理解为一个来访者塑造了关于自己、关于怎么看待别人的一些基本的核心信念，例如："我是没能力的、不可爱的，别人都是苛刻的、看不起我的。我只有表现得非常优秀、绝对优秀，别人才会接纳我，不嘲笑我。而如果我表现得不够好，别人就会看不起我。"所以，我们可以肯定他会发展出很多回避行为，比如，因为担心提问被老师认为太简单而被老师看轻，所以他基本上不会提问；因为担心被人嘲笑唱得不好，所以就不报名参加比赛了。他的回避模式和背后的信念是一致的，这种信念和他的行为模式是一致的，他会让自己在擅长的领域很努力，而对自己不够有信心的领域则采用回避的模式。所以他能考上暨南大学，这是他很努力的结果，这个努力是帮他补偿自卑的。但是，在其他生活和学习中，他会有很多的回避行为，比如怕事、不敢表现自己、害怕被别人嘲笑而不敢参加唱歌比赛等。

  这样的行为模式维持和加重了他错误的或者功能失调的信念。因为该行为模式也让他永远没有机会去检验和推翻他的那些功能失调的信念，即"如果我表现不好，别人就会嘲笑我"。这种行为模式也让他永远没有机会获得一些新的体验。比如唱歌，也许他唱得好，也许唱得不好，但从中他能有机会发现老师和同学依然会接纳他，而不参与则无法检验出别人不会因为他不完美、不优秀而不接纳他。最后的结果就是他的内心会变成一个封闭的循环。他的内心总是和表面不一致，表面很优秀，内在很不自信。

  如果我们想去帮助他，首先要帮助他认识到自己这样的信念和行为模式在过去给他带来了很多好处，帮他应对过去生活中的困境。我们作为助人者也必须承认，过去的信念和行为模式在保护他的成长中所发挥的作用。这些信念和行为模式如同一朵花蕾的外壳，可以有效地保护花蕾免受风吹雨打的挫折和痛苦。所以，从某个角度来说，这样的信念和行为模式都是因情境和成长环境而必需的。其次，我们需要帮助他认识到改变的时机来了。中国传统文化讲究"中庸"，讲究不偏不倚地看待一个事件的发生和发展。如同我们常常说的"祸兮福之所倚，福兮祸之所伏"，在西方文化里也有一个很生动的形容——"一个硬币有两面"。所以，当我们感到痛苦或者举步维艰的时候，新生和成长或许就在其中孕育。当过去的信念和行为模式无法支撑个体处理现有的情境和问题时，就需要做出改变了。因此，我们需要帮助他认识到现在的他需要改变，需要尝试去建构新的模式。成长阶段不同，个体面临的成长平台也不同，竞争对手（如学习上的竞争对手）比以往任何对手都会更强，学习任务也比过去任何时候都更难，学习目标比过去任何时候都更高。因此，如果与他人相比，把外部世界看作竞争对手，那么让自己保持优秀或变得更优秀就越来越难，甚至举步维艰。同时，一方面"我要比他人优秀"，另一方面"我要让他人觉得我优秀"，这样的矛盾心态很难帮助个体与外部世界达成和解，以真诚的交往来发展人际关系。所以，过去的模式很难帮助他继续往前走，因为现在要做到优秀越来越难，回避也越来越损害他的个人成长和发展。因此，他必须要做出一些改变，主要且首先要做到的就是改变他的回避模式，他必须拥有"冒险一试的勇气"去"冒点险"，让自己获得一些新的体验，来检验他从小建立起来的信念到底和现实是否一致。一旦不一致，过去的信念带来的束缚将得以松绑，从而让真实的自体自由地呼吸。

三、生理缺陷与自卑

我有一个非常温暖的原生家庭，父母相亲相爱，和我的关系也非常亲近且互相尊重。比如爸爸每天下班回家第一件事就是叫我的名字和亲我，然后会抱妈妈和亲妈妈。我们三个人会看一样的书，会坐在一起看电视、看电影、听音乐会，只要有时间就会安排旅行。现在我们分开了，还会买相似场次的电影票，看同样的电影，然后交流感受。每周日爸爸休息，就会和妈妈一起去市场买食材回来做好吃的。我的同学、朋友和他们的家人都喜欢融入我家的氛围和吃我父母做的饭菜。妈妈曾说过，我们的关系更像是共同成长。他们对我的成长给予了极大的自主权，我也会在做决定时征求他们的意见，表达我的意愿。我与他们之间的分歧一定会有，也会有表达比较激烈的时候，但他们总是理智而淡定，等我平静的时候再和我谈。

我读书也是蛮顺利的，家长和老师都比较尊重我的意愿，即使在高中那段大家一心读书的日子里，老师也允许我不上晚自习，而是在家练琴参加比赛。每每想到这里，我也知道自己的行为给老师造成了麻烦，给同学做了不好的示范，所以即使老师不太喜欢我，我依然能理解并深感抱歉。

然而，我的生活也并不像表面上看到的那样只有安稳幸福。在我四岁时的儿童节，我在家中院子里玩，妈妈无意间发现我额头左侧有一片比肤色白的区域。父母带我去了各地的大医院，医生都没有给出一个确切的诊断，并且在此期间，白色区域扩大至眉毛，甚至连眉毛也变白了。那段时间，我每天要吃好多药，奔波于很多地方。最后，得不出结果但能确定，那块区域除了颜色不同外，并不会对我的身体造成危害，我们决定不再吃药。几年后，那块区域竟然自己逐渐变小到额头的1/2处。在最开始的几年里，认识的人见到我都会捧着我的脸，一脸遗憾地说一些同情的话。一开始，我十分反感、厌恶（那时只有六七岁）。后来我不断暗示自己，他们是关心我，虽然心中的刺还在，但也慢慢习惯了。大概是从那时开始，我厌恶和埋怨自己为什么长这个，然后嫌弃自己的外貌，逼迫自己在别的方面努力，不要被人指指点点。那种委屈、自卑被压抑到心中最深处，几乎所有人都认为我是一个活泼开朗的人。这样一直过了好多年。上高中之后，我遇到了一个可爱的女孩，我们性格相投，也十分处得来。但自从有一次见过她妈妈之后，我发现她开始有意回避我。后来有一天，很久不和我讲话的她突然问我额头是怎么回事，我也终于明白了。我低沉了好久，也没和爸妈讲，怕他们难过，因为一提到这个，他们就会很内疚，认为是他们没有照顾好我。但终于有一天，我实在太压抑了，哭了两天，和他们说了原因，他们沉默了好久。那段时间，我总能梦到过去大人捧着我的脸说话的场景，也会梦到有女孩疏远我的场景。

无论过去还是现在，额头上的白色区域一直影响着我的生活：我会十分在意别人的眼光，会强迫自己做事情的时候要比别人好，做不好的时候会加倍指责自己，混杂着自卑、委屈、心酸，白色区域带来的负面情绪也会加倍涌现；与人交往时，我会加倍地付出甚至带有讨好的意味（违背自己的意愿做一些对他们好的事）；至今没有谈恋爱，我也觉得是由于外貌问题……

我经常用读书来排解烦恼，书上会讲，比我困扰更大的人也能练就强大的内心。我也会用弹琴来排解烦恼，这会使我投入和舒缓情绪。不过，每当我感到失落和挫败的时候，以上种种总会裹挟在一起汹涌而来，比如今天下午发下来的大学写作作业，我每节课都上并且认真听讲，作业拿了 82 分，但班里有一位从不上课而且的确不认真的同学却得了 91 分，我在那一瞬间迸发出超大的自责，又联想到自己由于白色区域带来的和别人的差距，到现在仍然自卑而无助……

说真的，我是在上了心理课之后才能这样直面我过去的生活和我的内心的。至于我对这一创伤事件如何进行自我修复，还在努力地摸索中。

分析：

阿德勒把自卑分为原发性自卑和继发性自卑。原发性自卑是由自己弱小无助的生理原因导致的，比如我们在婴儿时确实比身边能跑能跳的哥哥、姐姐或者照顾者要弱小很多。生理缺陷也会导致原发性自卑，因为我们和常人不一样。但是，如果我们还把注意力放在这些不一样上面，或者说我们主动运用其他能力来克服这些生理缺陷带来的困难，就有可能和其他没有生理缺陷的人一样获得成功，甚至超越其他人。这样的例子在中国乃至全世界都可以看到。换个角度来看，尽管生理缺陷会给个体带来不少困扰，却也可能成为激发他们取得更大成就的刺激因素。[①]

如果因身体弱小而被贬低伤害，就有可能会让个体的自卑变得更加强烈。当然，也有个体越被打击越强大，不过越发自卑的人显而易见更多。而且因为身体弱小而被打击伤害以后，个体会加倍关注自己的自卑之处，会放大这些问题和困难，陷入自怨自艾的泥潭之中，将所有的关注力都放在自己身上，都放在自己的问题上，很难看到、听到周围世界传递出来的善意和帮助，因为他们特别敏感，甚至会误解他人给予的同情和怜悯。他们很难体会到与社会他人合作的快乐和价值，很难理解奉献的生命意义之所在，因为他们没有多余的注意力放在外界社会，没有对别人产生兴趣的需要，结果就是其社会感觉和合作能力越来越差。由

---

① 阿尔弗雷德·阿德勒著，李青霞译：《自卑与超越》，沈阳出版社 2012 年版，第 33 页。

于社会合作能力差，他人对他们的评价会恰如他们内心的自我评价一样糟糕，演变成"自我证实的预言"。这样的恶性循环会使他们转向自己，进而丧失在社会中扮演有用角色的希望，并认为自己被这个世界所侮辱。① 他们会得出这样的结论：因为自己是个无名小卒，所以没有权利；是成人生活的点缀，没有发言权；必须谦恭殷勤，不言不语；等等。②

继发性自卑是指现实状态和自己的期望之间的差距很大或者说越来越大而导致的自卑。有个公式可以很好地理解继发性自卑："继发性自卑 = 理想的自己 – 现在的自己"。继发性自卑的存在说明，在人类世界里有一种无法完美的必然性，而生活中的很多自卑来源于比较，也就是说，很多自卑是继发性自卑。

虽说自卑是人类发展的动力，但它也是一种认知歪曲。自卑大部分与一个人怎么看待自己有关系，主要来源于个体小时候父母或身边重要的他人对他的贬低态度。很多儿童在被人嘲笑的恐惧中长大。成人无法理解自己的一个举动，如让两个身高明显有差距的孩子比较一下谁更高，会给那个身高较矮的孩子留下怎样的心理创伤；他们也不能理解大家一起取笑一个孩子说"嗨，你怎么这么矮啊"，会给这个孩子造成怎样的愤恨。这些奚落和讥笑会在孩子的内心造成难以磨灭的印记，并因此害怕同样被其他人讥笑和嘲讽，由此孩子会形成一种习惯和行为，即与有可能会讥笑他人保持距离，远离那些会让自己被人讥笑的活动和活动场所。③ 所以与自卑联系的认知都是一种评判的贬低。这封信中的女孩虽然有良好的亲子关系，但是也难免受到环境的负性影响。比如在她小时候人人都捧着她的脸说可惜了，虽然不是嘲笑，但是非常明确地传递出一个信息："可惜你不完美"。没有人喜欢被强化不完美，而且自己还无从反抗这种强化，只能用"他们都是为我好"来使这些负性强化合理化。对她来说，最让她伤心的是好朋友的疏离，这种疏离让她产生心理恐惧，"因为这个生理缺陷，我会失去所有的好朋友，不会有

---

① 阿尔弗雷德·阿德勒著，李青霞译：《自卑与超越》，沈阳出版社2012年版，第16页。
② 阿尔弗雷德·阿德勒著，陈刚、陈旭译：《理解人性》，贵州人民出版社1991年版，第59页。
③ 阿尔弗雷德·阿德勒著，陈刚、陈旭译：《理解人性》，贵州人民出版社1991年版，第45页。

人不介意我的生理缺陷而跟我交朋友了"。陷入孤独是个体深感恐惧的，如同前面章节中对自体心理学的描述一样。这样的恐惧加深了她的自卑，而这个自卑直接指向核心信念"我没有价值"。好比我和别人比赛，我跑了第二，我会觉得自己没用，这时我很难从跑步比赛中发现跑步的价值。由于自卑的人总是用消极的态度看待自己，这个个案十分在意别人的眼光，会强迫自己做事情时要比别人好，做不好时会加倍指责自己，与人交往时也会加倍付出甚至带有讨好的意味（违背自己意愿做一些对他们好的事），也觉得是由于外貌问题而至今没有谈恋爱。

当然，自我形象是自我价值的一部分。个人形象有损害，肯定会给个人价值带来损害。个体会有很多担忧和不确定感，也会对别人有很多担忧和不确定感。不确定感是确定存在的，关键是如何应对。自卑本身并不是疾病，每个人都有。如同阿德勒所说，自卑是一种动力，所以这个个案要求自己在别的方面努力，并且通过读书从他人的成长中汲取力量，同时通过上心理课开始自我修复。对个体而言，最关键的是，自卑是否会成为一种病理性的或者非适应性的障碍，而这很大程度上取决于个体是否发展出一种防御的或回避的安全行为，比如掩藏否认这一部分。这个个案选择面对自己的自卑，并且寻找合适途径从他人比如张老师这里获得帮助与支持。

实际上，团体是自卑产生的源泉，如果没有比较，自卑是不会出现的。比如亚当和夏娃在没有发现自己赤身裸体之前是没有羞耻感的，是夏娃先有了这样的羞耻感，然后提醒亚当没穿衣服是可耻的，这时亚当也出现了羞耻感。在团体里，因为有了不同的视角，不同的观念得以产生并相互影响。但是，如果因为团体的影响而远离团体，这种自卑感是不会得到疗愈的，必须回到团体才能得到治愈。阿德勒也认为，只有聚焦于为团体做出贡献而不是关注自己的个体，才能真正找到补偿之道，而那些逃避困难、逃避团体的个体则只能在原地打转。实际上，如同孩子们喜欢玩的各种网络游戏一样，他们也必须学习与玩家合作。只有这样，那些他们不得不面对的困难才会变成通向成功之路上必须克服的关卡，所有关卡都是为了让游戏玩家变得更为强大而存在的。如果个体的兴趣只在于担心自己会不会不如别人，或想摆脱别人的优秀对自己的威胁，那么就不会有真正的进步，他们只要不去玩这些"游戏"就好了。所以对于个体而言，他们必须找到一个能让自己全力以赴的目标，并且这些目标能够激活他们对现实的兴趣、对他人的兴趣以及对合作的兴趣，实现这个目标的过程才能让他们真正地摆脱自卑。①

综上所述，这个个案的自卑是健康的自卑。虽有原发性自卑以及因此而导致的继发性自卑，但是这个个案并没有因此放弃自己对现实的兴趣、对他人的兴趣以及合作的兴趣，比如，她与父母共同看一部电影并分享心得体会、在高中时不以读书为唯一目标，还有良好的自我功能去选择与老师沟通不上晚自习而在家练琴，等等，这些都是与社会联结的行为体现。虽然她仍然自卑，但是如她所说"在探索"。"探索"一词体现了她主动融入世界、融入社会，让自己和他人保持联结的行动取向。只要有新的行为，就有机会带给她新的体验。

---

① 阿尔弗雷德·阿德勒著，李青霞译：《自卑与超越》，沈阳出版社2012年版，第34页。

第五章 焦 虑

焦虑现在被普遍看成一种现代病，几乎人人都感受到了焦虑的存在。焦虑是人类的基本情绪之一，是一种心理特质，是对未来威胁和不幸的忧虑预期，其生理反应体现为因紧张、烦躁不安而出现全身发抖、四肢发冷、心跳加速等症状。它是个体在预感到潜在威胁时出现的身心两方面的反应，既有主观上感到紧张、忧虑、烦恼等心理状态，也包括伴随自主神经系统活动同时出现的亢进现象。① 需要说明的是，焦虑和其他情绪（比如愤怒、抑郁）一样被大众排斥，被放在个体发展的对立面。但是，不管是焦虑也好，抑郁也罢，这些情绪都是有功能性的。尤其是适度的焦虑水平有助于个体提高警惕性，更快地感知到危险的临近。焦虑可以提高我们的准备程度，协助我们避免潜在的危险情境，事先想到可能发生的问题，是人类得以生存下来的一种适应性功能的体现。

从精神病理学的角度来看，焦虑水平的高低和既往生活中的某些个别事件有关，也和环境有关。父母（尤其是母亲）对子女过分的保护、控制和苛求，是造成子女长大后容易焦虑的重要原因。② 美国精神病医生和精神分析学家哈利·斯塔克·沙利文（Harry Stack Sullivan）提出的发展理论认为，焦虑是塑造自我和调节与他人互动的关键病理性因素。③ 沙利文认为，婴儿的生存状态有两种：一种是要求各种需求都得到注意的紧张状态，另一种是各种需求都得到满足的舒适状态。由于抚养者的反应无法被婴儿控制，因此其就在两种状态中来回摇摆。对于婴

---

① 古若雷、施媛媛、杨璟等：《焦虑对社会决策行为的影响》，载《心理科学进展》2015年第23卷第4期，第547页。
② 许又新：《精神病理学——精神症状的分析》，湖南科学技术出版社1998年版，第46–48页。
③ 斯蒂芬·A.米切尔、玛格丽特·J.布莱克著，陈祉妍、黄峥、沈东郁译：《弗洛伊德及其后继者——现代精神分析思想史》，商务印书馆2007年版，第86页。

儿来说，只要有一位对其反应比较敏感的照料者在场，可能大多数紧张都会被适时的照料消除，转变成舒适状态。沙利文认为，是婴儿的各种需要把婴儿和照料者联结在一起的，但并不是只要在一起就可以了，还需要两者的一种满足的互动。而这些具有"整合倾向"（integrating tendencies）的需要（needs for satisfaction）不仅仅是婴儿生存的需要，也是成人期人际交往的需要。不管个体处于哪个发展阶段，都需要得到互补性的满足，而这种互补性的需要可能是情绪的，也可能是躯体性的或者精神层面的。[①] 从沙利文的理论出发，我们可以理解为什么吃货和吃货在一起时，因为共同寻找美食或者看到美食就两眼放光的互相欣赏能够让他们的心灵靠得更近，我们也可以理解一个喜欢深夜看书的学生与早睡早起的学生住在一个宿舍的痛苦，因为这里不仅有关美食或读书学习的环境，更重要的是在这个环境中，个体的心理需要能否得到对方的理解和满足，同时自己能否给对方带来同样的心理满足。所以，如果这些需要不能得到满足或被延迟满足，焦虑就会产生。

从婴儿时期到成人时期，我们总是在竭力摆脱焦虑或避免感觉到焦虑，因为强烈的焦虑是一种折磨人的情绪。如果个体的焦虑状态长期处于较高水平，不能得到释放，个体则有可能会不得不承受焦虑障碍的痛苦。有研究显示，有20%～30%的正常人在一生中的某段时间会受到焦虑障碍的困扰。[②] 我们难以忍受焦虑的一个原因来自不确定性，因为不确定性会让我们感受到无能为力，而这种无能为力的感受是让人无法承受的。承认自己无能为力，会让个体觉得自己的反应明显与自己的理想不相符，极大地打击我们的自我全能感，损害我们的自恋。此外，我们难以忍受焦虑的另一个原因是它的非理性。所谓非理性，在这里源于焦虑指向的是未发生的事情，同时这个未发生的事情的结果还有可能具有多样化的结果或者选择。对此进行提前的担忧显而易见是没有效率或者效率低下的。因此，它是一种非理性行为。可是，当我们对未发生的事情感到坐立不安并提醒自己"也许会这样，也许不会这样，毕竟还没

[①] 斯蒂芬·A. 米切尔、玛格丽特·J. 布莱克著，陈祉妍、黄峥、沈东郁译：《弗洛伊德及其后继者——现代精神分析思想史》，商务印书馆2007年版，第86页。

[②] 彭家欣、杨奇伟、罗跃嘉：《不同特质焦虑水平的选择性注意偏向》，载《心理学报》2013年第45卷第10期，第1085-1093页。

有发生"时，我们的情绪不一定会听从认知的调控。而当我们的元认知发现自己的认知无法调控我们的情绪时，对自己的失望和被这种无法控制的情绪控制的恐惧就会涌上心头，成为我们另一个层面的内心冲突。因此，对于容易感到焦虑的人来说，他们既不能忍受焦虑指向的不确定性，也不能忍受焦虑导致的非理性。为了避免让自己身陷其中，他们会在生活中自动把自己训练得严格服从理智的支配，绝不会自觉地容忍任何非理性的因素。① 对焦虑的难以忍受还来自传统文化的评判影响。我们的文化总是强调逻辑和理性引导下的有序行为，当一个行为不具有逻辑或者理性时，我们会视其为非理性的。一旦是非理性的，它就是低级的。当焦虑产生的时候，我们会觉得自己不够好、能力不够强。在我们的文化中，我们会采用很多方式去逃避焦虑，比如自动启动"非礼勿视、非礼勿听"等回避、合理化、否认的防御机制，而这些防御机制的僵化使用会导致我们的社交功能发生变化，变得更消极和负性。比如，常见的社交恐惧症患者在社交谈话中，害怕与谈话对象进行眼神交流，在鼓起勇气讲出第一句话之前要进行多次排练，一旦对话开始，就会因为害怕被关注、害怕被发现自己的害怕和问题，甚至害怕被发现自己脑袋里"对肮脏想法的控制"而无法继续进行社交对话。长此以往，这样的焦虑情绪就会进一步削弱他们在社交场合中的适应性和积极性。②

那么，我们如何处理过度的焦虑呢？在儿童时期，游戏以及游戏类活动包括白日梦，帮助我们处理了内在和外在、真实和想象中的危险所引起的焦虑。③ 成年后，我们通过潜意识熟练运用各种防御来帮助我们处理焦虑。当然，心理咨询师的帮助也是有效途径之一。相比于精神分析或者说精神动力学，认知行为治疗在这里扮演了一个非常重要的角色。精神分析对焦虑症状帮助很小是因为剂量不足，但认知行为治疗可以通过暴露技术帮助来访者在其可以承受的范围内获得大剂量的纠正性情感体验。20 世纪 50 年代，弗朗兹·亚历山大（Franz Alexander，一

---

① 卡伦·霍妮著，冯川译：《我们时代的神经症人格》，贵州人民出版社 1988 年版，第 30－31 页。

② 古若雷、施媛媛、杨璟等：《焦虑对社会决策行为的影响》，载《心理科学进展》2015 年第 23 卷第 4 期，第 547－553 页。

③ 梅兰妮·克莱茵著，林玉华译：《儿童精神分析》，世界图书出版公司北京公司 2016 年版，第 201 页。

位移居到美国的匈牙利分析学家）提出了一种改变理论，他称之为矫正性情绪体验（corrective emotional experience）。亚历山大认为，对咨询师来说，重要的是形成一种来访者有关于他人关系之本质的歪曲信念的阐释，然后有意识地将他置于对此信念构成挑战的情境之中。① 例如，有一位来访者，他的父母在日常生活中过于唠叨，并且倾向于给来访者提出各种生活建议（不管来访者听不听、接不接受），那么咨询师要做的事情就是保持倾听、善于倾听并鼓励来访者表达他的想法和感受。由于认知行为治疗认为症状是损害来访者社会功能的原因，因此认知行为治疗的目标是快速减轻或消除来访者的症状。认知行为治疗是目标取向的，其治疗方式与来访者的诉求是相反的，暴露技术常常会让来访者不能回避痛苦。因此，在使用认知行为治疗的时候需要来访者有认知能力，并且自我功能良好，还要辅以心理教育帮助来访者理解并积极配合。

运用认知行为治疗时，我们需要理解究竟是什么原因促使来访者走进咨询室或者去医院就诊的。在接待焦虑症来访者时，咨询师都要问自己一个问题：为什么他这个时候来？其根本原因就是原有的刻板行为模式已经无法应对新的环境要求。当然，这个要看来访者的智力和体力能维持的时间，一般来说，信念越坚定就越刻板，越刻板就越容易出现问题。

首先，咨询师必须清楚来访者来就诊主要是因为情绪和生理反应，是这两者而不是想法和行为直接给他们带来痛苦。但是，运用认知行为治疗时不能直接改变情绪和生理反应，比如告诉对方你不要这么焦虑。感受是一种存在，只能去应对。对于咨询师来说，最重要的是确认来访者的感受，通过共情去理解，鼓励来访者进行表达。

想法是对特定事件的解释，有具体的指向，能够激发我们的情绪。但不是所有情绪都和想法有关。焦虑、紧张也可能和条件反射有关。比如，焦虑症患者的注意模式是选择性注意未来的可怕预期，而躯体焦虑障碍患者是过度关注身体问题。

自动想法是个体对特定事件的评价和判断，咨询师要关注的是强烈

---

① 杰里米·D. 沙弗安著，郭本禹、方红译：《精神分析与精神分析疗法》，重庆大学出版社2015年版，第140页。

的消极情感（hot thought）或情绪变化。自动想法有两个维度：第一，我们在想什么（言语和画面）；第二，我们是怎么想的。负性自动想法对情绪的影响最大而且最表浅，它不符合事实、逻辑，也不符合科学。在情绪焦虑时，焦虑的来访者活在未来，想的是未来会怎样糟糕，其思维过程是消极的，关注未来的负性事件。所以个体会不自觉地寻找潜在的威胁和危险，狭隘地关注眼前的威胁，过度地夸大危险，低估应对的能力，关注最坏的可能结果，为担忧将来的事件的想法所控制。焦虑症患者的负性自动想法是"坏的事情会发生"，比如"我肯定考得很差"，而其中间信念（生活或行为规则，是行为模式背后的信念），以条件假设"我只有……才能……"来表达，其本质是树立一个自我击败型目标，比如"我只有考了全班第一名，爸爸才会爱我"。

一般情况下，我们会默认自己的想法没有问题，除非主动去检查这些想法，我们才会发现这种信息处理方式是由于过去的环境所形成的。负性自动想法是信息处理偏倚的结果，这些信息处理方式是一种认知歪曲，也是一种过程错误。健康的人歪曲得少一些并且可以纠正，而焦虑或者抑郁的人则歪曲得更多。在他们的认知歪曲中，抑郁症患者选择了退缩，焦虑症患者选择了回避。

接下来，要尝试理解什么是促发因素。促发因素（不是致病因素）是当事人对事件的解释。由于解释来自信念，信念是不接受意志检查的，因此这种解释是自动化的。信念是概括的，一般不会激发起我们的情绪。当我们的自体建设得不好时，我们的核心信念是"我不行"。焦虑症患者的核心信念是关于"我到底行不行"的价值判断。温尼科特和科胡特都提出了假性自体，当环境要求过高、过分严厉时就会让个体产生假性自体，不得不去适应他人的要求，所以这样的环境中的父母是缺乏共情能力的。比如成瘾就是依恋问题，叫依赖障碍，这也是假性自体的问题。信念之所以难以改变，是因为它基于经历和经验建立。改变信念就相当于精神分析里的改变人格，因为信念本来就是人格的一部分。所以，在认知行为治疗中强调从自动想法开始工作，而不是从改变信念开始工作。

当然，我们还需要理解的是认知行为的维持因素（即是什么因素维持和加重了来访者的问题）、保护因素和治疗因素。在理解维持因素时，我们必须接受一点，即来访者问题产生的原因有时候很难改变，比如悲惨童年。保护因素包括当事人的积极因素以及有无资源，比如内外资源，包括自己的反省能力、自我功能以及社会支持系统。而治疗因素则和来访者与咨询师的基本态度、立场有关，包括协同检验、引导性发现和苏格拉底式提问或对话。

以正念为基础的认知行为治疗通过整理认知三联征帮助来访者看到他对自己、对世界、对将来的消极看法，并通过高度结构化的治疗方案为来访者提供一个安全的情绪容器。在这个结构化的方案里，还有针对具体问题的内容，用问题清单澄清困难和确定目标。但是，在治疗焦虑的过程中，我们仍然首先要处理负性自动想法。家庭作业是认知行为治疗的标志。认知行为治疗认为，来访者产生问题是因为技能缺陷，而不是过去创伤所致，所以必须进行训练和反复练习。

一、操作焦虑

张老师，您好！

  我是您的学生，在这里祝您新年快乐。去年有幸选到您的课，学到了很多东西。近来我因为一些事情颇感郁闷，想起张老师说的"有事找张老师"，所以只能打扰您了。

  一直以来，我都是活在众人的赞许声中，也因为我好强的个性，事事都想做得出色，不知道这是不是处女座的通病。可是近来考驾照频频失利，每次离胜利只有一步之遥的时候就会出问题，平时练习几乎没有问题，关键时刻出岔子让我很是苦恼。现在想起考场就很烦恼，不知道该以什么心态去面对。想起自己平时紧张的时候或者是在极其危险的时候总是很慌张，大脑会出现部分空白。比如之前参加演讲比赛，中间总会漏掉自己事先精心准备的部分内容。所以我想请教老师，我该以什么心态去面对一些重要的事情以及如何才能培养冷静沉稳的品质？

  很抱歉打扰老师，期待您的回复！

  祝您天天开心！

分析:

"操作焦虑"(performance anxious)一词可用来定义这封来信中的焦虑属性。操作焦虑是一种消极的情绪体验,它的形成过程比较复杂,与个体在成长过程中经常遭遇的挫折、缺少社会支持、自我意识感较强、自卑、模仿与暗示等有关系。操作焦虑和担忧常常让人分不清楚南北。但可以肯定的是,担忧是认知的灾难性想象,而操作焦虑是担忧带来的结果,比如运动员的比赛、考试、上场表演。担忧是过度焦虑的一个原因,但操作焦虑还可能有别的因素,比如自我关注、自我意识过强。操作焦虑和社交焦虑类似,还有一个名词叫"舞台恐惧"(stage fright)。操作焦虑主要指个体在面临考试、表演等场合时产生灾难性预见而诱发的情绪。操作焦虑和社交焦虑的核心问题都是因自己成为众人关注的焦点而不能保证自己完美、不出错的担心和害怕。在现实情境或想象情境中,个体关注的不是任务的完成,而是"别人会怎么看我"。他们通常思考的是别人怎么觉察他们,并且通常会依据别人的觉察反应,形成很强的负向视觉图像。他们不仅在演讲的现场或者比赛的现场体验到强烈的焦虑情绪,而且在回到一个人的环境之后还会在头脑中像放电影一样反复回放对话中的场景,会放大自己"糟糕至极"的言语反应、躯体反应、眼神反应,越回放越觉得自己很糟糕,思考当时为什么做得这么差。这样的回放导致个体将现实情境中的焦虑延续下去,并一次又一次地强化自己的焦虑和糟糕的自评。因此,为了回避导致焦虑的情境,个体通常会减少社会交往,减少冒险行为,选择孤独的生活方式。

如前文所述,认知是导致操作焦虑的根源,操作焦虑只是结果。这个个案的问题也是如此。个案描述自己"一直以来,我都是活在众人的赞许声中,也因为我好强的个性,事事都想做得出色"。看起来是因为好强而表现优秀从而得到众人的赞许,但也因为众人的赞许而想继续表现优秀进而变得更为好强。所以,"众人的赞许"是个案行为的内驱力。这又恰恰是假性自体的核心信念:我要别人都认可了才有价值。所以个案的关注力在于别人是否认可、是否赞赏,这个假性自体的形成原因和过程在信中没有得到体现和描述,我们可以推测它的形成一定和童年时期的成长经历有关。因此,个案非常看重自己在他人面前的表现,才会有"自己平时紧张的时候或者是在极其危险的时候总是很慌张,大脑会出现部分空白。比如之前参加演讲比赛,中间总会漏掉自己事先精心准备的部分内容"这样的现象出现。在学习和生活中,一旦有机会表现自己,他都会感到非常紧张,而且因紧张而感到慌乱,甚至出现生理上的情绪劫持(emotion hijacking)反应即大脑部分空白。

认知行为疗法对操作焦虑的治疗非常有效,其主要步骤可以分为以下五步。

第一步,辨别焦虑线索并为情绪命名:识别并确认焦虑是基本前提。在不确定的威胁和已知的危险面前,人们更担心和害怕的是不确定的威胁。这就好比恐怖片里没有看到的威胁对象绝对比看到了具象化的威胁对象要恐怖得多,所以一部好的恐怖片往往从头到尾都没有看到或者最后才看到威胁的真实面目。因为当我们知道了威胁是什么时,我们就可以知道如何去应对它。既然我们知道该如何去应对,我们的焦虑值就会降低,也能找到合适的安全空间,获得相对的安全感。因此,对威胁的确认,本身就有减压的作用。给情绪命名,可以使许多模糊的东西清晰化,缩小我们对它的焦虑泛化,增加我们的控制力。比如,有的人会说"我很难受",他似乎说出了自己的感受。但是,吃撑了会难受、伤心了会难受、头痛也会难受。所以如果不将我们的难受具体化,就会让自己身陷迷雾之中,因什么都看不到而紧张和焦虑。可是一旦我们知道了自己是哪个部分在难受,就可以具体分析难受的来源、影响因素以及我们可以怎么做。有了行动力,就不会因焦虑而感到无力。

第二步,对自己的焦虑值进行评估。我们可以以"0"为最低值即没有焦虑,以"10"为最高值即最严重的焦虑,来对当前面临的焦虑进行给分定级。通过这个评估,我们也许可以发现,我们的情绪常常对事情做出了过度的反应。

第三步,采用"深呼吸放松"或"想象放松"对自己实施放松。身心总是联系在一起的,身体的放松有助于心理的安定,肌肉放松训练也是运动员的心理放松训练内容之一。

第四步,辨别自己的内部谈话。在清楚且真实地呈现内部谈话时,我们可以发现自己的认知歪曲。辨别自己的内部谈话需要个体真实地呈现,尽可能具体化,尽量避免潜意识删减、遗漏的行为。只有真实地呈现,我们才可能看到自己的认知歪曲。而且这个真实的呈现过程也是一个系统脱敏的过程,可以帮助个体逐渐恢复平静和理智。

第五步,以建设性的自我谈话取代焦虑的自我谈话。焦虑的自我谈话模式是一个负性的强迫性重复。如果一个人拿着考卷一看，好像很难，有题目没见过，或者没有准备，或者复习的时候看了一眼却没有认真识记，焦虑的自我谈话是："完了，我居然没有复习到这个部分！""啊！我当初为什么放过这个部分的复习呢？我明明都翻到了这个知识点！""我每次考试总犯这样的错误！""完了，这次肯定完了。"而建设性的自我谈话是在承认现实困境的基础上寻找具有突破性的创见性思维。"啊？我居然没有复习到这个部分！我明明都翻到了这个知识点！""等等，既然我都翻到过，冷静下来，也许可以回想起一些东西。""先把会做的做了，再回来慢慢想。""我这样自己吓自己是没有意义的。"当然，如果个体仍然觉得不安，可以采取建设性的补救措施。

暴露疗法对操作焦虑似乎也是一种有效的治疗方法。这类疗法通常先从场景扮演开始，或是先和咨询师一起练习，或在小型治疗团体中练习。治疗团体是一个安全的暴露场，同时也是一个练习场。在团体中的安全感和普同性以及团体成员之间如同胞竞争般的刺激会让个体的焦虑自然暴露、藏无可藏。由于治疗团体一般都有其周期性，因此在长时间的暴露下，个体的焦虑一般会得以消除或消失。心理剧治疗、认知行为团体治疗都是针对焦虑进行治疗的合适团体。

二、不由自主的侵入性想法（强迫性的焦虑想法）

老师您好，很抱歉打扰您。

因为我有一些问题想向您请教，所以还是很抱歉打扰您。

最近看完《平凡的世界》，我会反思究竟人的本性是善还是恶，我们学习知识、学习品德，究竟是对自己本性的一种纠正还是掩饰。比如看到最近发生的校园欺凌事件，想起我初二的时候，个子变得很高，但是心智还没成熟（现在也还没成熟），也会欺负另一个个子小的人，甚至全班男生都以欺负他为乐。现在想想，自己当时非常可恶。现在我会非常认真地对待身边的每一个人，但仍然会觉得自己的人品很不堪。这究竟是对人品的掩饰，还是纠正呢？

您说人的意识分为意识与潜意识，那么我的潜意识应该算是很不堪的吧？我应该怎么做呢？

麻烦老师了。

分析：

因为这个案例没有说任何关于自己的早期经验，所以只能对这种现象进行解释。这种现象是一种"不由自主的侵入性想法"，又称为"不想要的侵入性想法"（unwanted intrusive thoughts）。这种想法因为是侵入性的，所以多少会给个体带来一些烦恼。这种想法有几个特点：无法接受、主观痛苦、无法控制、自我不一致。个体总是会不由自主地出现一些侵入性想法，去分析这些想法没有太大意义。一般人群对此都多少有过体验，尤其是睡觉前的时段，个体容易体验到这种侵入性想法。有研究显示，大学生中睡前总是会体验到令人痛苦的侵入性思维的占6.5%，经常有这种思维体验的占24.5%。[①]

强迫性思维来源于大多数人都体验到的不期望的侵入性想法、画面和冲动。不期望的侵入性想法和强迫想法的差别不在于它们如何出现、不在于它们的内容甚至它们是否可以被控制，而在于侵入性想法被评价或解释的方式，这决定了侵入性想法的病理性意义。举个例子来说，我们可以想象一下，躺在躺椅上休息的时候脑海中突然冒出一句脏话，有的人可能会觉得很惊讶："怎么会冒出这种脏话呢？"但接下来他就把这个惊讶和这句脏话抛到脑后而继续去欣赏无敌海景了。然而，有的人可能会想："啊，我怎么可以冒出这么肮脏的语言，尽管它只是出现在我的脑海里？还好只是出现在我的脑海里，万一说出来就麻烦了，周围的人要是听到了不知道该怎么评价我呢。"于是，这个人便开始四处观望，想要知道是否有人在他身边"听到"了他脑海中的那句脏话，以及他是否说出了那句脏话。对于第一个人来说，侵入性想法来了就来了、走了就走了。可是对于后面一个人来说，由于其对侵入性想法赋予了评价（当然，有时候是以解释的方式出现），因此侵入性想法不再是一带而过的，而有可能变成其脑海中挥之不去、反复纠结的强迫性思维。

每个人的大脑都具有一种能力，即可以产生一种信念，让这个人的现实世界乃至心理世界（主要是道德层面）变成消极的世界。由于是信念导致的，因此个体会给自己赋予无限责任。他们会把所有错误的心

[①] 陈元津：《大学生愤怒情绪、睡前思维控制与睡眠质量的关系研究》（学位论文），福建师范大学2011年，第55页。

理活动都解释为自己失责导致的后果。他们会对自己为什么产生侵入性想法、为什么不能控制侵入性想法以及侵入性想法内容的道德绑架等高度负责。这个个案之所以比较焦虑,是因为最后一句话:"我的潜意识应该算是很不堪的吧?"很多人会认为自己的潜意识是不堪的,他们的焦虑在于他们是怎么看待这些想法的,他们会认为有这些想法是因为自己很糟糕而从道德良知的角度对自己进行评价,认为是因为自己不堪才有这些想法,进而对自己的人品进行负性判断,然后才会导致这些想法离不开他们,也就是说,他们会无意识地去关注这些想法并对这些想法给予评判。这里的问题是以偏概全,因为过去的不成熟表现或错误而认为自己这个人不好,这是一种认知错误。这个个案对待自己不由自主的想法也是如此。如果有和别人不一样的想法,他就认为是自己有问题,这让他感到很焦虑、很痛苦。其实他不知道很多人都有这样的情况,他对这种现象赋予比别人更加苛刻的标准和意义,所以他会感到焦虑、难受,会去搜索、关注它。

恰当的处理应该是理解这是一种普遍存在的现象。这样的想法不能说明也不能反映我们的人品、我们的道德。也许是我们害怕自己会变成这样,所以才不能接受这样的想法出现,但"我害怕"和"我想"是两回事。

三、过度担忧

老师,我最近每天都把大量的时间花在回想刚刚发生的事情上,而且大部分都只是一些很小的日常琐事。

我很多时候想着想着甚至会从早上起床开始回忆自己都做了什么。如果在回想的过程中被打断,我又要很痛苦地从头再想一遍,明明都回忆过的事就这样重复在脑海中放映。有时会因此烦躁,可能上课效率也不高,做功课时思想也没办法集中,也不知道有没有无意中用不耐烦的态度对同学说话。

事实上,在写文段的时候(比如现在),我也会一遍又一遍地从第一句看下来再写下一句,感觉就像疯了一样。看文章也是,做题目也是。

我还会经常检查自己的书包、文件夹等随身携带的物品,有时刚翻过一遍又会翻一遍。

总之，心好累，虽然我有时也会提醒自己不要再重复了，或是事后反省，但是好像效果不大。

呜呜……老师，您有什么建议给我吗？我感觉快要承受不了了。

老师，在这种状况还没形成习惯的时候，一般我在不断回忆之前，会忽然怀疑刚才做的事是不是有不对劲的地方，或是漏了什么东西。更久以前，我每天会习惯性地检查自己的仪容仪表后再出门，过了一段时间，比如到了中午还会再检查；每天整理我的书桌、房间，把东西都放在固定的位置，小时候还要摆整齐了才甘心。我还有一个很不好的习惯，就是总要整理好东西后才开始写功课，遇到瓶颈的时候总要重新把那个部分从头看下来再想。这样的情况已经持续很多年了。最早可以追溯到小学，记得有一次，我在写功课前想把书桌上的一叠书摆好，妈妈可能看到我把那叠书一一对整齐花了不少时间，就过来推倒那叠书，然后说了"别做这些浪费时间的事，你做功课那么慢，赶快写作业"之类的话。可是我看到那么乱很受不了，所以就想偷偷挪动那些书，摆好它们，结果妈妈很快就发现了我的小动作。还有，从小学开始，写作对我来说就是一项很艰巨的任务，几乎每次都要绞尽脑汁，花很长时间。我觉得不断回顾前面的句子这个行为应该就是从那时开始的。

还有一次，我晚上收拾东西的时候提醒自己第二天记得带什么东西，第二天早上又整理了几遍，结果出门之后发现要用的那个东西居然还是没带，我瞬间就呆掉了，花了时间和精力检查却还是一场空，好懊悔。

分析：

这个案例可以从无法忍受这种不确定性的过度担忧来讨论。无法承受不确定性的原因，很可能是一种焦虑障碍的普遍的心理机制。担忧的主要功能是试图为应对将来的威胁做准备，所以，担忧可以是一个正性的和适应性的过程，但如果被极端地使用，也可能变成非适应性的或病态的。像许多其他的心理病理学特性一样，担忧的过程看起来是沿着从正常到病态的一个维度或连续体来移动的，而且有时难以划分界限。有时为了区分正常担忧与病态担忧,我们可以将担忧的内容、担忧的弥散性、担忧的结果对功能的影响,以及在担忧的过程中可知觉到的控制程度等特性作为指标来评估。戴维·H. 巴洛(David H. Barlow)曾经提到,不同的焦虑障碍在普遍的心理机制上根据其境遇而出现不同的形式,但其共同特征都是不确定性的。这个学生从有记忆的时候开始就有不能忍受的不确定性,从她的角度来说是因为不够精确、不够整齐,所以总要做些什么,让自己拥有一种好的感受。对她来说,要应对不确定性带来的不安和焦虑,显而易见是一种存在性的痛苦。无法承受不确定性的人会做什么呢?他们会从他人那里寻求过多的保证,通过列清单、反复检查、不放心将事情或任务交给他人、拖延和回避、分散注意力等方式让自己一直忙着。如果上述保证措施得以强化,该个体则会陷入一个无休止的、被动的心理加工过程。在这个过程中,他们会被一连串的有关未来可能会发生的很糟糕的事情,以及该怎么应对的自动思维控制,呈现出强迫性思维。既然可以假设未来的灾难,那么个体在应对这种灾难性假设的时候也是难以做出选择的,这也是"选择困难症"诞生的原因之一。

大多数人在成长过程中通过承受不确定性来获得确定感,比如不知道考试考得好不好、担心会考得不好,但是,等考试成绩出来后,就会发现自己的担心其实是多余的。而少数人的问题则是想要通过消除或者减少这种不确定性来获得确定感所导致的,比如担心自己考试考不好,就会在考试前不好好学习或复习。如果考不好,还可以说:"嗯,是因为我没有复习。"如此,给自己找了一条退路。这种回避行为往往强化了考试焦虑。不确定性来源于人类的焦虑能力,只有人类才可以预计将来没有发生的事情。对于很多人来讲,就像这个同学一样,每天在这个上面消耗大量时间,无法享受生活,也会错失很多机会,因为他们将注意力都集中在自己担忧的事情上了,更重要的一点是,他们陷入了恶性循环。广泛性焦虑障碍患者担忧的主要焦点是家庭、财产、工作和疾病。这类患者比正常人对小事情有更多的担忧。因此,病态的担忧更具有弥散性,并且更常聚焦于那些被一致认为是不值得投入智力和情绪来努力处理的小事情。病态担忧在一天中所占的时间比正常担忧还多。饱受病态担忧的患者将这种担忧过程称为"不受控制的",意味着在这些人中,想要停止这种失控的、强烈的认知过程,即使不是不可能的,也会是很困难的。①

个案没有描述她无法承受的不确定性与她的早期经验的关系，但多少可能跟遗传有关。一方面是基因，另一方面是来访者从小就有无法忍受不确定性的特点，这其实是一种认知缺陷。她没有说如果不这样做会怎样，但她已经发展出一种模式，一旦有什么不确定性就会很担心，比如检查书包是担心落下什么重要的东西、写文章的时候会担心有什么没写或写错了等，这些担忧都会激起她的焦虑。她从小就因为不确定性而形成了反复检查、反复回忆的处理模式。反复检查都是即刻的，可在短时间内给她提供一种确定感和把控感，以缓解当时的焦虑。但是，从更长远的影响来看，则会强化这种不安全感，因为她没有机会去检验脑子里的担心到底和现实是否一致。在她的感受里，她消除了危险，但实际上，她制造或者强化了该危险。因为她认为，如果她不那么做，危险就会存在，所以会反复做出这样的行为。这在行为主义看来是典型的负强化。在意识水平上，担忧通过为将来计划一个有效应对方式的幻想来达到强化；在无意识水平上，是一个人正在回避核心情绪问题的加工过程。但事实上，担忧作为一个应对机制，无论在哪个层面都是不起作用的；最终，注意和正在进行的活动会被破坏。

所以，如何学习更能承受不确定性呢？无法承受不确定性有很多不好的地方，改变起来也并不容易，还好，我们有认知行为治疗。下面我们列出了运用认知行为治疗来处理广泛性焦虑的六步解除法，有需要的读者不妨根据自己的情况，尝试从列出行为清单开始，通过以下六个步骤帮助自己更好地从过度担忧里走出来。

步骤一：列出行为清单。包括以下努力让自己感到确定或回避不确定性的行为内容：你有反复从别人那里寻求保证吗？你会经常反复检查吗？做决定之前你会收集大量的信息吗？你做事经常拖延吗？你有回避的情境吗（回避这些情景可以让你感受不到不确定性）？当你感到焦虑时，你做什么来缓解你的焦虑？

步骤二：根据焦虑的程度为这些行为制定等级。分级以及评分可以根据自己的需要来制定，有的是十级制，有的是五分制。选用哪一种分

---

① 戴维·H. 巴洛著，王建平、傅宏等译：《焦虑障碍与治疗》，中国人民大学出版社2012年版，第75-77页。

级标准不重要，重要的是每一级之间的差异要明显，但又不能是跳跃式的，需要循序渐进地进行分级。

步骤三：练习。从引起焦虑轻的承受不确定性行为开始，每个星期选择两到三个练习。练习也要做到有设置，不能"一口饮尽西江水"，也不能"三天打鱼，两天晒网"，要有固定场合、固定时间、固定频次。在心理咨询里，我们常说"设置是一个咨访双方共同拥有的超我"，做练习遵循设置也是给自己的行为培育一个超我。

步骤四：做记录。记录如下内容：你怎么做的？你做的时候感觉如何？（比你认为的容易还是困难？）结果如何？如果事情发生了但不是按照你计划进行的，你会怎么应对？事情有没有你想象的那么难？

步骤五：记录结果如何。包括：即使我没有保证100%的确定，事情的结果是否可以？如果结果不理想，那么发生了什么？如果结果不理想，我会怎么应对？我能应对不理想的结果吗？我从应对不理想的结果中学到了什么？这对我将来的应对有什么启发？在这个记录的过程中，最重要的是认识到"当允许生活中存在一些不确定性时，有时事情会出错。如果事情没有按照我们的计划或期望发生，这并不意味着我不行，也不意味着是灾难"。

步骤六：持之以恒。任何新的模式的产生和自动化都不是一蹴而就的，需要大量的练习才能确保这些新的模式从随意行为变为不随意行为。

四、健康焦虑

从记事起，我的家人就对疾病非常敏感，一有点事就会很紧张，外婆几乎每周都要去医院。对待我，他们就更紧张了。因为我是家里三代单传的男孩，他们整天都围着我、照顾我。所以很多时候我都不敢跟他们说我有什么不舒服，要不然他们就会围上来嘘寒问暖，要我吃药，要我睡觉，要我喝水，要我躺着，要我加衣服。另外，我也变得跟他们一样，对自己的身体很敏感，总担心会出问题。最近我发现自己手臂上有个疖子，我有点担心是不是癌症，然后赶紧上网查资料，网上也没有说百分百不是。所以现在我每天晚上洗澡时都要检查身体，看看它有没有变化，还要检查一下身体有没有什么其他异常，比如检查有没有出现痣、斑块之类的。结果昨晚我在检查确认的时候把那个疖子挤破了，今天它变大了、发红了，我就更紧张了。

分析：

这是典型的健康焦虑，在大学生中比较常见，在老年人中也较为常见。健康焦虑又被称为疾病焦虑障碍，以前被称为疑病症，是个体对健康的焦虑。健康焦虑可以分为两类：适应性的健康焦虑——促使我们寻找恰当的医学诊断和治疗；适应不良的健康焦虑——与客观的医学风险程度不符，而且损害社会功能。

疾病焦虑障碍在 DSM-5 中的诊断标准有六个：①患有或获得某种严重疾病的先占观念。②不存在躯体症状，如果存在，其强度是轻微的。如果存在其他躯体疾病或有发展为某种躯体疾病的高度风险（如存在明确的家族遗传病史），其先占观念显然是过度的或不成比例的。③对健康状况有明显焦虑，个体容易对个人健康状况感到警觉。④个体有过度的与健康相关的行为（如反复检查躯体疾病的体征）或表现出适应不良的回避（如回避与医生的预约和医院）。⑤疾病的先占观念已经至少存在 6 个月，但所害怕的特定疾病在那段时间内可以变化。⑥与疾病相关的先占观念不能用其他精神障碍来更好地解释，如躯体症状障碍、惊恐障碍、广泛性焦虑障碍、躯体变形障碍、强迫症或妄想性障碍躯体型。

疾病焦虑障碍在认知特征、躯体特征、疑病性担忧以及行为反应上有其特有的临床特征。首先是其认知特征：疑病焦虑患者会有坚定的疾病信念（disease conviction），认为自己患有严重的疾病；同时具有疾病先占观念（disease preoccupation），他会反复出现关于疾病或死亡的想法和意向。因为有前两个认知歪曲，他会对躯体变化保持过度警觉并且难以接受医学保证。我们可以看到有疑病焦虑的人不承认医院对其做出的"健康"诊断，反而会全国各地到处跑，到处寻找那个认同他生病了的医生。疾病焦虑障碍的躯体特征有两个：一个是与焦虑相关的躯体反应（比如心慌），另一个是被错误解释的良性的躯体变化和感觉（比如斑点、轻微的疼痛）。当个体有这些躯体特征之后，疑病性的担忧就开始出现了。关于躯体变化和躯体感觉，疾病焦虑的个体会觉得"躯体不适总是意味着某种严重疾病"。他们会担忧当前的疾病，还会担忧将来患（染）上疾病。关于疾病的意义和结果，他们会这样想："如果我病了，就没人管我了。""严重疾病都不会好的。""患这种病最严重的时候会死人的，我会死的。"他们会对暴露与疾病相关的刺激感到焦虑和恐惧。由于这些焦虑和恐惧，他们会做出一系列行为反应：首先就是反复地检查自己的身体，然后向医生或家人寻求帮助，确保他们没有某种严重的症状或疾病，可是这些保证都没有用，他们会反复地要求医学检查。因为他们对医学、医生及医学检查等的信念是矛盾的：一方面，他们觉得"现在医学技术应该能够查出任何疾病"；另一方面，他们又觉得"医生都不可信，他们总是犯错误"。所以他们会自己查阅（比如上网搜索）其他来源的医学信息，同时会尽量回避与疾病相关的刺激。这些行为导致的后果是什么呢？他们会持续地寻求保证，而如果这种持续地寻求保证长期存在，就会导致以下问题：①延长对疾病的过分关注；②使患者婴儿化；③医源性问题。这种持续地寻求保证的短期效果则是：保证而不是解释；模糊的保证；检查越多，假阳性概率越大。

既然不断地寻求保证并没有长期效果，为什么患者还会不断寻求保证？根本的原因在于个体的习得性经验。这些经验包括对疾病和死亡的经验：①早年自己或家人患严重疾病；②早年亲人去世；③父母－儿童互动模式（A. 父母示范；B. 父母过度保护；C. 父母强化）。比如这封信的主人，他的家人都很敏感，外婆常年去医院，而且对他过度保护。这些行为导致他也成为一个疾病焦虑的俘虏。

对于疾病焦虑的治疗，关键在于挑战其功能失调性信念，加强对躯体变化和感觉的适应性信念。可以采用苏格拉底式对话来帮助个体认识自己的认知歪曲，并用现实检验来加强其对躯体变化和感觉的适应性信念。首先要做的是，在建立了良好的咨访关系后检查证据：①有什么证据支持我的这些担心？②有什么证据和我的这些担心不一致？③对我的这些不舒服有没有其他解释或不同的看法？（注意：咨询师谈话的方式不要让患者感到你不相信他，保持良好的咨访关系很重要）其次，探讨对死亡的恐惧以及无法承受不确定性的焦虑。最后，开展担忧控制训练、注意训练、行为干预、行为实验（检验执行或不执行安全行为的结果）、情境暴露、内感受性暴露、想象暴露等一系列暴露以及反应预防的训练。

第六章 强 迫 症

强迫行为和强迫思考在我们的生活中并不少见，比如关门后转身却会想"我刚才有锁门吗"，但是，这样的行为还不足以称之为强迫症。强迫性神经症简称强迫症，是个体明知道不应该却仍然反复实施该行为（强迫思维也可以理解为一种行为）的症状，并且因为实施了该行为而感到痛苦。所以，强迫症是以有意识的自我强迫与有意识的自我反强迫同时存在为特征，以强迫观念、强迫冲动或强迫行为等症状为主要临床相的神经症性障碍。[①] 在这个过程中，个体越是试图反抗，就越感到痛苦和紧张。[②]

强迫思维主要包括以下类型：脏/污染、威胁/伤害自己或他人，病理性怀疑，对称/精确，无法接受的性、宗教，对躯体健康的担心，贮存。强迫思维的内容高度个体化，受个人经历、社会文化和重要生活事件的影响。

强迫行为是反复的、非常刻板的和固定的应对方式。其目的是降低痛苦或防止预期的和强迫想法相关的消极后果。其特征主要有四个：一是反复刻板的主动行为，二是来自主观的压力或冲动，三是自主控制感下降，四是其目标是防止或预防痛苦或可怕的后果。

对于强迫症患者来说，他们的世界具有"相面术的"性质，几乎一切事物都是凶兆。有人说，强迫症来访者生活在"敌对世界"（counter-world）之中。[③] 保罗·萨科夫斯基斯（Paul Salkovskis）认为，强迫症患者有五个内在的认知假设：第一，我想什么就是我在做什么；第二，我未能做到阻止或未曾去试图阻止伤害，实际上已然做出伤害；

[①] 王国强、张亚林、杨世昌：《强迫症病因病机的临床辨证思考》，载《临床心身疾病杂志》，2006年第12卷第1期，第67-69页。

[②] 马超：《强迫症的心理研究与矫治》，暨南大学出版社2012年版，第5页。

[③] 许又新：《精神病理学——精神症状的分析》，湖南科学技术出版社1998年版，第70页。

第三,我的自责即我所应该承担的伤害责任并不会因情境变好而减轻;第四,由于我没有将某个伤害想法付诸仪式化予以化解,也许这就是我的伤害动机的形成;第五,我应练习控制自己的想法,这会减少强迫症症状的出现。①

关于强迫症的病因解释,不同的学派有不同的理解。

如前面章节所言,对于精神分析学派来说,没有一个人的成长中没有过冲突,冲突是冲动与禁律(本我和超我)之间的矛盾。② 由于本我完全淹没在潜意识中,因此当自我无法清楚地意识到冲突究竟指向什么的时候,焦虑就产生了。而焦虑感在精神分析理论看来是强迫症最基本的核心症状,焦虑是理解所有强迫症的关键。如果我们能直接体验到焦虑,比如考前焦虑,那么这时焦虑就是焦虑。可是如果焦虑无法被直接体验到,它便有可能转化为一种或多种躯体症状,比如身上起疹子、胃痛或者其他症状,这时焦虑就表现为癔症的转换性症状③。如果焦虑被个体意识分离出去、排挤出去,这时个体就有可能表现出癔症的分离性症状④。如果焦虑从内在的自我这里转向外部对象,那么它就会表现为恐惧症。当焦虑感被隔离⑤时,它就表现为强迫症。这些症状都可以理解为"妥协形成"或自我企图整合本我驱力、超我与现实的结果。⑥

人际关系学派的沙利文认为,强迫症是对预期将要发生的羞辱和极度焦虑做出的提前防御。沙利文发现,强迫症来访者的原生家庭具有过度批评的特征。他们在躯体或情感上遭受到矛盾的对待,一方面被严苛批评和责难,甚至是人格的侮辱和躯体的殴打;另一方面又被告知"打你是因为爱你""骂你是为了你好""批评你是为了让你懂得上进"。这样不一致的行为让强迫症来访者无所适从。如果要接受家人的爱,就必

---

① 迈克尔·J. 科萨、埃德娜·B. 福阿著,孙宏伟、侯秀梅译:《战胜强迫症:治疗师指南》,中国人民大学出版社2010年版,第7—9页。
② 罗伯特·厄萨诺等著,杨华渝译:《精神分析治疗指南》,北京出版社2000年版,第42页。
③ 患者通常表现出感觉和运动功能障碍,如感觉缺失、感觉异常、失明、失聪、偏瘫、截瘫、抽搐、震颤等,但没有器质性病变作为基础,不能用解剖和生理机制解释。
④ 患者丧失近期的阶段记忆,对外界的刺激几乎或完全没有反应,过后患者对过程全部或部分遗忘等。
⑤ 隔离是个体的思想仍然在意识中,但是情感被压抑了。
⑥ 马超:《强迫症的心理研究与矫治》,暨南大学出版社2012年版,第70页。

须接受责难和殴打；如果不接受责难和殴打，就不能得到家人的爱。对他们来说，爱他们的人也是伤害他们的人。他们想得到爱，却不能躲开爱带来的伤害。所以，爱是带刺的关怀，投入其中就必须要承受伤害。他们害怕与人交往，害怕与人产生感情，因为要接受别人的爱，就意味着要接受挑剔、殴打或者辱骂。这是多么无助的状况啊！然而，对于强迫症来访者来说，他们不懂为什么。他们只能选择自我保护，依靠自己。所以他们努力追求自立，追求权力，追求无上荣光。其根本原因就是只有自强才能避免伤害。[1]

经典的条件反射把强迫症看作习得的强迫反应。[2] 当一个中立的事件比如擦桌子与一个能引起痛苦的事件，比如担心自己不能获得好成绩一起发生后，这个中立的事件——擦桌子也会变成痛苦事件；并且由于擦桌子变成了痛苦事件，就不用再去考虑成绩好坏的痛苦，擦桌子的行为帮助个体回避了可能成绩不够好的痛苦，个体从中暂时获益，这个擦桌子的行为就会被固化下来，形成僵化的模式。

认知学派把人看成信息传递器和信息加工系统，认为强迫症患者通过强迫思考来强化强迫行为，两者相互作用，不断巩固彼此，因而使患者备受困扰。强迫思考会引发强迫行为，反过来，强迫行为又巩固了强迫观念，如此反复。若不加以治疗，则强迫观念和强迫行为的连接将越来越牢固。随着强迫观念出现的频率越来越高，强迫行为出现的次数也会越来越多，同时出现的时间也会越来越长，病程迁延者会以仪式性动作为主要表现。病情的严重化、复杂化，致使患者无法拥有自由的时间和充沛的精力，使他们感到身心疲惫、痛苦不堪，最终会严重地影响其正常的生活、工作和学习，使其社会功能严重受损。[3] 个体必须改变这些不合理的信念或想法（如强迫思考），才能改善行为的困扰程度（强迫行为），带来情绪上的适应（焦虑减除）。

有时，个体会发展出一种中和的应对方式来消除其想法或行为带来的影响或后果。与强迫行为相比，中和更为隐蔽。然而，中和的目的仍

---

[1] 斯蒂芬·A. 米切尔、玛格丽特·J. 布莱克著，陈祉妍、黄峥、沈东郁译：《弗洛伊德及其后继者——现代精神分析思想史》，商务印书馆2007年版，第94页。

[2] 马超：《强迫症的心理研究与矫治》，暨南大学出版社2012年版，第72页。

[3] 马超：《强迫症的心理研究与矫治》，暨南大学出版社2012年版，第5页。

然是寻求保证即我的行为不会导致灾难化的后果。所以，个体会在觉察到想法的不可控制性之后向他人寻求保证，但这种寻求保证反过来更会强化强迫想法的危险性。因为个体的回避和推卸责任让他没有反证的机会来推翻强迫想法的威胁性。

责任评价是强迫症与其他焦虑障碍或抑郁障碍思维区分的关键。强迫症是对危害的责任评价，焦虑是对危害或威胁的评价，而抑郁是对丧失的评价。所以保罗·萨科夫斯基斯认为，没有责任评价就不会有强迫想法。① 强迫症患者的责任并不需要为有这样的想法负责，而是为防止消极的或威胁性的后果负责，这些后果可能是他的想法的结果。责任评价的另一个结果就是强迫症患者过分地控制他们的想法、画面或冲动，因为强迫症患者的问题是"太想确认并不是他们造成了危害"。但他们没有意识到这样做会：①改变想法的内容；②不仅无效，反而增加侵入性想法的频率；③使侵入性想法更加突出，更容易被注意到；④没有了反证的机会。

一、强迫性确认

老师，我是一名大二的女生，我的爸爸是企业的主管，妈妈是家庭主妇，我是家里的独女。虽说我是一名外招生，但是我从小到大都在内地长大。我的生活一直都很稳定，成绩也还不错，直到高二的时候，因为爸爸工作调动去了南京，开始了第一次寄宿生活。高二第一次离开父母寄宿的时候，我出现了强迫性洗手的行为，每次洗到手破了才停止，但周末一回家就好了。上大学时的第一个学期第一次出现了强迫观念，拿牙刷等物品时会反复想、反复核对，要持续十几二十分钟，很痛苦，而且这种现象从大一下学期开始变得更严重了。我很用功地学习，但感觉自己思维迟钝、反应很慢，所以我的成绩只是刚好及格。我在读预科以及高二时都出现过自杀念头和自伤撞墙行为，但是，都没有告诉爸妈。其实我最近状态很差，因为爸爸工作不顺利，一年多都无收入，而且有债务，家里经

---

① 英国 DK 出版社著，徐玥译：《心理学百科》，电子工业出版社 2014 年版，第 212 - 213 页。

济困难。爸妈吵得很厉害，还闹着要离婚。有一次，爸爸对我说："女儿，这个家快完了。"

分析：

强迫症，一般多发于青春期或成年早期。青春期正处于自我同一性危机，他们面临着比较多的心理发展任务，比如身份认同的发展，他们势必会面临很多的挑战，包括身份认同、性别认同、职业认同，他们在这个阶段总要经历很多危机。所谓身份的问题，就是我是谁、我属于哪个群体、我将来要成为什么样的人。想要完成身份认同的发展任务，就必须回答上述问题。这个女孩在高二以后经历了一些应激性事件，比如换环境、很大的生活变化，还有寄宿导致的离开父母。可以这样理解，因为重大的生活改变，她必须在非常陌生的环境下重新建立人际关系，对她来说，这是一个应激性事件，如果她的个人认同发展得不好，她内心的不安全感便会被诱发并感到焦虑，同时她的家庭环境也没有给予她帮助。由于不知道是什么让她焦虑并且如何缓解，因此她只能把内心的不确定性投射到身边的事物上，比如会担心书包、抽屉等，再如拿牙刷和强迫性洗手。她是怕脏或者担心自己什么地方做错了，于是通过反复的确认来获得一种确定感。这并不是真的外在环境危险，她只是想通过消除外在危险来获得一种确定感。这种方式在短暂的时间里给了她一种确定感，但是，从更长的时间来看却维持和加重了不确定性和焦虑感，因为她不再有机会去了解和觉察到底是什么东西让她感到危险，而且她没有机会去检验现实中的危险，因为她感觉到的危险已经被她的行为消除掉了。这个学生大多数的焦虑和环境有关，她好像回家就好了。所以这个环境对她来说是应激性环境，她好像并不适合远离父母到大学来读书。如果应激环境的应激程度降低了，她的症状就会减轻。当然，我们也可以看到，家对这个学生来说多么重要，只要回到家确认家"没有完"，还在那里，她就安心了。

她的自伤行为是把攻击转向自身，因为明显看到自己不可爱、没人爱，她势必对父母有很多愤怒，但又没法表达。这个自伤有很多功能和动机，一是表达对父母的愤怒，二是可能她从小没有学会怎么爱自己。如果父母不爱我，我就不爱自己。所以自伤还有可能是表达自己对自己的惩罚，或者缓解痛苦的一种方式。

治疗强迫症最有效的方法是认知行为治疗，以暴露加反应预防的结构进行。认知概念化为咨询师理解来访者提供了基本构架。在开始理解一个案例的过程前，咨询师需要先问自己以下几个问题：来访者的临床表现是什么？他的问题是什么？这些问题是如何发展并维持至今的？是什么思维和信念导致了他现在的这些问题？这些思维和信念在他的身体上是怎么反应的？在他的行为上是怎么反应的？在他的情绪上又是怎么反应的？

在厘清来访者的问题及其表现，以及其后牵连的信念以后，咨询师要尝试用这样的逻辑去推理来访者强迫症的发展路径：来访者在其信念的支持下，如何看待自己、看待他人以及看待世界？他如何理解自己的问题以及如何应对？在他应对问题的过程中，有哪些因素影响了他（比如帮助他或阻碍他解决问题渡过危机的因素或事件）？这些事件在来访者的认知里是怎么被理解的？赋予它什么意义？如何赋予其意义？因为这些事件，来访者产生了怎样的情绪情感？又产生了怎样的行为应对模式？

认知行为治疗取向的咨询师在案例概念化的过程中，必须谨记来访者的问题是由其信念导致的，但咨询师的工作必须从自动想法的处理入手，而不能直接对信念进行工作。

认知概念化的建构是从第一次与来访者接触时即开始的，咨询师在整个治疗过程中都需要不断地修正其最初形成的概念化，因为信息的收集也是从始至终都在进行的。所以，根据信息的不同进行个案概念化的修正是必需的，不能固守原有的认知。这一点是不论哪一个理论流派都需要遵守的原则，只有遵守这个原则，咨询师才能真正帮助到来访者，将关注力放在来访者身上，而不是自己身上。

二、嗅觉牵连障碍

张老师：

您好！请您帮帮我，我真的非常烦恼，有时候还很痛苦，已经影响了我的正常生活！我的烦恼产生于高三：还记得高二冬天的一天下午，我们以小组的形式坐在教室里（桌子对桌子坐）。上课时，我对面桌的同学问我有没有闻到一股脚汗味，我说没有。我当时觉得没什么，可是晚上时，我又想起了这件事，想着想着，觉得她是不是在说我啊？因为当时她面对黑板方向坐而我对着她坐，我把脚伸到了她面前。后来我换了一双鞋，就没想那么多了。高三的一天，我突然又想起了这件事，从那以后我就整天闻自己的脚（穿着鞋子），为了不让别人看出来，有时故意把东西丢到桌底下，捡东西的时候闻。我问我高三的同桌（不是高二那个），我的脚（穿着鞋子）有没有味道，她说没有。但我还是继续闻，我怕她那样说只是安慰我。我发现大部分时候没味道，但上完体育课或脚热的时候，我蹲下去闻就有点味道。我又问同桌她会不会有味道，她说她也会（体育课后），不过一会儿味道就散了。我总觉得大家的脚夏天出汗很正常，但我的脚冬天也会出冷汗，我就认为自己的脚比别人的臭。所以一有人和我坐得比较近，我就很紧张，生怕自己脚臭，我不喜欢别人坐在我旁边，即使是对面也不喜欢（我怕我的脚有时会有味道）。我上课时（后来没有以小组形式坐座位了，即每个人都对着黑板坐）不敢把脚伸到别人椅子下，所以我坐得很拘束，很不舒服。我担心床上会不会也有脚臭的味道，致使我身上也有味道，我不知道应该多久洗一次鞋子，有时也有种天天洗鞋子的想法（不现实）。有同学说，不洗澡才会被别人闻到有臭味，而我不会。我在想：万一有臭味呢？万一被别人闻到怎么办呢？所以整个高三一直到现在，我几乎天天都很担心、很烦恼，无法专心学习（只要有人坐在我旁边），无法专心做事。怎么办？我不想一辈子都这样，我想过原本正常的生活！

分析：

这个叫作嗅觉牵连障碍，总是觉得自己身上散发出味道，让人觉得不舒服，比如臭的、恶心的味道，这些味道可能来自嘴巴、鼻子、生殖器等，尤其是后者。他们会过度解释别人的行为，认为别人的行为比如捂嘴巴、摸鼻子或者开窗户等，都与自己的味道有关。这种认知错误叫牵连，英文叫 reference，或者 referential，在精神病学里叫牵连观念。个体通过错误地解释别人的行为，将此与自己的创伤性经验或自卑与羞耻感联系起来。牵连观念不是妄想，而是一种认知歪曲。它没有妄想那么严重，但也比较难以纠正。其产生的原因可能跟过去的创伤经历有关,这些创伤经历可能和味道建立了某种联系。而且个体会因为这些味道而感到羞耻或者尴尬。实际上,这种联系并没有那么紧密,但有些人会回忆起过去因为身上发出一些味道而被别人嘲笑的经历,或者他们的父母以及对个体来说非常重要的他人对身体有味道的人在言语上不自觉地表现出嘲讽,再加上其个体本身的不自信,比如他们过去特别看不起别人有狐臭,或者他们的朋友非常看不起别人有口臭等类似情景。这种来访者不多,可以假设的是他们势必有一些不愉快的或者创伤性的经历,也许一开始他们确实闻到过一些味道,但很明显是他们过度解释,也就是他们把味道解释得过分严重。他们非常害怕别人闻到了味道会讨厌自己或厌恶自己并且看不起自己。所以过去的创伤不一定那么严重,但一定是应激性的,因为和味道有关的过去不愉快的经历会突然被激起。

用认知行为治疗可以帮助这个个案以及与她相似的人们去理解问题的发生与发展,尽管她没有写出最初起病的原因,但是应该和生活事件有关。这个个案很敏感,也许确实是因为她的脚臭。但是,这意味着什么呢?她担心什么?她担心别人讨厌她、疏远她,所以她才开始关注这个事情。由此可见,她必然是有一些自卑与缺乏自信的。她因为担心自己的不足或者缺陷而担心别人看不起她,这是一种以偏概全的认知基础。另外,她的应对开始出现行为反应,即过分关注味道、有反复行为或者想法、过度讲究卫生,这些都属于安全行为。通过这些行为,她试图去掩盖她认为的味道,然而这些安全行为的最终结果却加重了她的问题。过去有一种说法叫作反恐惧(counter phobia),如果是从嘴巴里出来的味道,他们可能会反复刷牙,甚至用漱口水;如果觉得是从身体散发出来的味道,则会过度洗澡。这些安全行为被他们认为可以降低被别人讨厌的概率,但不得不反复加强这样的检查行为。这种病症可以放在强迫谱系障碍里。如果不经过有效的治疗,往往会严重影响他们的社会功能,会出现社会隔离、回避等问题。这样的人比较自卑,如果这个问题得不到解决,他们的自卑会强化加重。令人欣慰的是,这个女孩子通过邮件来寻求帮助正是其正视问题的开始。

三、进食障碍

亲切可爱的张老师：

您好。

我是您之前的一个学生，我的情绪上有一些问题困扰了我很久，因为被困扰的时间久了，也就没有放在心上了。

我一直比较担心的是我的病史（不知道可不可以这么说）比较长。我从初二开始有自伤行为，高二时因为情况比较严重，医生建议服药，但是，我没有遵医嘱。后来感觉情况有所好转，但说实话，虽然行为没有之前那么极端，可是偶尔控制不住的时候还是会下意识地通过自伤的方式来发泄。感觉纠结的问题永远在纠结，所以很担心自己是不是真的像家里人所期望的那样"都好了"。随着升入高年级后，自感这些问题影响了我正常的学习生活，所以冒昧地给您写这封邮件，真诚地希望您能给我一些建议。我主要有两个问题：

1. 暴饮暴食

我高二时有过一段比较极端的减肥经历，后来不出意料地暴饮暴食了。经过一段时间的调整，情况有所好转，但一直都没有建立起像正常人一样的饮食规律。暴食和不食交换出现，暴食的时候是除了吃东西外，不知道自己还能干什么。我不知道这是之前减肥留下的后遗症，还是因为别的什么原因。真的很想改变这个现状，希望您能给我一些建议。我是否要去做个检查，还是纯粹只是心理问题？

2. 嫉妒

同宿舍的一个同学长得很漂亮。我不知道为什么，每次她出去跑步的时候，我就会自暴自弃地想"反正你永远比不上人家，你就该胖到死"，然后开始吃很多东西；她去图书馆，我就想"那你不要看书啦，有什么好看的"。但其实我是喜欢跑步和看书的，我觉得自己的行为很不理性，但是，也不知道有什么办法改变它。

作为您的学生，深知您日常工作繁忙，不应叨扰，但也因为是您的学生，知道您在心理方面能够给予我有效的帮助。如果能得到您拨冗指点一二，不胜荣幸。感恩，感激！

分析：

这是一个进食障碍的案例，而且这个个案有一些自己的特点，比如在症状上她有暴食、极端减肥经历（高二），有行为紊乱，还有自伤行为（从初二就开始了，高二比较严重），这些特点都说明她的症状与情绪有关，说明她有情绪控制和调整方面的困难。高二的极端减肥经历只能说明她使用的减肥方法比较极端，比如过度节食、运动，减掉了很多重量。因此，她应该也深受自卑的困扰。

神经性厌食症（anorexia nervosa，AN）及神经性贪食症（bulimia nervosa，BN）是同一种慢性进食障碍的两种不同临床表现的疾病。我们通过鉴别神经性厌食症和神经性贪食症可以看出，信中的女生是后者。

神经性厌食症及神经性贪食症的根源来自社会的文化影响，这种文化崇尚以瘦为美，以男权意识为中心，以符合男权社会审美观为价值意义。这两种病症的患者几乎都是女性。其病症起因为恐惧肥胖，行为则为过度控制摄食及因此导致的异常进食状态如拒食、导吐、食用药品导泻等。在极端情况下，患者会因为过度节食导致极度营养不良和消瘦、闭经甚至死亡。

两者的区别在于神经性厌食症患者严格地控制摄食，神经性贪食症患者则无节制地摄食乃至强迫性摄食，但事后会以拒食、催吐来补偿。神经性厌食症患者不承认自己有病，拒绝治疗；同时他们有明显的躯体变形障碍，明明已经很消瘦了，却仍然觉得自己在继续发胖。由于旁人会劝他们进食或者否认他们认为自己在发胖的认知，使神经性厌食症患者无法相信他人，并因此导致自己无法被人理解的痛苦和孤独的情绪低落与精神抑郁。但是，正因为神经性厌食症患者不承认自己有病，所以他们会坚持日常学习与工作以证明自己没有问题。神经性贪食症患者由于难以控制其对食物的需求感，比如一想到烦心的事情就想吃东西，或者做完咨询就想大吃一顿，他们会难以控制自己的进食需求而采取付诸行动地大吃一顿。吃完以后，又会因为恐惧肥胖而产生内疚和罪恶感，用催吐的方式来缓解内心冲突。由于神经性贪食症患者有明显的大量摄食及催吐行为而具有自知力，他们知道自己有问题需要寻求帮助。

厌食的人一般成绩比较好，因为他们追求控制和完美，在外人看来，他们往往表现得比较顺从、学习好、行为举止得体。但是，他们总觉得自己不够好，所以会比较焦虑，对别人对自己的外貌和身材的评价比较敏感。因而他们会有失控感和不完美感，从而通过减肥来获得成就感和控制感。也因为如此，厌食者会具有一些强迫性人格障碍的特征，也就是人格有一些强迫性的特点，比如认真、仔细。而贪食的来访者就比较混乱，情绪不稳定，有冲突控制方面的问题，比如自伤，所以这个个案虽然有节食的行为，但更多地具有边缘性水平人格结构的特点。边缘性水平人格结构的个体把人们区分为"绝对好的"和"绝对坏的"，无法对其进行整合，他们的超我功能不太稳定，这可能和他们使用的是原始防御机制有关。正因为他们是原始的、婴儿般的防御机制，比如分裂、投射认同、理想化、贬低等，所以他们的反省功能较差，常常感觉到事情总是突然发生在他们面前，而不是被内在状态所激发。所以，边缘性水平人格结构的个体的自我力量（包括冲动控制、判断、保持工作的能力以及现实检验）也相对较差。[①] 因此，贪食者总是有冲动控制方面的问题，所以这个个案会有节食和暴食的交替出现，也会有嫉妒产生。嫉妒在这里是边缘性水平人格结构特点的一个体现，表达的是情绪调节有明显的障碍和困难，根本的原因是自卑，因为自卑，所以缺乏自信。

当然，厌食者也具有自卑和缺乏自信的问题，而这些自卑与缺乏自信多半来自家庭。这封信没有提及家庭情况，一般而言，厌食来访者的家庭一般都有过度关心的现象，尤其是母亲会过度关心。但是，神经性贪食的来访者家庭情况可能更糟糕，家里可能会有童年时家庭冲突甚至性虐待。可能涉及个体家庭对外貌、体重、进食的过度控制，或者家里有物质滥用的情况，比如父亲酗酒。

进食障碍还有社会影响的因素在作祟。整个社会都以瘦为美，瘦代表着成功和一切好的东西，比如成功、自我效能比较好、社会功能比较好都和瘦有关，而胖和懒、笨有关。还有同辈社会过度注重外表，这也是一个文化影响因素。往往体重偏胖或认为自己体重偏胖的个体的情绪

[①] 格伦·O. 加伯德著，徐勇译：《长程心理动力学治疗（基础读本）》，人民卫生出版社2010年版，第23页。

问题发展都有一些危险因素，首先是低自尊。他们有潜在的危险性，低自尊合并一些普遍性的问题比如学习交往压力等，会让他们产生自己不够好、外表被人评价的焦虑和担忧，他们因为这些情绪而感到有点失控（out of control）。为此，他们觉得自己要做点什么来重新获得掌控感，所以他们会从对外表的控制和改善他人对自己的评价来获得掌控感、成就感。如果成功了，他们会更加节食、控制体重，或做出过度运动、排泄等行为，这样就形成了滚雪球的恶性循环。贪食是因为节食过度导致进食冲动，然后更加失控，觉得自己没有能力、没有自尊，从而导致情绪更加糟糕，不得不再次尝试节食。这种精神障碍对一个人的影响是多方面的，他们会过度关注食物和体重，会花太多的时间在这上面，贪食的行为会让他们觉得自己和他人不一样，会导致他们和别人隔离以至于影响和别人的关系。

对该类人群的治疗，可以用心理治疗和药物治疗、认知行为治疗，严重案例则需要综合治疗。这是精神、社会等多方面的问题，所以需要心理咨询师、营养师及教育者共同参与，比如标明来访者存在哪些危险因素、评估来访者的易患性（家庭经历、低自尊、压力、缺陷感、无能感，以及通过节食来平衡补偿等发展过程，在节食的基础上因贪食而产生暴食的可能性……）、制订包括进食计划的综合治疗方案等。神经性厌食来访者有魔术性思维"如果我多吃一点，就会前功尽弃"，因为神经性厌食来访者不觉得自己有病，而且节食给他们一种掌控感和成就感，所以他们很难认识到自己有进食方面的问题，因此必须激发他们投入的动机。厌食还会合并其他问题，比如抑郁症和焦虑症，严重者甚至会有自杀倾向，要特别注意。此外，进食障碍不论是神经性厌食症还是神经性贪食症，患者发病多与其家庭状况有关，建议在针对进食障碍患者制订治疗计划时，还应该考虑家庭治疗。

第七章 恐 惧 症

恐惧是一种原始情绪，当人类的祖先从树上下到地面时，恐惧感就一直跟随着他们。由于草原的出现，人类的祖先无法从一棵树直接跳到另一棵树上以获得生存资源，因此他们不得不从树上下来，经过高过眼睛的草地跑到另一棵树上去寻找食物。因为恐惧地面上远远多过树上的掠食者，他们学会了直立行走。然而，成为人类并没有让他们的恐惧感有所减少。风雨雷电光以及昼夜交替这些自然属性的力量远远大于原始初民的力量以及想象，于是在恐惧中有了原始的万物皆有灵的神灵崇拜。直到如今，我们害怕黑夜暗影以及很多噩梦中的隐喻都和这些集体潜意识中的恐惧有关。

恐惧和焦虑不同，恐惧是面临眼前的迫在眉睫的威胁而产生的情绪，对恐惧的应对很简单，要么战斗，要么逃跑。恐惧是一种任何动物都会有的情绪，但焦虑是人类才有的进化产物，是预计将来可能发生的威胁而产生的情绪。恐惧是对真实的威胁感到害怕，而焦虑是对未发生的事情产生灾难性想象而导致的害怕。因为恐惧面对的是真实的威胁，所以恐惧具有强大的自我保护功能。

儿童经常会在经历了与某些特定刺激相联系的不愉快事件后，开始害怕某些物体或情景。这样的经历也许是相当严重的，也许是儿童在这一事件当中或之后受到很多注意而体会到的恐惧。儿童的个人经历、认知发展、不断扩展的资源，以及父母和照顾者的反应，会有助于他们克服恐惧。儿童逐渐长大之后，他的认知能力和经验也会随之增加，从而有更多可以利用的资源，他们可以用更具有适应性的方式对恐惧情境进行反应。

很多儿童期的恐惧可在没有外界干预的情况下消失，但有一些恐惧则可能在没有预期的年龄范围之外继续保持下去，如果没有得到干预，就会不断加强，并泛化到其他情境中。例如，害怕一个人待在关着房门的房间里的儿童很快会发展成害怕电梯、小轿车，或者其他一些密闭的场所。当焦虑变得非常强烈或者具有弥漫性的趋势时，就会导致心里感到痛苦或适应不良，这时就需要引起个体的注意，因为这样的恐惧可能发展成为恐惧症。①

一、血液恐惧症

　　张老师您好，我想和您谈谈今天我在课堂后问您的那些问题。我觉得有两个特别困扰我的问题。第一，我常常把发生在别人身上的事幻想发生在自己身上，尤其是那些不好的事情。我还会幻想自己或是家人意外死亡，或者其他不好的事，这会让我很恐惧，担心得吃不好、睡不好，会闷闷不乐一段时间。在很多事情还没有发生以前，我就会幻想坏的结局（我高考就是这样，我一直想，要是自己考砸了怎么办，结果不巧的是，我竟然在4楼14号桌考试，我觉得不太吉利，结果真的考砸了），导致自己的信心降低，没有原来那么大的动力和激情。第二，我晕血，但我不晕动物的血，到目前为止，我只晕过自己的血、妈妈的血、外婆的血。每次晕血都会伴随比较严重的低血糖反应，比如眼睛发黑、头疼、脚重、走不动。我觉得身为一个男生，晕血不太好，尤其是自己流着鼻血反而还晕了。因为这个原因，我没有选择临床专业。希望张老师能帮我分析分析，教我怎么解决这些问题。

分析：

　　第一个问题是这个个案有一种认知错误，就是想法与现实的融合。有时我们脑子里会有很多想法，但只是想法，未必会变成事实。可能想法是反映事实的，但多大程度上与现实一致是需要检验的。幻想是让我们适应对现实的失望的主要方式之一。幻想常常含有故事情节，有着强大的心理功能，给我们生活中痛苦的、未实现的愿望提供替代性的满足。它们给我们所未曾拥有的东西提供了安慰，还给我们过去的伤口疗伤。这个个案会幻想家人死亡等事情让他很恐惧，可惜这里没表明他是

---

① 卡杜森、谢福主编，刘稚颖译：《儿童短程游戏心理治疗》，中国轻工业出版社2002年版，第3页。

如何处理恐惧的，估计他的应对方式就是担忧，这也是很多人莫名其妙产生担忧的原因，担忧让人觉得可以因此避免灾害发生。有的人会采取对抗的方式，比如反复安慰自己或者用相反的愉快且安全的画面或词语来抵消这种灾难性的想象。这种应对给当事人较快的安全感来缓解情绪，但长远来说，其实是加重、维持焦虑情绪，因为这样的应对剥夺了他检验现实及检验是否会发生的机会，同时也阻止了他们去区分现实和想法，加强现实与想法的融合。很多迷信的人也会有这样的问题，比如"乌鸦嘴"的说法，好像说了事情就会这样发生。在心智化水平研究里，这样的个体处于原始水平即想象等同水平，想象的就是事实。我们都知道想法不一定是现实，但是对很多来访者来讲，脑子里冒出来的恐惧想法是关于自己或家人的，会让他们感到很焦虑，因为担心真出事，要么就一直担忧着，要么就想用一句安全的话来消除和对抗。这样做会让他们心里感到很踏实，但是会维持和加重他们的担忧。

第二个问题其实一样：恐惧症是习得的。我们可以通过小艾伯特实验来说明这一点。

小艾伯特实验（little Albert Experiment）是1920年由约翰·布罗德斯·华生和他的助手罗莎莉·雷纳在约翰霍普金斯大学进行的一个实验。这个实验虽然有违现代实验伦理，但是其影响确实是非同寻常的。它一方面是一个经典的经典条件反射实验，另一方面也是一个经典的刺激泛化实验。

大家可以在各种网络信息中收集该实验过程的视频，这里简单介绍如下：华生挑选了9个月大的孤儿艾伯特来进行实验。在实验初期，艾伯特被测试对所有实验中要遇到的物品如白鼠、兔子、狗、猴子、有头发和无头发的面具、棉絮、焚烧的报纸等，都没有害怕或者恐惧的情绪。两个月后，实验正式开始。在实验中，艾伯特对单独出现的白鼠仍然没有恐惧或害怕，甚至还伸手触摸白鼠。接着，华生在艾伯特触摸白鼠的时候在其身后用响锣敲击出巨大的响声。该声音由于突然且巨大，把艾伯特给吓哭了。然后，华生继续在艾伯特看到白鼠时制造那个巨大的可怕声音。持续多次后，艾伯特看到白鼠就会因感到痛苦而哭泣并想离开房间。显而易见，条件反射在艾伯特身上已然建立。白鼠（原先的中性刺激，现在的条件刺激）与巨响（非条件刺激）建立了联系，并使个体产生了恐惧或哭泣的情绪反应（原先对巨响的无条件反射，现在对白鼠的条件反射)。这样的条件反射的形成说明学习产生了作用,而且在实验的第 17 天后,艾伯特对有毛的动物、衣服甚至圣诞老人面具都表现出同样的恐惧和不安,恐惧的泛化进一步证明了学习发挥的作用。

回到信中的个案,这个男孩晕血,但一定不是第一次一见到血就会晕倒,而且这个男孩的晕血症是有选择的,他只是晕自己的血、妈妈的血和外婆的血,但没有说他会晕爸爸的血或者其他男性关系人的血。虽然在信中他并没有说明他的成长经历,也没有说明他和母亲以及外婆的关系有多么紧密,但是我们仍可以从来信的只言片语中体会到一种认同,对女性重要抚养人的认同。所以说,他的晕血症是有选择的,而这种选择是学习的结果。在他第一次看到血液的时候一定有情绪反应比如惊恐尖叫伴随发生(不一定是他的惊恐,也有可能是他的女性抚养人的惊恐反应),这些情绪反应的出现与血液结合起来,引发了他对特定血液的恐惧。

很多人在长大后会消除以前的恐惧,但有些得以延续下来并发展出新的恐惧症的主要原因是回避行为。所以对恐惧症的最好治疗就是不回避,让恐惧者直接暴露在个体恐惧的对象或者环境中不失为一种有效途径。行为疗法中的满灌疗法(flooding therapy)正是基于这样的目标而创设的。

与系统脱敏疗法正好相反的满灌疗法不需要进行任何放松训练,在保证来访者身体健康的情况下(虽然满灌疗法用时短、见效快,但对来访者身心冲击较大),以最强烈的恐惧等级刺激呈现在来访者面前的方式来校正其对恐惧刺激的错误认识,并消除由这种刺激引发的习惯性恐惧、焦虑反应。因为冲击性很强,所以满灌疗法又被称为冲击疗法或泛滥疗法。

满灌疗法可以采用想象或模拟的方式,也可以让来访者直接进入令其最恐惧、焦虑的现实场景中,比如让信中男孩想象他觉得最为恐惧的晕血现场。只要来访者坚持下来,躯体反应会适应这些恐惧场景,恐惧、焦虑反应就会消退;并且来访者会发现想象的灾难性后果没有发生,进而认识到自己的认知是有问题的,可以矫正过去的认知歪曲。

要消除来访者的恐惧反应,建议使用认知行为治疗,但是,帮助来访者理解恐惧的起因及其心理背景则需要用到精神动力学的反思。因为满灌疗法的成效如果没有得到强化，恐惧的感受有时还是会反弹回来的。所以了解恐惧的深层次来源很重要，通过精神动力学的反思能够持久维持疗效。

二、夜晚恐惧症

尊敬的张老师：

您好！

感谢您在百忙之中阅览这封邮件。这次能与老师取得联系，特别庆幸，同时也希望能从老师那里获得一些帮助。

在我心里，我一直觉得自己存在一个心理障碍：我一个人的时候会很害怕。白天还好，尤其是晚上，我会感到特别害怕，不管是在外面还是在家里，任何一点动静都足以使我胆战心惊，我好像有夜晚恐惧症。我至今不敢一个人在家。晚上我没有能力一个人去做任何事情，实在是太害怕了。我也好奇怪，不知道哪里出现的一股莫名的恐惧。以前还小，觉得害怕还比较正常，现在慢慢长大，还没有改变这种情况，我是不是有问题呀？期待老师您的帮助和建议，谢谢！

分析：

理解症状的原因很重要，但产生的原因和维持加重的原因不一定相同。这个个案之所以会出现夜晚恐惧症，有可能是因为基因素质——来自个体的原始情感。但是，素质原因不能解释一个人对具体对象比如黑暗或者血液、昆虫的恐惧，更重要的是一个习得的过程，比如小艾伯特的实验。小艾伯特一开始并不害怕有毛的小白鼠，真正恐惧的是华生在其背后发出的强烈刺耳的声音，这是非条件刺激。这个非条件刺激和条件刺激——小白鼠一起出现了，所以小艾伯特对小白鼠感到了恐惧。非条件刺激是天生的反应，但条件化过程形成之后，条件刺激和非条件刺激反复结合，导致小艾伯特对刺耳声音的恐惧与小白鼠相结合。这个实验帮助我们理解了恐惧反应是如何与特定对象建立联系的，即恐惧有一个被条件化的过程。而这个过程形成后的结果就是行为上的回避。

经典条件反射可以解释恐惧是怎么建立的，却无法完全解释为什么恐惧会一直持续到成年，大部分人的儿时恐惧长大后都会消退，比如巴甫洛夫的狗在没有食物这个条件刺激的条件下，便逐渐对非条件刺激铃声失去反应。因此，没有消退的原因应该是有强化，也就是回避行为。个案至今不敢一个人在家，换句话说，她总能创造不是一个人在家的条件，要么找人陪，要么出去。所以她通过不让自己一个人在家的方式回避了自己一个人在家的情境。我们小时候的很多恐惧会随着年龄的增加而逐渐减退，但有些恐惧不会，还有些东西大家都感到害怕。但是，有些东西我们害怕的程度与其本身的威胁不构成比例，比如害怕黑暗是集体无意识，因为黑暗让我们感到不确定和危险，这个跟进化有关系。但是，我们不是睡在丛林里，或者野外，而是在家里。大部分孩子会慢慢克服或者承受。也许这个同学和很多人有过类似的经历，小时候受过惊吓，或者没有得到父母的支持、关怀与帮助，不得不在焦虑和恐惧的情况下去自己面对黑暗。但是，对多数人来说，长大后给自己带来恐惧的无意识已经不存在了。然而还是有不少人会通过明显的或者隐秘的方式去回避，不让自己暴露在条件刺激下，这样一来，黑暗和焦虑、恐惧建立条件刺激的反应就无法消退了。所以，我们需要知道她会如何处理这些类似情况，是开灯还是找人陪，一个人在家的时候会怎么办，是否在头脑中想象自己一个人待着会有什么可怕的事情发生。这不是靠领悟就可以消除的焦虑，因为条件反射性的联系不通过意识，只能通过暴露来消除。当个体不愿意体验黑暗中的焦虑和恐惧时，就会维持焦虑和恐惧，这种联系很强烈，有点像创伤性反应。患有创伤后应激障碍（post-traumatic stress disorder，PTSD）的士兵回国后可能无法看到火光或者听到马达的声音，否则会引起其强烈的反应，会使其感到非常痛苦。因此，承受不了黑暗带来的焦虑和痛苦的个体就不会将自己置身于让他感到焦虑和痛苦的环境之中。

三、恐蛇症

我从小就很怕蛇，要说第一次恐惧从哪里来，我能回想起来，大概是小学吧，大概七八岁，那是一个夏天，我跑到家附近的一个防空洞边上去玩。我老家是重庆的，所以到处都是防空洞。我家附近这个防空洞平日里都有来来往往的人路过，算是很热闹的了。我记得更小的时候，还和哥哥以及一群小伙伴一起举着自制的火把在这个防空洞里走了一个通透，当我们走到防空洞另一头重见光明的时候，那个开心呀，现在都记得。不过同样记得的是我自己跑去防空洞的那一次经历，从此再也不敢去防空洞。因为我刚跑到洞口时，就看到一条蛇正在蜕皮！啊！我当时吓惨了，赶紧跑回家，但是，不记得有没有告诉爸爸了，估计没有。那时爸爸特别忙、特别辛苦，根本没时间管我们的情绪。如果我因为自己调皮导致的恐惧去打断他的写作思路，估计他一定不会安慰我的。从此以后，我心里便烙下了深深的恐惧。后来读高中时，有两次在学校山上和路上差点踩到蛇，虽然同行的同学说没关系，大概是小菜花蛇，可是我仍然吓得要死。唉，写到这里突然觉得很不可思议，为什么都是女生，她们却不怕蛇？加重我的恐惧的是在读大学后，我没有住校，而是在家住，所以每天我好早就去学校了。有一天，天蒙蒙亮，我就出门了。刚走到我家小路尽头，我看到路边聚集了好多人。好奇怪，一大早怎么这么多人聚焦在这里？于是我跑过去伸头一看，我的妈呀！有一个瘦瘦的男子手里正拿着一条金色的蛇在展示！我当时差点吓晕过去，但第一反应是赶紧跑，所以我弹跳着狂奔过了马路，都没看有没有车子经过。那条马路常常有大货车经过，而且经常出车祸。等我跑过马路，稍微定下神来，一辆大货车就从我的身边呼啸而过。吓死了，真的差点就吓死了。因为对蛇太恐惧了，我有一本牛津版的英文辞典，在"snake"这个词下面看到有好多图片来说明蛇的类型，我也吓得不行，要姐姐用厚厚的牛皮纸贴了两层，而且翻到这一页和附近几页时都会尽快查阅，不做多看。因为我太害怕蛇了，所以有小伙伴会故意来逗我，我也知道他们是在逗我，但我还是控制不住地害怕。怎么办啊？怎样才能消除这种恐惧啊？

分析：

  对于个案的这种情况，最好的治疗方法就是认知行为治疗，因为她没有提供任何其他资料，只是小时候受了惊吓。针对这个个案，可以用暴露治疗即系统脱敏治疗。

系统脱敏疗法（systematic desensitization）是由约瑟夫·沃尔帕（Joseph Wolpe）创立的治疗方法。该疗法的治疗原理是用交互抑制来对抗条件反射。这个案例中的恐蛇症女生首先是有被惊恐到的现实事件——看到了蛇并且有几次差点踩到蛇，尽管并没有被蛇伤害到，但是联想到被蛇伤害的结果，导致一想到蛇就会引起她的情绪紧张，就会产生焦虑。而且这种紧张和焦虑泛化到所有和蛇有关的意象以及象征。沃尔帕认为，去除焦虑的积极方法就是采用放松的方式，鼓励患者逐渐接近所恐惧的事物，直到消除对该刺激的恐惧感。[1] 这种疗法的要点是逐级呈现、缓慢暴露、紧张与放松交互抑制。通过一级一级的"爬楼梯法"让来访者缓慢暴露在她害怕的想象环境中或者真实环境中（比如从呈现蛇的文字到蛇的图片到视频乃至真实的动物园环境），让来访者的焦虑情绪逐级呈现，并及时予以放松训练，通过肌肉放松来帮助其消除焦虑情绪，最终达到消除恐蛇症状的目的。

系统脱敏疗法的操作过程可分为四个步骤。

第一步是纯粹的肌肉放松训练。选择一处安静适宜、光线柔和、气温适度的环境（最好是相对封闭的环境，可以避免受到打扰），让来访者坐在舒适的座椅上，让其跟随指导语开始进行肌肉放松训练。有的咨询师会在指导过程中选用物器、音乐或者香薰的协助，不过建议最好纯粹使用言语指导。如果我们的指导环境过于复杂，就有可能在训练结果与环境之间形成新的条件反射，导致来访者离开这个环境就无法进行单独的自我训练。放松训练首先从局部肌肉的紧张放松开始，一般遵循从头到脚的顺序依次训练。在这个过程中，来访者被要求以0～5个等级来标识自己的放松与紧张程度，学会体验肌肉紧张与肌肉松弛的区别。训练会从局部的肌肉紧张与放松练习逐渐发展到全身肌肉群的紧张与放松练习。经过反复长期的训练，来访者能达到在生活场景中的灵活使用，以便随时进行放松。

第二步是对恐惧或焦虑事件进行等级分类。来访者需要用0～5的等级或者百分制的方式对自己的每一个恐惧或焦虑事件进行大小排序。比如这个个案的女生，她需要将"听到别人说'蛇'这个字""看到有

---

[1] 见百度百科"系统脱敏疗法"（https://baike.baidu.com/item/%E7%B3%BB%E7%BB%9F%E8%84%B1%E6%95%8F%E6%B3%95/2894297?fr=aladdin）。

蛇文字的字典""看到蛇文字比如杯弓蛇影""看到单独一种蛇的黑白图片""看到几种蛇的黑白图片""看到一种蛇的彩色图片""看到几种蛇的彩色图片""看到动物园里蛇的标本""看到动物园里活着的蛇"等恐惧事件逐一罗列出来、区分级别并标注。

第三步是想象脱敏训练。首先让来访者想象最低等级的刺激物或事件，比如"听到'蛇'这个字"或者"亲口说'蛇'这个字"。当来访者能清晰地想象并感到肌肉紧张时就需要停止想象，开始做全身肌肉的放松练习。待身体反应恢复到放松状态后，重复想象该等级的刺激事件，然后放松。周而复始，直到来访者不再对想象感到焦虑或恐惧时，就可以结束该等级的脱敏训练，进入下一等级的脱敏训练。因为是系统脱敏，不是满灌疗法，所以不建议在操作中一次性完成所有等级的训练，应该有一个循序渐进和现实检验（此时的现实检验是检查回到生活中来访者能否继续做到肌肉的紧张放松，完成家庭作业时能否在没有咨询师的指导下独自完成训练）的过程。其中很重要的一点是，如果在进阶等级中，来访者出现了强烈的情绪反应，则必须降级重新训练，直到完全适应即能完全放松时再进行进阶训练。当六个等级的训练全部完成后，则可以进入现实环境中进行脱敏训练。

最后一步是现实训练。所谓现实训练，是让来访者回到让其感到恐惧的真实环境中进行训练。比如这个女生需要到动物园去现场感受刺激，并在现场对自己做放松训练以消除焦虑。这个阶段的训练仍然从最低级开始、发展至最高级，逐级放松，逐级脱敏。操作过程和想象脱敏训练中的原则与技术一样。这个阶段也需要为来访者布置家庭作业，要求其在没有咨询师的陪伴下进入现实环境中进行强化训练。家庭作业的布置是为了强化"手感"和"心理强度"，有助于来访者的训练保持连续性、有效性。

虽然这个个案是一个适合使用认知行为治疗的范本案例，但是该个案在信件中寥寥数笔关于"不记得有没有告诉爸爸，估计没有""爸爸特别忙、特别辛苦，根本没时间管我们的情绪"等描述可以让我们看到该个案在遇到威胁的恐惧时渴望得到父亲男性的力量保护，却由于温尼科特所说的"环境妈妈"太艰辛和恶劣而无法向她的重要客体寻求安慰与表达情绪，我们仍然可以用精神动力学的觉察去体会她成长的孤独和不得不依靠自己的核心信念的形成。不过好在她还有姐姐，姐姐会帮她处理自己难以处理的事情，比如用牛皮纸贴住英文字典里的图片。所以，姐姐在她的生活和精神世界里部分地执行了父母的功能，也能够温暖她的内心。对于个体的成长来说，很重要的是有人让他觉得温暖，这个人可以是兄弟姐妹，也可以是老师、同学或者陌生人。

第八章 抑 郁

抑郁与焦虑似乎成了现代生活的两个特点，也成了现代人的通病，变得如日常"感冒"般常见。其实，它们是任何人都可能患上的情绪感冒，特别是随着在工作或家庭中的责任和压力的增加，在精神压力大的中高龄人群中较为常见。而在校园里，随着社会竞争压力的加大、贫富悬殊的凸显、抖音等媒介传播的普遍性，个体比较性心理失衡等原因导致的抑郁亦呈上升趋势。

"抑郁"是个含义宽泛的术语，既可以用来指代转瞬即逝的心情，也可以用来表示一种慢性障碍。有时我们会说自己很抑郁，但大部分抑郁的强度及持续的时间都没有达到抑郁症的诊断标准，而且这种抑郁情绪大多数情况下都会经由环境的改变、时间的流逝、个体的主观努力等途径得以改变或调整。但是，由某种原因引起的自身心理水平低下，或压力超过个体的心理承受能力，或者压力持续不断地存在，使人感到心力交瘁，都将导致人的精神崩溃，引起心态的变异，进而出现所谓的抑郁症。[1]

从广义上而言，抑郁症是一种心境障碍。它是由一系列症状组合而成的，而不是只具有单一的症状，其明显的症状是心情极度压抑，感到无力、无助、无望，仿佛黑暗中的一个自由落体。抑郁的精神症状主要有：①日常兴趣显著减退甚至丧失；②无望感；③无助感；④积极性和动机丧失；⑤丧失自尊和自信，自我评价显著下降；⑥感到生活没有意义。这六个症状都有下降、减退、没有或丧失的意思表达，因此人们常用失落感来概括。[2] 同时，抑郁症也伴随着个体思维方式的转变，比如

---

[1] 滨田秀伯著，黄俊山、黄岩、王平东译：《抑郁症》，福建科学技术出版社2005年版，第2页。

[2] 许又新：《精神病理学——精神症状的分析》，湖南科学技术出版社1998年版，第73-76页。

注意力不集中、记忆力减退、思维迟缓、反应迟钝等,还有身体上的不适,如乏力、睡眠障碍、饮食紊乱、食欲下降等。① 当上述这些症状中的几个症状同时存在两周以上,并且这些症状破坏了一个人完成其日常活动的能力时,才能做出抑郁症的诊断。②

关于抑郁,心理学家做了很多种区分,比如 E. S. Paykel(1971 年)将抑郁分为四类,P. Kietholz(1982 年)将抑郁症分为三类,M. G. Blinder(1996 年)将抑郁症分为五类,而 J. E. Overall 等同年又将抑郁症分成三类。③ 但是,临床专家都认同有两种基本的抑郁障碍:单相抑郁和双相抑郁。患有单相抑郁的个体不会体验到躁狂,而患有双相抑郁的个体则会频频受到抑郁和躁狂的双重折磨。同时,学界用"情感障碍"这一术语来涵盖单相抑郁、双相抑郁,以及躁狂这三种情况。④

从认知行为治疗来看抑郁症,我们需要先来认识抑郁症患者的三个认知水平:负性自动想法、生活规则与核心信念。

核心信念代表我们最基本的自我感,是我们如何看待自己、他人、环境和世界最具有概括性的、默认的认识。自我感是指一个人怎么看待自己。因为认知行为治疗关注来访者的消极信念,比如有人会说"我毫无价值,没人会喜欢我"。当个体说"没人会喜欢我"时,其既在说自己也在说他人。核心信念不是与生俱来的,是在从小和主要照料者的关系互动中形成的。年龄越小,越容易接受和认同照料者对自己的看法。如果父母老是贬低孩子,他就越容易觉得自己没用,因为父母都不喜欢自己。越小的孩子越没有能力去理解另一个人为什么不喜欢自己(起码三岁以后才能尝试理解)。阿隆·贝克(Aaron T. Beck)的女儿茱蒂丝·贝克(Judith S. Beck)曾经说过,如果要涉及一个人的核心信念,就要涉及两个领域——爱和能力,即我是否可爱与我是否有能力。这和依恋理论里的矛盾型和回避型依恋是一致的,后者长大成人后的依恋模

---

① 张将星、曾庆:《大学生心理健康教育》,暨南大学出版社 2013 年版,第 67 页。
② 辛德尔·西格尔、马克·威廉姆斯、约翰·蒂斯代尔著,刘兴华等译:《抑郁症的内观认知疗法》,世界图书出版公司北京公司 2008 年版,第 1 页。
③ 许又新:《精神病理学——精神症状的分析》,湖南科学技术出版社 1998 年版,第 89 - 90 页。
④ 李则挚、苑成梅、吴志国等:《双相障碍抑郁发作与单相抑郁症的临床特征比较》,载《上海交通大学学报(医学版)》2011 年第 31 卷第 11 期,第 1513 - 1517 页。

式叫 dismissive，即轻视忽略型情感模式，他们的自主独立在事业、学业上发展得比较好。而矛盾型个体因其照料者既是爱他的人又是惩罚他的人，所以长大后是先占型情感依赖，他会在乎别人是不是喜欢自己、自己可不可爱、有没有能力。这些核心信念都是和他人关系有关的。"我不可爱"的深层次意思是"没人看得上我"。当然，核心信念和小时候的安全感也有关系，如是否常常去医院。负面的核心信念往往浓缩了大量的情感情绪如羞耻、悲伤等，比如"没人看得上我"所蕴含的情绪是羞耻和悲伤。羞耻是个体无法通过行动去改善的状态，所以这样的信念承载着大量的负性痛苦，他必须艰难地去处理。核心信念和生活规则代表了个体对抑郁和焦虑的心理上的易患性（脆弱性）。当个体在学校成绩好的时候会发现周围人对他很友善，这样的经验会让他发展出中间信念：只有我考试考好了，我才是有价值的，别人才会喜欢我。而且个体的信念和行为模式会相互强化，导致他更加努力地学习以验证这样的中间信念。这样的信念会让个体很努力地学习，争取名列前茅，并认为自己是有能力的、聪明的。但是，这种中间信念有危险性，有潜在的威胁。

　　中间信念叫生活规则或者说行为规则。生活规则与负性自动想法的区别在于，负性自动想法是我们对特定情境或事件的评价，而生活规则是跨情境的；负性自动想法是对内容和过程的歪曲，而生活规则是价值判断。生活规则的问题不在于它的内容，而在于它刻板僵硬和缺乏灵活性。生活规则就是一部"行为指南"，帮助抑郁症患者寻找并坚定其行为模式。这种行为模式的极端表现在他不能接受带有强迫性的"总是"。然而，信念未必接受意识检查。而且信念很少语言化，大家很难意识到信念，我们很难看到它背后的规则。所以很多优秀的人并不能建立良好的自尊，他们一直在回避一些东西。他们之所以优秀，是因为对自己苛刻和要求严格。这个严厉条件是他会认为，一旦没做好，世界就会崩塌。股神巴菲特说，有人用自己拥有什么来肯定自己，还有人通过了解自己是谁来肯定自己。前者一直回避我是谁，无法真正地建立起自尊，所以这样的人会有潜在的抑郁特质。僵硬刻板对应的是强迫性的努力和焦虑，比如工作狂。他们不是在追求什么，而是在回避什么。抑郁症患者生活规则的表述分为条件化表述和要求表述。前者常常具有典型句式"如果……就……"和"只有……才……"，比如"如果我当初更努力一点，我就不会让父母这么失望了""只有我考第一名，才对得起我的父母"。要求表述则常常与强烈的义务感和道德感联系在一起而难以改变，是"必须、应该"，这种"必须、应该"可能是对自己，也可能是对别人。这样的中间信念"只有百分之百的爱才是真的爱我"，后面跟着的核心信念是"我不可爱"，有这样信念的人势必会让恋爱关系的对象压力很大。

信念有几个特点：一是拒绝意识检查，意识默认其合理，因为是在早期经验的基础上发展起来的；二是拒绝改变，因为有事实基础即早期经历，所以很难改变。这些信念在后台运作，决定了我们的行为应对，也决定了我们的自动想法。信念与机制是程序，这就是为什么心理治疗很难，因为这是一个认识的过程。它决定了我们通过自动想法每天怎么过日子。

自动想法代表了我们如何理解每天生活中的体验，是人类对特定事件赋予的意义。有些自动想法会和我们强烈的情绪联系在一起，和痛苦情绪联系在一起的自动想法叫负性自动想法，它们不一定都是不合逻辑的，比如焦虑有时是必要的，关键在于是否过度。

是什么决定了负性自动想法？就是想法下面的核心信念和中间信念。自动想法和信念之间的差别在于：后者跨情景，而前者总和具体事件有关。自动想法有两个维度：一个是内容，即他是怎么说的，描述一个事件并询问他脑子里有什么样的想法，抑郁症总是和丧失有关系；另一个是过程，内容是我们在想什么，过程是信息处理过程，即我们怎么想的，认知歪曲是过程错误。我们的视觉或听觉输入都是选择性输入。抑郁的人总是关注负性信息。认知内容的错误往往是由过程错误带来的结果。抑郁的人看问题会非黑即白、极端化，或过度概括、以偏概全，同时还会穷思竭虑地回想消极记忆，对他人的批评过度敏感，将这些负性信息（即所有的事情都和自己有关联）高度个人化，这些都是绝对化的思维方式。对认知歪曲的命名可以有效帮助抑郁患者，助其识别。

认知行为治疗总是从负性自动想法开始的，因为负性自动想法是维持当前问题的关键，也是最容易接触到的认知部分，还是最容易去处理的，并获得快速症状缓解的部分。对自动想法的处理需要循序渐进、由表及里。

抑郁症的认知行为模型里的核心主题之一是丧失，包括实际的丧失、认为的丧失。核心主题下产生的负性认知三联征表述如下。

负性的自我看法："我一点用都没有。"

负性的对世界的看法："每个人都不喜欢我。"

负性的对未来的看法："什么都没有意义。"

抑郁症的认知行为模型里的核心主题之二是绝望，严重的绝望预示着高度的自杀危险，但并不一定和抑郁的严重程度一致；临床上经常发生的事情是来访者在抑郁好转时却采取自杀行为。所以，在鉴别个体是否有自杀行为时，应该同时使用《贝克抑郁问卷》和《贝克绝望量表》。

抑郁症的认知行为模型里的核心主题之三是无助。这也是咨询师对认知行为治疗放弃努力的常见原因。

抑郁症的认知行为治疗的简单步骤如下：第一步是通过心理教育达成治疗方案，接着对活动进行渐进性任务布置和安排，目的在于鼓励患者参与并开始处理拖沓和回避，以及改善其注意力，对抗疲乏无力和困倦。通过渐进性任务布置，帮助其重新建立日常结构。布置渐进性任务时要注意先建立活动清单：列出患者过去喜欢做的事情；因为抑郁推迟或回避的事情；从简单步骤开始，分解步骤，最大限度地确保成功；在这个过程中，要注意识别妨碍任务完成的抑郁症状。第二步是识别负性自动想法，这需要帮助患者区分感受和想法。负性自动想法是我们对一个事件或情境的评价。我们要关注可以激起患者明显情绪反应的想法，选择特定的、最近的、具体的、令人烦恼的事件或情境来激发这些想法。可以使用自动想法记录单，帮助患者尽可能地记录下此时此地的想法。第三步是结合行为实验纠正负性自动想法。第四步是结合行为实验纠正生活规则和核心信念。具体步骤的操作可以参考朱蒂丝·贝克写的《认知疗法——基础和应用》一书。在使用认知行为疗法治疗抑郁症的时候，要确保首先干预的是负性自动想法，而不是生活规则或核心信念。

一、丧失感

张老师，您好：

我是您的一个学生，上过您的心理课程，我坐在最后一排，是个不起眼的女生,您肯定没有注意到我。我觉得您上课时的很多内容就是在说我。我觉得我的人生走入了低谷,一片黑暗。我来自内地,父母都是农民。我父亲是一个非常本分的农民,话一直很少,整天忙着家里的农活。也许是因为生活艰苦,所以母亲脾气很坏。在我的印象里,她总是动不动就发脾气。她从来就没有夸奖过我。我是家里的老大,还有一个弟弟和一个妹妹。我感觉我不像其他的孩子,我从来没有快乐的童年,所以不得不照顾弟弟和妹妹。

也许因为懂事早,读书以后我的成绩一直都很好,在年级一直名列前茅,所以在学校里都是当班长、三好学生之类的。我一直都很优秀,老师也很喜欢我。但是,我一直都有一种危机感,在很多人眼中,我考试很轻松,但每次考试时我都如临深渊。因为一旦我考不好,妈妈就会很严厉甚至用恶毒的言语来责骂我,还会打我。对于她的责骂和殴打,我已经习惯了,但最让我难受的是老师对我的批评。因为妈妈从来不夸奖我,所以如果再失去老师对我的信任,那我实在是不敢想象。也许是因为考试压力太大,我并没有考上理想的大学,虽然暨南大学在广州也不错,但是其实我当时应该能上北京大学的。而且来到广州后我才发现,我除了读书,其他的都不会,也不懂。所以我感到同学们都把我当作一个外星人似的。当他们谈论日本的动漫、欧美的僵尸电影时,我感觉自己就像个外星人;而如果我去问他们,则会像个傻瓜一样遭到嘲笑,而且我的口音比较重,也会被他们取笑。反正我觉得他们把我当怪物,看不起我。而且过去让我引以为豪的成绩到了新的学校、新的专业里一点都不突出了,反而要付出很多努力才能保持中等水平。所以,我发现我变成了另一个人。我变得非常自卑,很害怕别人会笑话我。在别人眼中,我学习非常努力,其实这种努力只是为了减少和同学之间的交流,因为和他们在一起会暴露我的无知。所以我每天晚上都回来得很晚,晚到不得不回到寝室才回去。同学们有活动,我也尽量不参加。

现在,我发现自己变得对什么都没有兴趣了,不光对读书没有兴趣,连对我过去喜欢读的小说也没有了兴趣。我和我的一些朋友如老乡之间的联系也越来越少,一开始有活动他们还会叫我,但后来他们也渐渐不再叫我了,我发现自己就像一个"僵尸",每天过着行尸走肉的生活，学习对我来说变得越来越糟糕，我也越来越麻木。上学期我挂了两门课，但我似乎也没有着急，我感觉自己变得越来越无助了，而且有好几次我都觉得活着没有意义，现在时不时就会冒出轻生的念头。……但是，另一方面我又心有不甘，我怎么变成这个样子了？我不想这样，张老师，帮帮我。

分析：

根据这个同学的来信分析，她患有典型的抑郁症。她有情绪低落、兴趣减退、自我评价下降、行为退缩、观念消极等症状。这些症状明显影响了她的社会功能，影响了她的学习和人际交往，比如挂科、社交活动减少。尽管她没有说太多生活上的改变，但是她原有的娱乐活动也在减少。而且这些症状从上学期就已经开始了，症状出现的时间也符合抑郁症的判断标准。

目前，抑郁症是一个非常普遍的精神障碍。最近发布的一个研究显示，抑郁症在我国的患病率高达3.59%。[①]

抑郁症的病因非常复杂，涉及生理、社会、心理及个人等方面。这个同学没有谈到是否有家族史，但从心理因素来看，其早期成长经历中母亲贬低性、批评性的交流方式让她对自己的不肯定、不接纳。因为在学校的优越表现形成了内心的规则是要做到最好才能证明自己，所以她有一个潜在的非黑即白的看待问题的方式，要么最优秀，要么什么都不是。这种认知模式是她潜在的抑郁诱因。而高考没有考上北京大学而是进了暨南大学，就是她所认为的不是最优秀的体现，所以从进入暨南大学，再加上进校后一系列的挫折导致她抑郁爆发。还有一点需要强调，除了她对自己的自我概念即核心信念包括那些非黑即白的观念外，她的行为应对即当她发现自己不像以前一样完美后，她开始对别人会如何评价她而感到担心，从而没有发展出积极健康的应对方式，而是采用回避行为（这也是由过去经验的积累导致的），比如通过努力学习，回避和同学的交往、回避担心别人看不起导致的焦虑，减少和切断与过去的联系比如老乡，在与别人的交往中也尽量减少暴露。对这个学生来说，减

---

① 北大六院黄悦勤教授团队中国精神障碍疾病负担及卫生服务利用项目的研究成果发布（http://mp.weixin.qq.com/s/fiUzh6f99CWwkr2zmdodIQ）。

少暴露，采用回避，可以减少被人看不起的焦虑感，从短期来看是有益的，但从长期来看，她越来越没有机会去检验别人对她的态度究竟是怎样的，是否喜欢她，是否笑话她的口音就意味着不接受她这个人，这种在她眼中的笑话对她来说到底意味着什么，是同学不好还是她太敏感。而且因为回避，她也没有机会让别人去了解更完整的自己。要知道她除了自己担心的口音或者不时髦外，她一定还有很多的优点。但是，由于她的回避，别人无法了解到她的这一部分，也让她自己没有机会看到这一部分。由于她的认知歪曲，一旦发现自己不完美、不优秀，这样的挫折会激活她很多潜在的功能失调的信念，比如非黑即白，或者过分关注身上的不足之处。这样的认知歪曲总是消极地关注缺点和缺陷，消极地解释发生在自己或身边的事情，回避可以进行检验的机会，这样反而维持和加重了她的抑郁。

二、无力感

　　我爸妈早在我两三岁的时候就离婚了，一直都是我妈辛辛苦苦地把我和我妹妹抚养长大。由于家庭状况不怎么好，从小我妈就教导我们要省吃俭用。还记得从前每当我妹妹逛街买了衣服什么的，妈妈就会大声训斥她多么不懂事。

　　我妈的控制欲很强，小时候我们只要稍微做了什么不顺她心的事情，她就会大声训斥我们。有一次，她出远门回来，我跟妹妹满心期待她回来的那一刻，她却因为我们没有主动下去帮她提东西而痛骂我们，一点都没顾及我们脆弱敏感的自尊心，一下子就把我们的情绪从欢喜转变成厌恶。印象特别深的一次是初中开学报到的那天，我好像因为一件特别小的事被她当着很多人的面大骂，那时我的心情只能用"屈辱"来形容。

　　她似乎认为她永远是对的，凡是我们有违她意愿的，她都会极力痛击一番。当然现在好了很多，她不像以前那般霸道了。但我跟她的相处依然不够和谐友好，在一起的时候，我们可以聊得开心、自然，但当她打电话给我时，我会感到很厌烦，一直会很敷衍地跟她聊天。我真不想接她的电话，真希望她不要给我打电话，但我又说不出口，因为我知道这样不好，可我就是会忍不住这样想，然后又很痛恨自己不得不接电话，被控制的感觉就和小时候一样。所以我很羡慕那些跟爸妈像朋友般相处的孩子，每当看到他们，我都会觉得他们拥有一个幸福美满的家庭。

前些天做了一个试图伤害妈妈的梦，虽然最后抑制了伤害她的意愿，但仍心有余悸，不知道这预示着什么。

都说来自爸爸缺失、妈妈严厉的家庭的男孩会显得比较懦弱，我确实存在这样的情况。很多事情在别人看来很简单、正常，我却要鼓足勇气去做。面对很多事情，我会显得特别胆小和自卑，总是莫名地向着消极的方面去想。就连自己最喜欢的踢足球，我也会感到自卑和无力。

我总是太在意别人对我的看法，经常对别人的负面评价不能一笑而过，而这些负面评价多多少少会对我造成一些负面影响。

我也挺没安全感的，也算是一些自私阴暗的想法吧。例如，我认识了一个有些感觉的女生，我会不太乐意把她的照片公开给某些朋友看，就像她会被抢走似的。每当想到她有可能选择其他人做男朋友而不是我的时候，那种无力感就会出来，挥之不去……我想这也跟我内心深处的自卑和自私有关吧。

我从心底希望摆脱灵魂那自私、卑劣的一面。我也很不喜欢那种无能为力的感觉，有时会觉得这种感觉就像手中握着的沙子一样，不由得从我指缝间滑落，而跟它一起滑落的还有我似乎不曾有过的自信、乐观和生命的活力……嗯，我真的想改变，希望可以变得自信、成熟一些。我希望自己骨子里是一个积极乐观的人，当然我也希望在将来可能的恋爱经历中更好地呵护那个她，不至于让她受到伤害。

分析：

这个个案对自己的评价非常负面，而且是从道德高度来评价自己的，觉得自己自私、卑劣。如同笔者在前面的个案里分析的一样，自私、卑劣这些定性词都是对自己的不认可，而且这种不认可后面表达了浓浓的羞耻感。我们不能说，你不要觉得自己羞耻，这个不是你的问题，因为对于这个孩子来说，他觉得自己就是问题的根源。尽管他也交代了从小受到妈妈的严苛控制，而且这种严苛没有温暖，只有屈辱感。

但是，相对于母亲的控制，他更多地将现状和当前的自卑归结于自己的无力感，觉得自己缺乏力量去对抗母亲的控制，所以显得太过懦弱。他在来信中渴望获得的也是力量感，这个力量感可以帮助他保护未来的伴侣，"不至于使她受到伤害"，这里的伤害也许和妹妹曾经受到的伤害类似，如当初他无力保护自己以及妹妹不受到母亲的伤害一样。如果个案只是偶尔受到伤害，表现懦弱，这还不足以形成习得性无助，导致抑郁心境的形成。但是，在没有父亲的家庭里，他从小到大都与脾气暴躁、缺乏温情的母亲待在一起，所以不能幸免地要重复经历这样或那样的事件来体验无力感。当个体对负性事件开始感到无助时，就会出现一系列非常类似抑郁的症状。如果这些症状持续数周或数月，我们就称之为抑郁；如果这些症状很快消失，我们就称之为恶劣心境；如果这些症状渗透到生活的方方面面，我们也称之为抑郁；而如果这些症状只局限于某个方面，那么我们就称之为倦怠或者意志低沉。因此，当发生负性事件时，预期事件的原因会延续到将来，并导致个体有极高的风险患上抑郁而不仅仅是恶劣心境。此外，如果个体倾向于对失败进行内在性的解释，那么当他遭遇失败的时候就容易失去自尊，而这又增加了一种抑郁的症状。

美国心理学家马丁·塞利格曼（Martin E. P. Seligman）于1967年在研究动物时提出了"习得性无助"这个理论。他用狗做了一项经典实验（虽然该实验也违背了现代实验伦理道德原则），他把狗关在一个无法逃跑的笼子里，伴随蜂音器的响声，给狗施以让它感到难受的电击，狗在第一时间的反应是想逃离笼子，但是不管它如何努力都无法逃离笼子、无法逃避电击。多次以后，实验者在把笼门打开的状态下施加电击，这时笼中的狗并没有逃出笼子，而是和以前一样倒地呻吟、颤抖，绝望无助地等待电击时间过去。1975年，塞利格曼用人做试验，结果在人身上也产生了习得性无助。总的来说，尽管实验有违现在的伦理规范，但是确实揭示了习得性无助不论是对动物还是对人，都是一种通过学习形成的对现实无望和无可奈何的行为与心理状态。在这个心理状态产生的过程中，个体觉得自己能否控制那些影响他们痛苦的因素的认知决定了他们的行为。

从塞利格曼的实验中我们可以清晰地看到，习得性无助的产生必须有三个因素共同作用。第一个因素是不可控的关联性。所谓关联性，是指个体行为和其结果之间的客观关系。所谓不可控，是指个体行为和其结果之间是随机关系，没有稳定的因果规律可言。对于人类的生存经验来说，只要有稳定的关联和结果，我们就可以从认知上解释这种现象，并且寻找到解决问题的路径。然而，由于是随机关系，我们无法解析和预测问题的发生、发展，所以只能放弃努力。因此，第二个因素"认知"和第三个因素"行为"在第一个因素"不可控的关联性"的作用之下，会呈现迷茫无助与无效尝试的状况。当持续时间达到一定基准后，个体会放弃或者无法发起任何能让他控制这个情境的行动。习得性无助理论认为，个体对未来无助的预期也会带来其他后果：认知迟滞、低自尊、沮丧、失去进取心、免疫系统变弱导致生理疾病。[①]

我们来理解由于习得性无助而导致的抑郁时，可以清晰地看到其核心概念就是解释风格，一种对不同的负性事件做出相同类型解释的习惯倾向，也就是一种固化的归因模式。当人们意识到不可控之后，他们会问："为什么这件事会发生在我身上？"他们的回答会影响他们的反应。抑郁的人们在解释事件时具有一种特别有害的模式：对于负性事件，他们会进行内在的、稳定的以及全局性的解释："是因为我的缘故""它一直会这样""它会破坏我做的每一件事"；而对于正性事件，他们则会做出外在的、不稳定的以及特定的解释："这不过是碰巧而已""它很快就会过去了""它只是单独发生的偶然事件"。而正是这种内在的、稳定的以及全局性的对事件的解释方式，导致负性事件发生的时候，个体容易变得抑郁。[②]

三、情感依赖型抑郁

老师：

新年快乐！我是大四的学生，即将面临毕业就业、异地恋等问题。心理中心的预约系统仍在升级中（笔者注：其实应该是假期网

[①] 克里斯托弗·彼得森、史蒂文·迈尔、马丁·塞利格曼著，戴俊毅、屠筱青译：《习得性无助》，机械工业出版社 2011 年版，第 6 页。

[②] 克里斯托弗·彼得森、史蒂文·迈尔、马丁·塞利格曼著，戴俊毅、屠筱青译：《习得性无助》，机械工业出版社 2011 年版，第 178–179 页。

上预约系统处于关闭状态，咨询师们都放假了），这让我在长期独处的假期里感到绝望。我其实很早就发现我的心理有问题，可是一直觉得没有"大碍"；但长久以来一直折磨着我，尤其是精神支柱——感情上出现问题时。我在很多情况下都失去了欲望，同时我很想自杀，但又觉得对不起父母，我希望我能在父母死后再离开这个世界。

我能忍受在极端恶劣的环境下生存，却受不了精神上的空虚。我十分理性，甚至难以跟别人进行"闲聊"，不知道怎样展开话题，也不知道怎样结束话题，做事和说话都生怕做错，觉得只要不错就是好的。这让我内心十分依赖机械式的工作，而不想或是不敢主动创造些什么。

我能假装自己是一个很健谈的人，能在某个时间段变得异常活跃，但事后我会备感精力的流失，而我一般的状态是心境淡定却悲观消极。这让别人看起来，我就是"懒懒闲"和"没睡醒"。或许淡定的背后是觉得很多事情都无所谓，也不在意别人怎么看自己。

我一贯悲观且寂寞着，这让我感到不妥，所以我找了个活泼且浑身是劲的乐观的女朋友。这让我整个大学生活基本脱离了悲观情绪线。我一直都是稳打稳扎地完成学业和准备找工作，而我的女朋友也十分优秀，以至于我无法追赶上她的步伐。而她现在觉得我十分没用，做事没干劲，觉得我就是在颓废着。但当我举出证据我也在努力时，她却说这单纯是一种"感觉"，无论我做什么，我都给人一种颓废的感觉。

我已经做好失去她的准备，因为她在北京有一个十分适合她的职位，而且她很聪明，她向我不断地暗示、明示着，表示我们不能长久下去。嗯，我们都是聪明人，同时她也再三强调在校时仍能当伴侣，毕业后就没法保证了，除非我"努力优秀"起来。这让我感到惊恐，我怕的不是失去她，而是失去她后，我又会回到以前悲观的状态，那是真正意义上的生不如死。人间地狱一直是我对世界的即视感，像人生本来就是受苦的。

我也有一些生理特征，就是从中学以后几乎没有深度睡眠过。我从来都是闭上眼睛，然后感觉到睡姿不舒服，于是清醒地换 N 种姿势，这在别人身上可能是无意识的，而在我身上是有意识的。

所以当身边出现异样的声音或灯光时，我会立马感知到。不知道这是不是一直感到没精打采、没有干劲的原因。

适逢新年假期，我跟恋人分开两地，且放假后的实习工作期就是"分手适应期"，我现在感到十分悲观消极。该怎么办？我为什么不能像别人一样快乐地活着？别人颓废，起码能从游戏或电影中找到乐趣，而我真的没有。

分析：

精神分析里面有两类抑郁，一类叫作内射型抑郁，另一类叫作情感依赖型抑郁。情感依赖型抑郁患者非常渴望或者需要在关系里被接纳、被认可、被爱。一旦关系破裂，他们会强烈地感到自己被抛弃或者没有价值，会感到自己很脆弱。而内射型抑郁似乎内化了一个非常严厉的超我，所以对自己有一个非常高的标准，总是要求自己努力去满足或实现那个高标准，但往往这些标准很难实现。因为这些标准如此之高，所以他们总是会扮演失败者，叫作自我击败型。一旦他们达不到自己设立的标准，就会觉得自己没能力、没价值。如果从这个角度来理解，则这两种抑郁都和丧失有关系。其实，阿隆·贝克在20世纪70年代研究抑郁的时候也提出了类似的观点，一个叫作"社会依赖型抑郁"，另一个叫作"独立型抑郁"。这两个分类的性质和上面是一样的。阿隆·贝克在描述这两种抑郁时用了一个词"个人领域"，他用这个词来描述不同的人对不同领域的事件会有不同的感受。比如有人在面临关系破裂时会特别痛苦，而有些人在事业上遇到挫折或者学业不顺利时才会感到特别痛苦，这是来自不同领域的痛苦。什么样的事件以及什么领域的事件会给当事人带来的痛苦对不同的人有不同的意义。

回到这个案例里，这个学生更多的是一个情感依赖型抑郁患者或者社会依赖型抑郁患者。他非常渴望在稳定的关系里待着，他在情感上特别依赖他的女朋友。虽然他没有正面描述他们之间的关系，但是可以看出他特别害怕失去她，尽管他说"我怕的不是失去她，而是失去她后，我又会回到以前悲观的状态"。从中可以判断，如果他有这个女朋友，他会更积极乐观，生活会更有意义；而一旦失去这个女朋友，他必然会感觉生活没有价值，感到悲观。所以他需要在关系中有这么一个客体，有这么一个人。如果没有这么一个客体，他便很难感受到自己。所以，他不得不假装自己是一个健谈的人。他经常在扮演一个不是自己的角色，而这必然会消耗他的能量。因为这样的行为是内外不一致的，势必会消耗大量的精力，所以他说"备感精力的流失"。如果我们去做自己喜欢的事情则不会觉得累，而做自己不喜欢的事情则会觉得很累。这个累是消耗额外的精力导致的感受，因为在做我们不喜欢的事情时，我们需要消耗精力去对抗我们的不喜欢，对抗我们内心的阻抗。

尽管此案例中没有提及任何成长经历的事情，但是这个学生肯定有其特殊的成长背景才会导致其产生依赖型抑郁，所以帮助其认识并分析过去发生的事件对自己人格以及病症的影响是非常重要的第一步。也许他需要长时间的心理治疗，因为他是抑郁型人格，而不是像抑郁症那样发作。他描述里的自己一直都是很抑郁的，比如"在长期独处的假期里感到绝望""一贯悲观且寂寞着"，他要解决的不是抑郁的症状，而是内心的空虚感和无价值感。他缺乏内心有活力的活泼的自我，他形容自己像一个机器一样缺少一些自发的东西，就像没有生命一样，缺少鲜活感。这个个体需要很多的共情以感到被爱、被接纳，但同时他也必须在关系里发展出一些自主性。所以他的愿望只是希望满足被关心、被照顾、被支持，跟他现在的关系一样。最后，对于他的女朋友要离开他的悲观，可能也是因为他只是想待在这个关系里而不希望有变化。他这是性格或人格上的问题，而不单纯是抑郁症的问题。因为抑郁症来访者是发作性的，也就是说，其内心的病理性信念是处于潜伏状态的，只有遇到挫折如被抛弃或者学习、工作上遇到逆境时，这些病理性信念才会被激活。但从这封信来看，这个学生的负性感受似乎一直都在来访者意识层面。换句话说，这种病理性信念一直都占主导地位。这也许可以解释为什么这个学生说心理问题"长久以来一直折磨着我""尤其是精神支柱——感情上出现问题时"。因为他没有描述自己真实的状态如何，所以我们很难判断他的情绪不好及抑郁是阶段性的还是持续性的，进而很难判断他的抑郁是症状水平的（有抑郁症状发作性的，但是没有所谓人格问题）还是人格水平的。如果他是人格水平上的抑郁，就需要更长程的治疗。

第三编 大学生典型心理问题的关系领域

第九章 自己与自己的关系：自体的发展

我们通过对客体关系、依恋关系、亲密关系、团体关系的了解，我们钻进梦中进行探索，最终目的都是要了解自己，与自己和平相处。在成长过程中形成的假性自体如同我们的影子，既代表着我们，又掩饰着我们，有时甚至会让我们忘记真正的自己。通过对假性自体的研究，找回真正的自我，是我们一生到老都要修习的一门功课。

主体间性理论认为，人们对自我的感知决定了他们对世界的认知。人们对自我的感知是主观的、体验式的，它包括个体意识之内以及意识之外的一切感受和经验。就是这些从小在与他人互动过程中得到的感受以及因此而得出的经验让个体形成了一种稳定的人际交往模式，这些模式一直持续到成年期，影响着成年后个体的人际交往，以及对自己的能力、性格等特质的好坏感知，具有一定的组织性、主观性和特异性。[1]

在个体获得的自我与世界的方式中，有一个被温尼科特认为是每个人都有的内在核心，即"真实自体"。在生命的最初阶段，是一个真实拓扑的状态，"我"以"无他"的状态存在着，自发性动作（spontaneous gesture）是其纯真的体现。自发性动作是真实自体的行动体现，比如饿了就会吃，困了就会睡，开心了就会笑。温尼科特认为，真实自体源自身体组织的活力与身体功能的工作，包括心脏的动作与呼吸。真实自体从一开始在本质上就不属于对外部刺激的受动（reactive），而是一

---

[1] 博斯克、哈格伦德著，尹肖雯译：《主体间性心理治疗——当代精神分析的新成就》，中国轻工业出版社2014年版，第2页。

种原初的（primary）东西,① 可以理解为真实自体是一种不受外界影响而存在的"我要"，比如当我们身临美景时忍不住赞叹、身处高山之巅时忍不住长啸。但是，真实自体不一定在我们与世界的互动方式中得以发展或呈现，有时它会被或者说必然会被"假性自体"（false self）所掩盖。同样身临美景或身处高山之巅，同样想要发出赞叹或长啸，却由于身边有人或顾虑到别人会被自己打扰或者别人会对自己做出不好的评价而将这些自发的动作压抑下去。这是因为个体不是独自一人活在这个世界上的，而是和很多人互动而活着的。在这些互动中，个体必然会因为关系客体的需要而牺牲真实自体的需要，比如虽然我饿了，但是我看到妈妈下班很累，我就忍着不说自己饿了，不要求妈妈马上做饭以喂饱我来满足我。

关于假性自体的产生，我们可以把原因追溯归结为母亲未能反映出婴儿的真实情感状态。不管母亲是压抑了孩子的体验，还是要求一种情感回应来补偿自己的情感缺失，这种扭曲状态都会向孩子灌输一种呈现"假性自体"的看法：真实自我的某些方面会因为被认为是对母亲的伤害或疏离而被拒绝。母亲压抑孩子的体验是她坚持认为婴儿只能顺从于她的需求，所以，她会有一个概念"我是妈妈，你是孩子，你必须听我的"。因此，她会无视孩子的真实情感状态，比如什么时候喂养孩子、什么时候拥抱孩子，都由她说了算，因为只有顺从她的需要才是对的、才是好的。婴儿的内在世界是根据母亲的存在来组织的，特别是通过母亲对他的拥抱和母亲呼唤他的声音以及母亲凝视他的目光。温尼科特曾经说过，母亲眼中的光芒会让孩子看到自己，也会让孩子看到世界。因为母亲看到婴儿时两眼泛出的母爱的光芒会让孩子感觉到自己被母亲接纳。这时孩子的真实自体可以自由地表达，因为得到了母亲全神贯注的关注，所以婴儿不同的情绪得以被母亲镜映。我们可以理解，对于婴儿来说，与母亲的关系是"身心伙伴"。在这种与母亲互动的经验里，婴儿的自我找到了可信赖的客体。② 但是，如果母亲不能镜映其情绪，婴儿就有可能发展成一种虚假的自体：顺应母亲。婴儿任何高兴或难过的

---

① 郗浩丽：《客体关系理论的转向：温尼科特研究》，福建教育出版社2008年版，第66页。
② 大卫·萨夫、吉儿·萨夫著，童俊、丁瑞佳译：《客体关系家庭治疗》，世界图书出版公司北京公司2012年版，第47—48页。

情绪都被压制下来，以免因与母亲的情绪或需求不一致而打搅到母亲。从这样的表述中我们可以清楚地看到，假性自体是一种非常实在的在他人（常常是母亲，当然也有可能是父亲或其他重要关系客体）眼里寻求赞赏的努力。儿童会努力猜想他人"是什么、想什么、感到什么，甚至需要什么"并努力配合，其结果就是儿童压抑了真实客观的感受，把自己塑造成具有良好社会化容纳性的人。①

真假自体的概念代表的是通常忠于自身内在需要和表达自体的普遍部分（真自体），以及从自体中分离出的、同样普遍地需要与原始客体进行互动的自体部分（假自体）。如在上例中，真自体是想要表达"我饿了"，假自体是"妈妈太累了，我说了她可能也没法照顾我，等她休息一会儿再说我饿了"。在健康的情况下（妈妈能够镜映孩子的感受），自体的这两部分斗争是非常富于创造性和成长性的，同时又不会感到与自体的内在本质和潜力相左。同样是上例中的孩子，虽然没有及时表达自己饿了的需要，但是由于顾及妈妈的疲劳，所以内心会觉得值得或者自我宽慰，因为为妈妈做了自己该做的事情。或者妈妈意识到孩子平日里都会喊饿，这次却没有喊饿，因此会关切孩子的需要或问孩子有没有什么不舒服，然后孩子可能会跟妈妈说"我确实饿了，但是我看到您这么累，我想让您先休息一下"。这样的互动增加了孩子和妈妈之间的积极联结，让孩子感受到了心理的愉悦，是有助于孩子成长的。但是，如果健康不佳时（妈妈不能镜映孩子的感受），忠于自体和忠于客体这两方面的分歧可能会导致过度紧张以至于临床上可以观察到这两部分的自体互相疏远，导致"假自体人格"（false-self personality）或"好像人格"（as-if character, Zetzel, 1958）。② 我们在抚养婴儿时会促成他们的假性自体产生，如当婴儿哭泣时，我们会反复强调说："别哭了，不哭才有吃的。"这种强化行为有时会维持很久，有的人甚至会被强化到成年时期。比如，在儿童时期，家长会说："不许哭！赶紧写作业！"到了青少年期，家长会说："不许谈恋爱！早恋不是好孩子！"到了青年

---

① 朱瑟琳·乔塞尔森著，鲁小华、孙大强译：《我和你：人际关系的解析》，机械工业出版社 2009 年版，第 111 页。

② 大卫·E. 沙夫著，张荣华、武春艳、许桦等译：《重寻客体与重建自体——在精神分析中找到自己》，中国轻工业出版社 2011 年版，第 37 页。

期，家长又会说："赶紧谈恋爱！赶紧结婚！这么大了还不结婚会被人笑话的！"如果婚姻质量不高想要离婚时家长还会说："离什么离？哪个家庭不是这样过来的？你要离婚了，我就不认你！"所以，从小到大，为了维持这种母子关系，孩子不得不做出牺牲，以假性自体来满足养育者的要求。温尼科特把"假性自体"描述为孩子为了取悦母亲以牺牲自己的真实内在自我为代价而发展形成的一种外在人格。既然是人格，我们就必须认识到这种牺牲是长期的、没有被承认和照顾到、单方面付出牺牲而形成的。比如一个一天到晚都在怒吼的妈妈会让孩子养成默不作声的畏缩性格，畏缩可以保护个体在妈妈生气时不让妈妈看到自己，这样可以减小被妈妈怒骂或者挨打的概率。但是，畏缩的身体里受到保护的正是孩子的真实自体，即想要被妈妈爱的需要。所以，假性自体对真实自体的作用就在于保护，它让真实自体不被"灰飞烟灭"，也让个体能够应对社会需求。正如克里斯托弗·波拉斯（Christopher Bollas）注意到的，假性自体与真实自体之间配合得很好，对于维持个人稳定性和整合性来说是必需的。① 但有时候假性自体的保护会过于频繁和强烈，也就是盔甲越发厚重的时候，真实自体的空间就越狭窄。尽管孩子可能会变得开朗、圆滑灵巧或顺从，他不仅会对众人隐藏其愤怒、压抑的本质特性，也会对与自己亲近的人如朋友、爱人、亲人隐藏这一切；但是在与他人建立长期关系之后，他的"真实自体"迟早会爆发以求得认可。个体身上真实和假性要素的分裂可能会通过相互抵触的愿望表现出来，这会让本人都感到十分困惑。②

每个人总是处于健康状态和非健康状态的动态平衡之中，平衡状态下的个体具有一定的自体功能，可以使自体各部分处于相对协调、稳定的状态。③ 平衡不是错，妥协也不是错，因为在现实环境中不可能完全都是以真实自体而存在的。如前所述，现实是关系的现实，有关系就有虚假自体存在的意义。因关系而制定的制度、法规、人际礼仪、禁忌等

---

① 吉尔·萨夫、大卫·萨夫著，邬晓艳、余萍译：《客体关系入门（第二版）》，世界图书出版公司北京公司2009年版，第48页。

② 大卫·萨夫著，李迎潮、闻锦玉译：《性与家庭的客体关系观点》，世界图书出版公司北京公司2009年版，第28－29页。

③ 大卫·E.沙夫著，张荣华、武春艳、许桦等译：《重寻客体与重建自体——在精神分析中找到自己》，中国轻工业出版社2011年版，第Ⅲ页。

都需要健康的虚假自体来帮助个体适应。但如果走向虚假的极端，又会完全失去真实自体，所以真实自体和虚假自体的互换是需要巧妙且调适得当的。①

一、分离与依赖

　　张老师，您好，我是一名大二女学生，大一时听过您的讲座，也上过您的课，觉得您说的观点都很有道理，我打心里佩服您。我抱着小小的希望给您写信，不知道您能否看见，因为我真的好渴望倾诉，希望您可以帮助我，也希望我能够解决自己的心理问题。

　　大体来说，我失恋了，也许您遇到过很多这样的问题或者求助，但是，内心痛苦的原因应该都不太一样吧。以前（大概三年前）我只是隐约感觉自己是一个有些自卑的人，但是，这个念头很快就烟消云散了。现在是真的认识到自己很自卑了，通过阅读，我发现这可能是因为小时候亲戚们总是取笑我胖，给我取外号叫胖妹，并且我的父母也总是觉得我很胖，到现在也是如此。可是奇怪的是，我的朋友们都觉得我不胖，已经挺瘦的了（170厘米，110斤左右），可我仍然觉得自己不行，还是太胖了。高三结束时我有120斤，当时就觉得完蛋了、太重了，于是那个暑假就通过不断运动，最后维持在110斤这样的体重。其实我还是想继续减肥的，可是无奈我的脚和膝盖承受不了那么多运动（应该是因为上中学时脚骨裂过，没有彻底治好，所以总是痛）。现在和男朋友分手了，我又开始跑步了，因为一闲下来我就忍不住会想很多。

　　我一直很懊悔的是，导致此次分手的是我。我确实很作，短短一个星期跟男朋友提了三次分手，第三次时他同意了，我本以为我可以洒脱地说再见，其实这只是我没有经过深思熟虑的、很任性的想法，想到什么就做什么，也不顾及他人感受。大家都说女生说分手是想证明男朋友还爱她，还会挽留她。

　　说说我为什么会有很洒脱地说再见这样的错觉吧，因为我不相信自己会真的去喜欢上一个人。在之前的恋爱经历中，我都是扮演

---

① 郗浩丽：《客体关系理论的转向：温尼科特研究》，福建教育出版社2008年版，第66页。

当一个女朋友的角色，开始恋爱了，我就开启恋爱模式，女朋友应该怎么对男朋友，我就会怎么做。等到我觉得时间差不多了（有新的喜欢对象了，或者是心中的负罪感太强烈了），我就会迅速提出分手，狠心绝情地将另一半"踢"出我的生活，而且我不会过多的难过，日子照常过。您应该会有疑问，什么是心中的负罪感，我来解释一下：父母不希望我谈恋爱，我也很害怕被他们知道我谈恋爱，怕伤了他们的心，因为有时候我觉得父亲很爱我，不想违背他的意思。这种负罪感，有时会压得我喘不过气来，很想跟他们沟通，可是父母都是非常保守、传统的人，我一点也不敢开口。而且他们老说一句话：你在大学好好学习就好，以后我们一定会给你找一个很好的对象。也许您会说，那你就不要谈恋爱啊，可是我觉得自己极度缺乏安全感，希望有人爱我、照顾我，我可以有人依赖。我阅读过几本心理方面的书，觉得自己可能是依赖型人格吧。就是不在意对象是谁，只要有人依赖就可以了。

　　分手后，我几乎每天以泪洗面，尤其是第一天非常失控，沉浸在悲伤的世界里，越哭越觉得自己不该乱提分手。以前每天在微信里陪伴我的人突然就消失了，在生活中我受委屈、遇到困难时可以对我伸出援手的人就这样走出了我的世界。我实在觉得这是难以承受的打击，分手后都没有联系他，但第五天终于没忍住，给他打了电话，打了两个他都没有接听，但一小时后他又打电话回复我了，还解释了为什么没接电话，我绝口不提感情的事，只说最近做了哪些事，他突然就提道："我觉得吧，就顺其自然，不要想太多了。"末了，他说要睡了，第二天还要早起坐车回学校（当时已经快凌晨两点了）。我表示理解，然后他还问我："那你呢，什么时候睡？"就是这样模棱两可的态度，让我决定再试着打动他的心，去追回他。于是我开始看如何更好地与人沟通、怎样说服他人的书籍，并且斗志满满。

　　可是没过两天，国庆假期也要结束了，我回到学校后，又感到无法忍耐的空虚与思念，恰好看见他朋友在朋友圈发布了他的照片，就不可遏止地想念他。于是我又加了他另一个关系好的朋友，结果他的朋友却告诉了我一件不可置信的事情，说他分手没两天就和别的女生在一起了。我的内心是无法相信的，很震惊也仍然想着这是可以原谅的，而且我们已经分手了，做什么事是他的自由，我无权干涉。还有很多细节我希望能够与老师面谈。很多道理我都明白，但去践行着实困难。好比有人告诉我，迅速找一个新的男朋友，便可以忘记前任，也能开心，可通过看书我明白，这是问题的转移，这样做，我的内心也无法得到成长，但我想变得强大。所以这些天我一直在跟内心做斗争，让自己平静下来，可是很难做到平静。我的逻辑思维是有问题的，仅仅通过看书看不出多少问题，我需要有人来帮助我解决问题。老师，我真的很烦，长了白头发，也没有食欲，睡眠也很浅、很短。

以上文字叙述的内容大部分我已经跟很多朋友说过，可是我无力地感觉到，不管我跟别人说多少遍，他们如何安慰我，我也仍然无法解开心结，放下一个人，自己好好地生活。让我的朋友和我的妹妹心情也跟着我一起不好，到处传播负能量，我很自责也很愧疚。我在书上看见过一句话：就算你不向前走，世界也会向你走来。我迫切地想要抛开过去，大步地前进，但我需要有人帮助我，因为自己的力量实在是无法承担了，真诚地希望老师能够看见我的邮件。

分析：

这个女孩子没有料到分离对她意味着什么，因为她内心非常渴望有人爱她。她说的依赖让她感到自己是有价值、有存在感的。她的自体没有发展起来，或者说她有一个假性自体，即按照父母对她的期望，必须好好学习，不要谈恋爱；另外，她必须瘦，达到他们的期望，所以一直觉得自己胖。尽管她没有说有过几次恋爱经历，但是似乎都有一个模式。她在关系里是扮演女朋友的角色，很难体会真的爱与被爱的感受，像一个机器人。因为没有体会爱与被爱，所以没法与人建立真正的情感联结。而且她有很强的负罪感，她和家庭界限不清。父母的话也很有意思："你在大学好好学习就好，以后我们一定会给你找一个很好的对象。"很明显，她的父母没有视她为一个独立的个体，所以她也没法发展自体。她极度缺乏自信，不顾一切又孤注一掷地寻找依赖。只有别人爱她，她才能感受到自己的存在。她只是需要别人，需要别人爱她，需要被别人照顾。这种愿望如此强烈，只要有人对她好一点，她就会接受。所以她不在意对象是谁，只要有人依赖就可以。只要有人对她好，她就会理想化对方。而她无法忍受关系里对理想化的破坏，比如对方没有她想象的那么爱她、照顾她。当对方不能百分百地照顾她时，她就会选择分手，因此她便不断重复寻找能够关心她的人。负罪感不是她分手的原因，因为她一直在谈恋爱，只是负罪感增加了她的冲突。负罪感那么强，是因为在发展相对独立的自己时，任务没有完成。

　　她之所以对失去现在这段爱情感到痛苦，有可能是她真的想尝试放开自己，以和对方交流情感，敢于让自己去需要别人。当然，我们不知道她有没有能力去关心别人，但这次她有可能是尝试让别人去触及她的感受。她很痛苦，也许就是因为允许对方进入了她的内心世界。由于她缺乏自体，因此她会把允许进入内心的人看得很重，把对方看成自己的价值全部。所以她的痛苦不是问题，只是痛苦的程度不同而已，她的问题是她重复谈恋爱的方式。这次她因为遇到了不同的男朋友，即和以前不一样的男朋友，所以她放开了自己，允许别人变得重要。但是，她没有说为什么分手，他们之间到底发生了什么。也许是她因为发现自己允许让别人对自己变得重要、允许别人和自己建立情感联结而感到害怕；也许她担心会丧失自我，如她和父亲的关系一样，又或者她担心被抛弃，不相信有人会真的爱她，没想到别人真的走了；也许她潜意识里想要检验对方是否真的爱自己，但没有考虑过对方是否经得起这种检验。至于男朋友做了什么不是关键，她幻想对方会爱他。如果她把男朋友的行为理解为男朋友无法接受被抛弃而付诸行动，也许也是好的。

　　如果她受伤害的程度很大，意味着她内心渴望男朋友依然爱她并忠于她，更加说明她内心渴望绝对的爱。她说想要抛开过去，大步前进。过去是什么？过去是她的一部分，如何抛开？她不断地重复着这些行为，说明过去的什么东西在影响她？只有了解清楚这些问题，她才有可能和过去再见，但也不能完全再见。

　　她的成长经历是被控制的过程，以爱的名义。男朋友的爱肯定触动了她的某些东西，她害怕被抛弃、被吞噬，所以她感到很痛苦。

二、假性自体

　　　　自小妈妈就和我说："我最大的心愿啊，就是你们能考到本科线，这样就不用交那么多学费了。"孩子们都爱玩，我也不是天生的学霸。我上初中时，爸妈经常吵架，尤其是要交学费的时候。有一次，爸妈又为了这件事情吵得不可开交，我假装在好好写作业，不听他们说话，后来他们越吵越凶，差点闹得要离婚。妈妈还跟我说："你不用怕，就算离婚了，妈妈也会要你的。"当时，我吓得泣不成声，求着爸妈不要吵架、不要离婚，我可以不读书。妈妈抱着我说："你不用怕，好好读书就可以了。"这句话几乎成了我奋斗的全部力量。为了让妈妈开心，为了让她在这个家找到一丝安慰，我拼命好好学习。在初中，我每一次考试都是名列前茅，每次在表彰大会上看到妈妈脸上洋溢的笑容时我就感到很满足。

或许每个人都只看到了我学霸的光环，我自己也是。为了学习，我压抑了自己其他的情绪。是啊，这种防御机制久而久之也会伤害到自己。初中的某个饭局，我和数学老师相谈甚欢，忽然被问到我怎么这么懂事，我便做了自我暴露，和老师讲了我的原生家庭，讲了我为什么会这么努力，讲着讲着我就哭了。现在回想起来，当时的我应该是压抑太久，终于爆发了。

高三的时候，最怕的还是爸妈吵架，因为这样会影响我的情绪。每次妈妈试图和我唠叨爸爸的种种不是时，我就像个疯子一样狂叫，拒绝和妈妈讲话。后来我直接跟妈妈说，请她以后再也不要跟我说她和爸爸的事情。我知道，那时候的我是在回避，因为我无法看清爸妈的关系，也给不了他们任何意见，所以我选择不闻不问，这样我可以当作什么事都没有发生过。

踏进大学的殿堂后我才发现，身边优秀的人比比皆是，而我不过是浩瀚星辰中的一颗微小的尘土，再平凡不过。为了让自己有点不一样，我萌生了修读双学位的念头，在我还没有决定以前，我从来没有跟爸妈提起过这件事。我知道，站在学习的角度，他们给不了我意见，因为爸妈文化水平有限，不能给予我太多学习方面的指导。直到我有充分的理由说服爸妈之后，我才打通了家里的电话，跟他们一一解释我为什么要读、有什么好处、以后的发展会怎样，就像舍友说的，我在哄他们似的。大二这一年过去了，我的双学位也修读了一年，没想到的是，其中的辛酸超出了我所有的预期，压榨了我全部的精力。前段时间，我动摇了，想要放弃双学位转辅修，可是我又很害怕，怕爸妈责怪我，"既然你不能坚持下去，那为什么当初要开始呢……"所以刚开始时，我还是一如既往地自己承受，咨询朋辈师兄、师姐、双学位战友们、闺蜜等，由于特殊原因，我必须在短时间内做出选择，这真的让我很惶恐、紧张、焦虑、无奈而又不知所措，我很怕自己会做错选择，我不想做决定，因为我根本不知道自己心里的想法到底是什么。如果要放弃，我的理由难道只是因为辛苦吗？还是我不喜欢双学位了？这些理由都不能支撑我义无反顾地做出选择。

分析：

从这个案例可以明显看到，该学生读书奋斗的力量来源于不安全感，主要是为了让母亲开心，通过拯救母亲进而拯救家庭，阻止父母离婚。反过来讲，她内心的不安全感以及焦虑、恐惧并没有得到父母的共情和理解，并没有被父母镜映，所以这种焦虑、恐惧一直没有被处理，只是产生了一种防御并成为其性格防御的原因，永远努力名列前茅以防御内心的不安全感。她也渴望亲密的情感，如跟老师倾诉，但偶尔这样并不能帮她获得安全感。还有一种现象是，她从小就成为母亲的容器，所以进一步损坏了她的自我发展。按照正常情况，应该是父母扮演孩子的情绪容器，但她的母亲有很多情绪没法自己处理，所以她不得不成为母亲的情绪容器。显然，当时作为高中生的她还不足以成熟到可以承担这样的压力，而且其内心因为没有得到父母的理解，不光有渴望，而且有失望和愤怒。所以她能做的就是通过回避来避免让自己失控或让自己的渴望、失望、委屈、愤怒等情绪爆发出来，害怕自己崩溃。和其他的假性自体担心自己不被人接纳相比，这个个案的假性自体是担心自己无法拯救母亲。她的学习为什么不堪重负，是因为她的学习承担了很多学习以外的东西，她要成为家庭的英雄，通过学习来拯救家庭、拯救母亲。同时，她的所作所为的最终目的也是不被抛弃，如母亲所说"你不用怕，就算离婚了，妈妈也会要你的""你不用怕，好好读书就可以了"，所以她读书不是为了自我探索，而是为了确保自己的安全。这和认知行为治疗有点类似，她以后也会越来越累，因为这样的方式并不能给她带来真正的安全感。因为这已经变成一种习惯，成绩好给她带来了很多好处，而且一段时间里也让她成功地屏蔽了不安全感。人类很擅长自我欺骗，她可能已经忘记这么做的最初动机，以为这就是真正的自我。但是，这种僵硬的模式、个体的潜意识让她不断地给自己施加压力，要求自己不断地做得更好。所以进入大学以后，她不得不给自己施加更多的压力，这就启动了自我击败模式，她不断地给自己提高标准。正如她所说，这种做法压榨了她全部的精力。所以对她来说，这只是时间问题，什么时候她的要求达到自我击败的标准，她就会倒下。因此，她可能也意识到了这个危险，所以来寻求帮助。这样的人还面临一种危险，从某种程度上说，这种人是分裂的，一方面觉得自己优秀，另一方面又觉得自己不成功。所以她总是想要变得更优秀，而很难和别人建立真正的情感联结、让别人了解自己的情感需要，如她和数学老师那样。她不能让别人发现自己脆弱的一面，所以如她所说，她一如既往地在自己承受一切。她说现在可能碰到一个困难，就是通过努力也不再能名列前茅，她一直防御的背后的焦虑、恐惧无法再被防御住了，所以她感到很焦虑，害怕自己坚持不下去，同时害怕被别人评价。

科胡特（1971）认为，个体对被积极认可的需要即被镜映的需要对健康自尊的发展至关重要，不仅为了有效地发挥自尊功能，还为了达到更高形式的自恋。但在临床上，我们越来越多地发现对自体进行施虐的情况，以及自体对掌声和敏感回应的需要。这种施虐的出现，是父母长久以来没能认识到儿童早期复杂的需要，以及一代代父母在无知中粗暴地对待孩子所产生的后果。[①] 所以，对于这样的学生来说，比较困难的是这么多年来他们已经无法了解自己到底想要什么。她说："我根本不知道自己内心的想法到底是什么……"她很困惑，不太知道什么是自己想要的。这样的人其实有很多，他们可能发现现在追求的不是自己想要的，但是到底想要什么他们也不知道，因为很长时间以来，他们都没有这样的经验。所以，他们需要一些心理治疗或者朋友的亲密关系，开始学习如何尝试去照顾自己的情感需要以及背后的焦虑、委屈、恐惧，这在某种程度上是重新发现自我以及支持自己的内在力量。

---

① 怀特、韦纳著，吉莉译：《自体心理学的理论与实践》，中国轻工业出版社2013年版，第20－21页。

三、理智化与全能感

大多数时候，我总能觉察自己以及他人微小的情绪或情感，而我自己的情绪和情感也经常被自己分析、解读、面对或逃避，甚至利用。

我已经写了十几年的日记，从小学一年级开始到现在，我的笔似乎没有停过，包括记录情绪、生活事件、文学创作。

小学、中学的成长历程似乎从一开始就被设定了程序，并且波澜不惊、不出意料地按着程序设定的路径走。爸妈对我的影响是最大的，他们和很多父母一样望女成凤，希望我前程似锦、生活安康。但我从很小的时候就知道，我身上同样承载了爸妈对自己知识分子身份应有的命运的更高期盼。就像现在从妈妈口中听到的她所谓的"后来觉得对七八岁的你们有点严酷"时的高要求，以及"学前班时你和妹妹的作业被我撕了无数次，一个字母不行也要撕掉重写"。

我当然也记得很清楚，但我提起的时候都是感恩的，那个时候的委屈早已不在意了，但妈妈反而越来越敏感。

在外人看来，我就是同龄孩子里的榜样，是家长口中的"别人家的孩子"。但只有我们一家人清楚，我的成长在看似平静且光荣的生活里其实暗涌无数。我是在慈父严母的家庭教育模式中成长起来的，但无论是"慈"还是"严"，我都抗拒过，并且最终在与爸妈的抗衡中学会成长和独立。

妈妈曾经在几次大冲突中狠狠地告诉我，"我这辈子最失败的事就是养了你这么一个孩子"，现在想起那些冲突的画面，在场的人、当时的气氛全都充满仪式感，一种成长本来就充满阵痛的仪式感。

但我正是在这样无数次的抗衡中学会独立的，并且在我看来，我的独立是让我和爸妈和解的最大动力。我越独立越能理解父母。小学六年几乎每一次考试我都是第一名，除了有一次第一名是我妹妹，我表现出苦闷和不快，但一句话也不讲。爸妈意识到我的不开心，便小心翼翼地开导我，但我依旧在心里充满了对妹妹的愤怒和对自己的无限责备与自卑。我甚至觉得爸妈虚伪，他们不是应该批评我原本该得到第一名的吗？

到了中学，我从小镇去了市中心最好的中学，自然第一名的竞争更加激烈。因为爸妈开始远离我，我渐渐地意识到自己必须学会面对得不到第一名的"失败"。我必须学会勇敢，因为他们不再像小学那次"失败"发生时待在我身边、照顾我的情绪。

我逐渐开始意识到我的情绪是自己的，它没有平台去大展拳脚展示给爸妈看，然后得到我想要的来自他们的反应。

我爸说我独立得很快，他以为还要照顾我喜欢的蛋糕口味时，我已经喜欢了另一种口味，还能开心地向别人夸我的爸爸有多爱我。

当我爸说这些的时候，脸上的表情有些许复杂。

或许他也在想，在自己还没想明白陪伴够不够的时候，女儿就已经长大了。

到现在，大学已经过去了两年半，迷茫、不安以及面对未来太多不确定时的无力和单薄，这些大学生被认为有的以及真实存在的情绪——我大多经历过或者正在经历，但我一贯的独立依旧推动着我去和情绪和解，甚至利用情绪。刚开始我会自嘲、自解，自嘲、自解其实是背后的自我说服和默默努力。在我发现自己不喜欢也不习惯发表负面情绪的时候，戏谑地自我宽解有时会来得更有效一些——因为不论怎样，最后我都会选择接受或改变，但这都少不了努力。既然结果相同，过程就尽量显得正面且纯粹一些。

我在写下这些文字的时候，仿佛自己是一个很强大的，甚至用上帝视角处理自己成长过程中的酸甜苦辣的人，但其实现实生活中依旧是一个稚嫩的学徒，拥有很多情绪，接受很多情绪，消解很多情绪。

成长中的大事件，至少对于我的家庭而言是大事件，就是我舅舅的去世。那时，我的冷静和置身事外在多年后的自己看来是很诧异的，我看着妈妈、小姨她们在那段时间天天以泪洗面甚至歇斯底里，外公、外婆更是悲痛欲绝，但我很少去宽慰他们。我从内心深处坚定地认为言语起不了任何作用，自我的释然才是他们最终回归生活的唯一解药。至今，这对我来说依旧是一件不太能读懂自我的事情，但它的确给我的生活和成长带来了很大影响。尽管那时在学校留宿读书的我对事件本身带来的悲痛情绪没有如其他亲人那般印象深刻，但独立于事件之外的我的感受，却深刻地影响了我的成长，包括对死亡的看法、对亲人的理解，也包括爱和恨。

分析：

　　这是一个写了十几年日记、内心极其理性和孤独的人。如她自己所说，言语起不了任何作用。她在信里用了很多描述情绪的词语，但我们感受不到任何情绪。她的防御机制就是理智化。她强调自己的独立，似乎从小到大一直在学习如何去调节与处理自己的情绪。所以小时候父母对她很严厉，而她只能想到感恩。她要感恩因为妈妈的严厉要求让她一直名列第一。所以，在某种程度上她采用的是回避型依恋模式。如"妈妈曾经在几次大冲突中狠狠地告诉我，'我这辈子最失败的事就是养了你这么一个孩子'，现在想起那些冲突的画面，在场的人、当时的气氛全都充满仪式感，一种成长本来就充满阵痛的仪式感"。她和这个画面是保持距离的，她感受到的是仪式感，是在观察。所以，独立对她来讲，是一个很重要的主题。这样的孩子很注重成就、成绩、独立与掌控感。"我能行，我能解决问题"在某种程度上是不相信别人，或者说不相信能从别人那里得到帮助，对她来说情绪就应该自己调节、自己掌控，这些都是回避型依恋模式的特点。她认同了母亲对自己的严厉要求，她发展出了一个非常严厉的超我，以至于没有拿到第一名时会觉得父母安慰自己是不对的。这样的人长大后的人际模式叫 dismissive（即轻视或忽略型人际关系），在他们看来，情绪失控是很糟糕的事情。这样的人一旦没有实现自己的目标，成就上没有符合自己的期望和标准就会情绪失控，内心感到很痛苦。所以对她来说，勇敢独立、隔离情感很重要，比如她舅舅去世时的表现。

　　她的"和情绪和解"在某种程度上是压抑情绪，她会自嘲，说明她轻视且忽略关系，不会在关系中解决情绪。

　　她和爸爸之间也没有真正的联系，比如蛋糕问题，她只是想夸耀或者证明自己和父母的关系很好，而事实上并不是这样的。

　　她感觉自己有全能感，不仅是因为自己总能改变与适应，也是她觉得自己站在了上帝视角。虽然她没有说和同学关系怎样，但估计也是有距离的，让人难以亲近的。

温尼科特提出，严重的自我感障碍起源早于弗洛伊德所说的神经症起源的俄狄浦斯期，也早于克莱因所说的抑郁症起源的婴儿晚期。严重的自我感障碍的起源是生命最初阶段的母婴互动。在母婴互动中，对母婴关系影响最大的似乎并不是粗暴虐待或严重剥夺，而是母亲对幼儿的应答敏感性（responsiveness）质量的问题，即她对幼儿需求的"处理"——能否敏锐地感知到婴儿的需要并且能否提供良好的回应与反馈。这个良好的回应与反馈的关键不是喂养动作本身，而是喂养过程中流露出来的爱；不是能否满足婴儿的需要，而是母亲对婴儿体验中的"个人"特征所做出的反应。① 比如，母亲看到婴儿哭了，会说"啊，你饿了"，而不是"啊，我都觉得饿了，所以你肯定饿了"。

四、游戏与现实

亲爱的张老师：

您好！一直以来我都对学习感到乏力，很是懊恼。因为我只要一安静下来，脑海里就会浮现出好多不相关的东西，而且全都是不开心的回忆，不知道该怎么忘掉，整天都感觉很抑郁。我现在只想倾诉一下，希望老师能赐点办法给我。

首先是源于家庭的。我家里有五口人，除我之外还有爸爸、妈妈、一个妹妹、一个弟弟。家里经济还可以，主要经营清洁用品，比如扫把、地拖之类的。以前爸妈在我做错事时就会打我，现在看来也没太大关系，但给我的印象是爸爸不讲道理、很古板、怕麻烦、怕花钱。比如说他对网购、出去打工、当家教之类的行为很不赞同，可能是他在收音机、电视里听到看到太多负面消息而认为这些都会骗人，而且也不准我们去，每次跟他吵，他说不赢时就会来一句"你懂什么，真是不打你就不听话"，直到表哥来我家说这些东西，他尝到一点甜头才不出声。在这之前，我什么超前的东西都没接触到，加上没网络，我那时感觉自己很落伍。现在爸爸还是那

---

① 斯蒂芬·A. 米切尔、玛格丽特·J. 布莱克著，陈祉妍、黄峥、沈东郁译：《弗洛伊德及其后继者——现代精神分析思想史》，商务印书馆2007年版，第149页。

么古板，我都不跟他说什么话了，避免一切争吵。

　　由于父母工作就在家里，增长了跟我们相处的时间，而且他们一次家长会都没落下，爸爸一直以这件事和我们的成绩为傲。可是我并不在意这些，他们也并不懂。我们家是个体户，工作简单，于是我们三兄妹都要帮忙，我从三年级开始，最小的弟弟从一年级开始。一开始我们感觉新鲜，就做了，可是每天坐在凳子上七小时，只是手在工作，而且动作一直重复，很快，那种厌倦感就来了。我们不想做，想反抗，可是每次都被骂，或者被打，最后只能灰溜溜地回去流着眼泪做，手都起茧子了。他还对我们说："知道辛苦没有，不好好读书就是回来做辛苦工。我们那时一放学回来，你爷爷奶奶就问有没有作业，没有就工作，你们也要帮忙，不可能不做。可惜我那时候没好好读书。"是的，我们小学和初中的成绩都特别好，可是一如既往地要去工作，感觉被骗了，周末回来赶快做完作业，想去玩耍、看电视都会被说："还有时间看电视，还说没时间做作业，快回来工作。"暑假、寒假就更不用说了。那时最讨厌的就是放假了。

　　现在想起来，我感觉童年是什么，是一种自卑感。小学时，每个孩子都能去开心地玩，但我们不能。我们工作完衣服也脏脏的，根本不敢跟同学去玩，慢慢地，就和小学同学脱节了，有时连一些大人都挖苦我们，真的好想哭。我总感觉同学看不起我，我也就是成绩好，他们才跟我玩的。于是，我整个人就没什么表情，木木的，也不喜欢出去玩了。我看到人也躲开，不想打招呼。我们是从家乡的农村来到这里的，属于外地人，只要做错什么，就很容易被排挤，于是我们要忍，即使被欺负了，也只能忍气吞声。可是，我最讨厌爸爸的一句话"你们真没用，我们那个时候都堆起小石头开打了。"可是他又不看看，我有这个机会吗？父母小时候饿怕了，所以他们总是很重视吃的，我四年级的时候体重飙涨，本来就丑，又变成了一个大胖子，有的同学总叫我胖子，我自尊心受损严重，更加自卑了。于是我想快点毕业，上初中。初中是我最没有忧愁的日子，人也瘦了，成绩还很好。因为记性好，上完课就能记住，回家虽然一如既往地要工作，但没有影响学习。

　　初中过得太快，高中时是在一个大城市里，我还记得那个暑假，我好纠结、好自卑，不知道该怎么面对大城市的同学，最终也只是把头发留长了，变成个蘑菇头，把家里的事隐藏起来。因为要住宿，除了寒假、暑假外，回家工作的日子并不长，就从不跟同学说家里的事。那时的我已经回去后自觉去工作，毕竟家里没工人，只有父母在做和弟弟妹妹在帮忙，因为这行太辛苦，收入不多，父母长年累月地坐着工作，腰椎都有点问题了。于是我默默立志，要在高中学好知识，以后绝对不能像老爸一样让妻子和孩子一起受苦。

我总是很节省，只为减轻父母的负担和弟弟、妹妹的辛苦，可是我有一次听到父母在聊天说我很吝啬什么的，我真的很伤心，我只是想帮帮家里，没想到他们是这么想的，但我还是默默地埋在心里了。

高一时，由于我是个很乐于助人的人，总是以别人优先，别人的事我总是记得，大家都好喜欢我，自然而然就被大家传开了，无形中成了班级的焦点之一。虽然成绩不能名列前茅了，但大家投票总是投我，可我总觉得不行，自己还没能力，成绩还不好，所以总是很郁闷。我有一个缺点是不喜欢说话，小学时遗留下来的问题，加上我怕说错话让别人不开心，更加不敢说话了。

高二时，我暗恋一个女生，但感觉人家有钱，怎么会看上我呢，于是又多了一个学习动力。也许是我帮她帮得多了，她竟然向我表白了，我好担心我当不好这个男朋友，我既不想高攀，又不想影响她的好成绩，最终不想让她难过，我就开始学习恋爱了。一开始我问她喜欢我什么，她说蘑菇头，我感觉她只是在喜欢我的头发而已，于是我把头发剪了，希望算了吧，反正不是喜欢我。可是她还是没说分手，她总说，只要平平淡淡就好。我有时真的不信，总是因给不了别人男朋友所能给的浪漫而内疚。但后来，我真的陷进去了，真的好喜欢她，满脑子都是她，根本无法学习。再看看家里的现状，我好担心我辜负了父母的期望，我好难一心二用，我已经有意结束了。她有一个习惯，对于自己不喜欢的人会很明显地去排斥，特别是吵到她做作业的女生，她总是很大动静地去移桌子、换位置。这让我很为难，不知该帮谁，我已经沉默了好多次。快高三时，我竟帮了另一个女生，她积累的情绪一下子爆发了，提出了分手。到现在我还是觉得自己做错了，是我的错。

回到现实后，我更加难过，看我手上的茧子慢慢退去，父母的手茧却越来越厚，我好自责，我高二究竟干了什么。

高三时，我开始奋起直追，但觉得高二浪费了太多时间，思考的也少了，记性也差了，我整个人都慌了，脾气也变得暴躁了，感觉那些叫我好人的都只是想骗我白帮他们干事而已，于是经常处于愤怒状态，有时竟然去想象怎么打赢那些有恶意的人。现在想起来真的好残暴，那些都是我的同学啊！那时我很讨厌等人和被人等，于是一直一个人走。孤独倒不太觉得，只是一有空，我的脑子里就会飘出那种愤怒的感觉，或者是和她在一起时的开心时光，能好好安静学习的时间变得很少。也许是之前成为焦点，习惯了光环，现在感觉既然光环没了，就让你们害怕我或者敬佩我，英雄主义和暴力有时充斥了我的想象，想象惩恶锄奸的时刻（这也是我现在最多的情形，空闲时很容易去想）。高三的一次献血，彻底打破了我的生活。我是瞒着父母去的，可是被他们知道了，我跟他们说献血有好处的，可是爸爸更大声地骂我："你蠢，血是人之根本，你那么笨被人骗去献血。人家说养儿防老，你居然这样不爱护身体，我还指望你养老呢……"妈妈说："怎么不跟我们说？"我说："你们不会答应的。"妈妈说："你是我们的，你不可以这样伤害自己。"虽然弟弟、妹妹也在帮我说话，但是我制止了他们，防止争吵加剧。我那时已经崩溃了，感觉自己生下来就是被利用的，感觉家已经不是我的依靠了，顿时感觉无依无靠。那时在楼边，我好想跳下去，一了百了，把身体还给父母，因为妈妈说我是他们的。之后的日子里，我根本没法学习，脑子里全是那个骂我的场面，好绝望，晚上睡不着，泪水总是浸湿枕头，可是早上又要五点起床，可能真的学不进去了。那时，我真的没表情了，整个人如行尸走肉一般，开始对死亡一点畏惧都没有了，现在也是，恨不得有暴徒出现，我就冲上去，杀光他们，死就死呗。后来觉得父母那么辛苦地拖着病体赚钱给我们读书，我于心不忍，便假装不再难过，但我只是把弟弟、妹妹当成自己的精神支柱，不然我也不知道我该留恋这个家的什么。

上大学前，我又跟父母吵过一架，原因是我感觉这么多年我窝在家里什么都不会，到大学会不会被笑话，平时一直穿校服，到大学不知道要穿什么，会不会被人看不起……我好迷茫，我真的好在意别人的看法，一直都是。郁闷之下，身体虚弱了，昏厥了一次，病了一场。父母只觉得我在嫌弃这个家穷，就跟我算他们赚钱是很容易的……说什么该花的钱还是要花，不要节省。其实，我在意的不是这个，主要是我"窝"了18年，什么技能都不会，有点担心适应不了大学缤纷的生活。关键是我在读书，而弟弟、妹妹在帮爸爸、妈妈赚钱，想到这些我的心就揪得很疼，感觉他们的自由跟我当初一样被限制，就很难过。可是现在，谁又能袖手旁观，看着父母辛苦赶工呢？命运，我算是接受了。可是我最受不了爸爸的作风，明明说不缺钱，却怕麻烦，什么都自以为是。弟弟摔断脚了，医生明明说骨头愈合后要复诊，可是爸爸却说就这样，会慢慢恢复的。已经两次了，一次是没去想办法给骨头愈合后的脚消肿，另一次是错过了恢复运动的最好时机。每次都是妈妈苦苦哀求，爸爸经不住被烦才去的，还好发现得早，没造成严重的后果。要是弟弟的脚因为爸爸的拖延不能很好地恢复，我可能一辈子都不会再跟他说话了。他还整天夸耀自己叫我们工作和逼我们学习的做法。换来的是什么？就是我们沉默的童年和现在。他不觉得我们早就没有了那种属于孩子的活泼吗？我呆滞的表情永远是他说我不是的地方，可是，他知道我是怎么变成这样的吗？他知道我又是如何近视的吗？他都不知道，他只是口口声声地说自己没错，做父母的只要供得起我们读书、吃饭就够了。我觉得好压抑。

上了大学，我有点丧失学习能力的感觉，学得慢、反应慢，安静的时候脑子里就会飘出一些最近听到的歌，激起我的感情（要么是对英雄行为的幻想，要么是对过去经历的哀伤，要么是想想怎么跟女同学正常相处，因为我感觉好难，不能让别人感觉到丝丝误会，我不想再重新开始）。于是各种走神和记忆力衰退接踵而来，让我好郁闷。现在想玩游戏来锻炼一下自己的反应能力（小时候太怕输，连象棋都没怎么跟人下过），可是感觉每天玩30分钟游戏又浪费时间，又会出现罪恶感，就感到更郁闷了。加上我一想到近视这个事，我就会更加难过。我想要回以前的眼睛，我不想戴眼镜，走在路上戴眼镜有时就会莫名地郁闷。

实在是无法摆脱这些,有没有办法可以让我忘记之前的不开心?有时候,我真的好难过。为什么我不能像别人一样乐观呢?因为我跟别人的想法不一样,别人觉得光荣的事,我却有点羞于启齿。别人赞美我什么行为,我也不愿意接受,我害怕被人当作炒作来嘲讽,我真的好矛盾啊!

分析:

这个学生给人的感觉就是耗竭。其实,他的父母并不是很糟糕,有可能是为生活所迫,要经营生活,所以无暇也没有能力顾及孩子的感受,因而他的父母是缺乏共情能力的。温尼科特的术语"镜映"(mirroring),指孩子第一次看到母亲眼中所反射出的自己,并在此过程中第一次产生了自体感。尽管母婴之间"身体识别"(somatic recognition)可能只是由感觉回应组成,但是这种镜映体验和母婴之间的相互满足是紧密相关的,它让母婴双方感受到了彼此的需要和自己的被需要。这种相伴关系在大卫·萨夫的书中被称作感官影响的伙伴关系(partnership of sensual involvement)。① 缺乏母亲指引的婴儿在镜映体验中是迷茫和不知所措的,或者是孤独的,虽然被陪伴,但却是孤独的,因为镜映的世界如此混乱或冰凉。对于信中的男孩来说,他的父母看不到他的情绪,也不可能对其感受进行回应,从而导致他对身体、想象与"身份认同感"(identity)的认知困难。尤其是他的父亲对他的情绪不敏感,因其比较古板、僵硬,这些古板、僵硬本身就反映出他的父亲情感不敏感、不丰富,而这可能也是其父亲受早年生活所迫形成的。所以不管是这个学生的父亲的成长经历,还是这个学生自己的成长经历,都说明他缺乏镜映的童年。

但是,该学生缺乏的不只是父母的情感镜映,还缺乏游戏的童年。对于孩子来说,太早丧失童年,小时候玩的机会太少,在内心没有形成丰厚的情感土壤,长大后就会感觉很累。信中的男生从小就像童工一样,过早地失去了所谓的童年。游戏是非常重要的,温尼科特曾经写过一本书《游戏与现实》(*Play and Reality*),游戏决定了一个人对生活的

---

① 大卫·萨夫著,李迎潮、闻锦玉译:《性与家庭的客体关系观点》,世界图书出版公司北京公司2009年版,第26-27页。

感受。所以这个男生说他现在回想童年就是自卑感,上小学时,每个孩子都能开心地去玩,但他不能。他不能像其他孩子那样开开心心,因而会心生不公平的感觉。他父母对他们不敏感,比如他会觉得自己脏,不敢跟别人去玩儿,有时大人还会挖苦他。要知道儿童和他的抚养者的交流并不仅仅局限于具体的喂养和被喂养,或者包容与被包容,他们也需要以共情的方式来交流。科胡特认为,共情式交流是儿童和他的自体客体之间互动的一个重要的精神亚结构接触,这些共情式的互动影响着儿童如何与自己、与他人发生关系。在这样的共情式互动中,儿童会积极地接收和回报自体客体以满足自己基本的自恋需要。基本的自恋需要,一是炫耀其正在发展的能力并且因为这些能力而受到赞赏。相信我们都见识过小朋友得意地炫耀自己刚学会的一首歌或者一个动作,乃至一种发音,我们也一定回应过他们的要求,或鼓掌祝贺并鼓励他们再来一次。在这个时刻,儿童发展出来的概念是"如果他人认为我好,那么我一定是好的"①。二是双亲之一,通常是母亲,必须是一个完美的印象,以使孩子体验到和她得以融合的感觉。在孩子就读幼儿园期间,我们常常能听到孩子对母亲的要求是"妈妈,你应该留一头长发,因为长发很美"。这个时刻,孩子发展出来的概念是"如果妈妈是好的,那我也一定是好的"。我们必须认识到这两种需求都是正常的。第一种需求构成了健康的全能感,第二种需求构成了对与他人联系的健康需求。② 但是,这个男生身边的大人没有和他进行共情互动,没有共情孩子的委屈,甚至因此来挖苦他。所以,他无从以积极接受与积极回报来满足自己的自恋需要。

他的这些情绪和委屈都没有人去理解,也无从表达。他在自己的成长过程中(包括初中)经历了很多身份认同危机,也就是同一性危机,比如他变胖后更为自卑。读高中进入大城市时,他也体验到了这种自卑且不能被理解的痛苦。因此,他逐步发展出回避的方式。因为小时候没有享受到无条件的积极关注,所以他也没有学会如何更好地照顾自己,

---

① 谢尔登·卡什丹著,鲁小华等译:《客体关系心理治疗:理论、实务与案例》,中国水利水电出版社2006年版,第21页。

② 谢尔登·卡什丹著,鲁小华等译:《客体关系心理治疗:理论、实务与安全》,中国水利水电出版社2006年版,第21页。

或者发展出享受快乐、享受自己的权利的能力。小时候，父母对他们的要求等早期经历很容易让他感到内疚，这可能也是他容易抑郁的来源。他似乎没有资格、没有能力去享受快乐。抑郁的人总是倾向于帮助别人。因为对自己的不肯定，他会消极地看待事物、解释事物，从负面的视角来解读身边所发生的事情。比如他乐于助人，大家都喜欢他，投票时会选他，但他总觉得自己没有能力，总是从负面解释一切。当女孩喜欢他时，他也不相信别人是因为喜欢他这个人而喜欢他。他的问题是在关系里总把别人看得过分重要，比如父母、学习，所以总想照顾别人。他没有意识到自己是想通过这个方式让别人接受他，他也没有觉得这是他应得的，他不容易感到快乐。相反地，他很容易陷入内疚之中，因为他不相信自己有能力、有权利得到，不能抓住什么，所以他总是感到失望、失落、丧失、自责。他的抑郁主要来源于习得性无助，不管怎样努力，结果都是不行的。这种行为模式时间长了，个体肯定会越来越耗竭。因为怎么做都无法接纳自己，最后个体总是会陷入自责之中。

温尼科特描述了一种"环境缺陷"所造成的创伤，即自我形成最早阶段在照顾上的欠缺是由"绝对依赖"（absolute dependency）所导致的。在此阶段，婴儿所蒙受的伤口并不是一个他所能加以反映的外在缺陷，而是某种创伤、某种瓦解，充塞着他的整个主观感受。温尼科特称之为"匮乏"（privation），即欠缺孩童以正当方式发展和成熟所需的各项因素。当母亲不能给婴儿身体和情绪上的抱持时，婴儿就会体验到突然的惊吓和立即反应，他就必须试着抱持自身以对抗因其存在所带来的威胁，这种威胁或许来自外在，或许来自内在。这种经受住威胁的经验是一种未被重要照顾者抱持而无法整合所带来的令人惊吓的体验，是一种幻灭的体验，是任何代价都难以承担的。如果这些体验经常出现，婴儿以及长大一点的孩童便会感受到某种不真实、非本真以及"支离破碎"的恐惧。他可能会以"假我"来掩饰"真我"，隐藏其浮躁不安的内在状态。① 信中的男生恰恰经历的就是由这个"匮乏"的"环境缺陷"带给他的创伤。他的父母没有给他一个包容的世界，无法给予不论是身体还是情绪上的抱持，导致他一直以来都处在不安全的状态中，最

---

① 拉文尼·巩美之著，陈登义译：《客体关系入门基本理论与应用》，五南图书出版股份有限公司2006年版，第119–123页。

终出现身心的耗竭感。

五、分离－个体化

　　张老师，我又跟我妈吵架了，我实在受不了她了，然后就挂了电话，虽然我知道这样做不对。其实这学期以来，我跟爸妈的关系一直在往好的方向发展。之前我也一直比较疑惑这是为什么，可能跟奶奶去世有一定的关系吧。先说说上学期。我跟家里的关系特别不好，我很不喜欢跟他们联系，很讨厌回家，如果他们打电话来，我能不接就不接，接了也是说几句话就开扬声器，因为我真的很受不了我妈，她总是逼着我看一些奇奇怪怪的书，一些不算是宗教也不是邪教，但就是很洗脑的那种书。她每次打电话都讲这方面的内容，然后让我看这些书。说实话，我很不喜欢。我也表达过这种情绪。然后她说："我希望你看，我相信你以后会看的。"然而，我很想把那本书烧了。此外，我觉得妈妈身边的朋友，即跟她拥有一样价值观的人都挺狭隘的，她们觉得世界上只有佛教是可以救人的。其实，我有一点点信仰，但同时也比较理性，比如奶奶去世的时候，我会通过诵经转移注意力，让自己的情绪稳定下来。这学期，跟父母的关系好了很多，我会主动打电话给他们。有时不跟他们打电话反而觉得有点失落，这跟上学期的情况截然相反。我妈最近也没有说太多这方面的话题，属于我可以接受的程度。但是，刚刚跟她打电话，她就一直跟我说那本书，说她就是看得太迟了，并搬出她的理论，说性格真的是可以改的，要做一个心胸非常开阔的人，原谅所有的一切。我就说，我觉得自己学习心理学、提高自我认知后，已经慢慢能感受到自己的改变，我在变好，所以我不是很想通过看那些文字而不是通过自己的亲身经历去改变自己。但是，她继续讲这本书有多好，我说我真的不想看，我去图书馆了，就把电话挂了。我在想，是我太认真了吗？寒假时，妈妈的一个朋友在讲心理学时，说唯有佛教是可以改变人的，很贬低心理学。我当时尽量控制着情绪，虽然心里很嫌弃她，但很认真地回应了她。后来跟朋友讨论这个时，他们都觉得我太认真了，在我们家那边的小城市，随便敷衍那些长辈就好了。我现在好纠结，不知道以后我妈再讲这个东西时，我要怎么回应她，我觉得随便"哦哦哦"地回应又很不走心，太认真又要吵起来。现在我又有点回到上学期那种很想逃离她的情绪中。

而且我妈有发语音给我，可能是对我她挂电话的行为表示很伤心之类的。我至今都没准备好去听。我觉得有一点很有趣，就是上学期跟母亲关系糟糕时，跟父亲关系挺好的（除了我爸来教导我去关心我妈外）。我们经常讨论一些热点问题或者我在做的一些项目，感觉会更有共同语言。但这个学期刚开学，在奶奶的葬礼上，我很不认同我爸的做法，几天都没有跟他说话。在那个非常压抑的条件下，我觉得我妈是除了我表姐以外唯一可以理解我的人，至少尝试着来理解我。在那个时候，我觉得自己很讨厌我爸，觉得他的思想很迂腐（但是他作为儿子确实也有些不得已），但我对我爸还是有些敌意的。

今晚跟我妈吵架之后，我爸来找我。一开始我以为他又是收到我妈的要求来教训我，结果并不是。他讲了关于实习的一些事，然后我觉得他有一点点冷嘲热讽（我爸讲话的习惯）。我不是很舒服，就直接挑破跟他讲。我认为他没必要觉得实习生低人一等，我讲得挺毒舌的，后来我爸回复我，我以为他要骂我，结果他特别温和、特别中肯地跟我解释（我爸很少这样的态度）。

觉得我跟父母的关系很不稳定，一直摇啊摇……

老师，我好想找您做心理咨询呀！

不聊啦。晚安！

分析：

这个个案在经历一种分离-个体化过程，经历了很多的冲突。

否定父母、渴求伙伴的认同过程，就是玛格丽特·马勒所说的分离-个体化过程。玛格丽特·马勒认为，一个人的人格是从和另一个人的心理融合开始的，并且通过逐渐分离的心理过程得以完成。在分离-个体化的过程中，"自我"成为一个结构，形成最终的发展。其最后阶段是对象的恒常性，"自我"形成和确立为一个永久的存在，在环境（母亲）和其他人那里被视为单独的存在。最后，"自我"的结构和发展、儿童永久的经验，使"自己"成为一个独立的身份。①

话到此处，我们不得不整段引用大卫·萨夫、吉儿·萨夫在其《客体关系家庭治疗》一书中所描述的文字，因为这段文字清晰而简明地说明了母亲对于我们的重要性：

> 客体关系理论认为，性格是被早年的关系决定的。更具体地说，是被幼年时跟母亲的关系决定的。所以，一个人的母亲就是他的命运。这就是我们爱母亲的原因，因为她们如此重要；这也可能变成我们恨母亲的原因，因为她们对我们过于重要，重要到我们经常无力成为自己。②

这位母亲对女儿的方式是控制的爱，这种控制的爱会让孩子认为如果我不这样做就会感到很内疚。"虽然我知道这样做不对"其实是表达她想要拒绝母亲的控制，这种行为本身没有错，但是她会产生内疚感。所以反过来看，母亲没有把女儿看作独立的个体，所以对女儿的自我成长没有信心，她认为自己给女儿的就是最好的，而不是鼓励女儿去探索。她不相信女儿有自我判断成长的能力，有承受压力和修复创伤的能力。母亲信佛教没有问题，但是她想要女儿也信佛，要求女儿按照她所提供的道路前进，这对女儿的自我功能是一种很大的挑战。所以，如果女儿想要通过自己的体验与判断去发现什么东西适合自己，势必和母亲的要求不一致，所以女儿会觉得不对、会觉得内疚。因为她觉得母亲是爱她的，她这样做就是不孝的或者不懂事的。她有没有能力承受这些内疚和不恰当很重要，以及她的父母能否承受她的攻击。只有父母能够承受孩子的攻击，孩子才能独立并离开他们。有位分析师说，父母只有能在孩子的愤怒和攻击下活下来，他才能作为客体被孩子使用。孩子不能对父母表达愤怒，是因为他害怕父母无法承受。这个孩子就是这样的情况，她想成为独立的个体，想要分离，但她知道这样的攻击会对父母造

---

① 大卫·萨夫、吉儿·萨夫著，童俊、丁瑞佳译：《客体关系家庭治疗》，世界图书出版公司北京公司2012年版，第39页。

② 大卫·萨夫、吉儿·萨夫著，童俊、丁瑞佳译：《客体关系家庭治疗》，世界图书出版公司北京公司2012年版，第14页。

成很大的伤害，父母会承受不了。但这可能只是她自己的担心而已，然而她不敢去检验事实。在她看来，如果坚持自己的东西就是对父母的伤害，所以她不知道该如何做出反应。咨询师有必要使这个孩子明白，有时候你不得不坚持自己的东西，而父母也必须去承受这个事实。

女儿跟父母的关系比较复杂。前面是和母亲的关系，后面是三者的关系，甚至涉及奶奶等。关键是她无法分离，不是很确定自己。不太确定如同她对自己的母亲一样，是坚持自己的想法还是迎合母亲的想法。所以，她在成长过程中有时候也是一致的，也不能把父母看得比较完整，一会儿好，一会儿坏。虽然信息不完整，但是咨询师能感受到她对父母的看法不太稳定，不能把父母的不同面整合在一起，所以她感觉父母一会儿这样，一会儿那样。笔者给出的建议是，如果她认为是对的，就应该坚持。也许她必须和妈妈一起去体会、去检验"坚持自己的想法，拒绝妈妈的要求"到底意味着什么。

六、自体的整合

老师，今天我们完成了心理剧的比赛，拿到了二等奖。

在心理剧里，我演了男一号，表现的情绪有表白被拒的尴尬、难过、对自己失去信心（上学期真的表白失败，但没那么多感受，只想着是解放了），演的情景是喝酒难过时吐露心声（想起我高中跟女朋友分手时没感觉，也像是解放了。后来感到很难过，却没能表现出来）、做最后的表白（真实世界中的我不可能如此深情地说话，我是面对女生就会结巴、紧张的人，我一直想补偿给高中女友的就是我的主动和勇敢，因为那时是她表白的，我好怂）。在心理剧中，我最后表白完，去牵女一号的手时突然感觉自然很多，很轻松，可能是剧末了，也有可能是感觉圆了一个心愿。

我不知道这心理剧是否让我表达了曾经的情绪，心里很是困惑，我演完后，整个人都感觉虚脱了，好像心理能量都用完的感觉，特别累，一躺在床上就睡死了。醒了之后，我开始思考究竟戏里的是真实的我，还是现在的是真实的我，然而，好难得出结果。

分析：

对于逐渐长大的孩子来说，抚养者提供的自体客体功能可以帮助孩子发展出统合的自我结构；那些自体客体经验不足的孩子和成人则更容易发展出不健全的自我结构。科胡特（1984）将自体客体形容为"帮助我们发展自我感的自己与他人的关系体验"。换句话说，自体客体可以为我们提供健康自我所需要的心理机能，而此心理机能又可以促进自我统合感的发展或恢复。他又提出这样一个观点："所有人，不论心理健康与否，一生中都需要自体客体关系的支持，以保持自我统合感。"根据科胡特的观点："自体心理学认为自体—客体关系是所有人精神世界的本质，那些所谓的从依赖他人（共生）到完全独立的蜕变过程根本就不存在，甚至比生物界所谓的从需氧生物到厌氧生物的转变还要荒谬。"从这个角度出发，婴儿和抚养者之间不良的自体客体经验是所有精神心理问题的根本原因，所有患者也或多或少地具备一些自我结构上的缺陷。[①]

如俄罗斯套娃，每一个自我都是真实的存在。这个个案的问题是他没有整合好，有点分离的状态，比如跟女孩表白的时候会感到无助无力。这可能是他小时候的一种状态，与亲密的人交往时得不到支持和鼓励。在戏里最后牵手在他看来是剧末了，在笔者看来，是他完成了过去未完成的事情，所以会在剧里感觉如此真实。他在现实中却感觉如此不真实，因为他一直在逃避自己的感受，比如上次表白失败了却没有那么多的感受，所以他演这个戏是为了完成这个过程，真正地去表达自己。因此，对他来说，要付出很大的努力，汲取很大的能量；对他来说，很可能是一个在心理剧里的矫正性情感体验，而且这种体验会扩展到他的现实生活中去。所以，现在心理学研究自我有不同的状态，就像俄罗斯套娃。我们并不是只有一个我，我们有强大的我，有脆弱的我，有诚实的我，也有虚伪的我，有现实中的我，也有戏剧中的我。关键是能否整合这些我，既不会太过冲突，也不会太过解离。你碰到过撒谎没有冲突的人吗？就是撒谎很随意的人。很多人不理解为什么他可以做到没有内心冲突或者内疚？因为他是解离的，是分离状态的，这是原始的防御机

---

① 博斯克、哈格伦德著，尹肖雯译：《主体间性心理治疗——当代精神分析的新成就》，中国轻工业出版社2014年版，第71页。

制，因为两个不同的自我是碰不到一块儿的。他不是没有超我，冲突不是道德谴责，而是无法自圆其说。在我们看来，他的谎言很低级，能一眼被看穿，但对他来说无所谓。

第十章 自己与他人的关系——一般人际关系

越来越多的研究证明,童年早期依恋是否安全对个体的成长扮演着不同的作用,同时,依恋的历史也塑造了养育方式,并有可能对下一代带来深刻影响。① 根据鲍尔比的观点,我们"依恋的工作模式"是个体从与最早期依恋对象之间的互动经历中总结出来的经验模式,即"别人会如何对待我的期望"。一般情况下,我们的经验可以根据依恋对象的有无及其稳定性分为三种:①如果这个最早期阶段有人对我们的期望给予及时回应,并且可以保证在我们需要的时候得到回应,那么,我们对世界的期望也是有人可以回应、有人可以依靠的;②如果我们在这个最早期的生命阶段里没有这样一个依恋对象,我们就可能对世界感到绝望、感到孤独、感到不得不依靠自己,因为只有自己才可以依靠、只有自己才靠得住;③如果我们的依恋对象不可预测,不知道什么时候对我们好,也不知道什么时候对我们坏,或者不知道什么时候又要对着我们噼里啪啦地倒一堆苦水且要求我们去照顾他们的情绪时,我们就会变得对依恋感到焦虑,一方面想要摆脱这种焦虑的缠绕,但另一方面又执着于这种被缠绕带来的亲密感,害怕被抛弃,总想寻找一个能真正帮助我们的人。②

当我们成年后,原先的依附关系中父母的功能会逐渐被其他伙伴关系或者伴侣关系所取代。但不管是婴幼儿时期,还是成年期,我们都倾向于靠近自己认识并且信任的重要他人。当我们内心有这样的一个人时,我们能在较好的情绪状态下面对生活中的困难,因为有这样的人的

---

① 朱瑟琳·乔塞尔森著,鲁小华、孙大强译:《我和你:人际关系的解析》,机械工业出版社2009年版,第46页。

② 朱瑟琳·乔塞尔森著,鲁小华、孙大强译:《我和你:人际关系的解析》,机械工业出版社2009年版,第47页。

陪伴，可以减缓我们内心深处对陌生或者困难的恐惧情绪。①

重要他人的稳定陪伴为我们的内心世界建立了一个安全港口，因为这个安全港口的存在，我们可以更好地去探索世界和自我。鲍尔比指出，依恋行为和探险是一组对偶。只有当我们在依恋方面感觉到安全（可以是视觉上的，比如母亲有用眼光追随自己的身影；也可以是内在的，内化了的客体母亲）时，我们才有可能去探索世界。否则，我们就会纠结于安不安全而不敢离开我们的依恋对象一步。所以，对于儿童来说，依恋体验和对应的行为、焦虑的解除直接相关。依恋理论中有一个动力系统——依恋行为系统（attachment behavior system），如果儿童在寻求依恋对象的接纳与包容时得到的回答是否定的，他会体验到焦虑，并且表现出各种依恋行为：用眼睛搜寻到主动跟随、哭喊、拉扯等。中国有句俗语："家鸡打得团团转，野鸡打得满天飞"。这句话的后一句描述的是恐惧反应，而前一句说的就是消除焦虑的依恋行为。动物和人甚至包括成人（比如恋爱中的人）都有这样的反应，因为妈妈或者我认为的重要他人拒绝了我，所以我更要贴近她，害怕她抛弃我。这些努力靠近抚养人的行为什么时候才会结束？答案是直到孩子重新建立与所依恋对象的足够的身体或心理亲近水平，或者直到孩子"精力耗竭"时。鲍尔比相信，在这种无助的情境中，孩子会体验到失望和抑郁。这样的结果会让孩子产生一种信念：我被抛弃了，因为我不够好。只有当我被妈妈接纳了，才能说明我是好的。而怎么才能体现我被妈妈接纳了呢？可以是妈妈抱我了，可以是妈妈喊我的名字了。总而言之，是妈妈和我之间产生了联结。这种联结和"我属于谁"的归属感有关，这也是一种依恋的表达。② 我们可以在脑海中回想童年的自己和父母或者其他重要他人在一起的场景或者幻想过的这样美好的场景，乃至我们可以在莎士比亚的诗词中以及现代影视作品比如电影《以我之名呼唤你》中看到这种"我属于某人"的归属感的描述，都是在表达依恋的联结，不论是对婴幼儿而言，还是对成人而言，这都是非常重要的精神需求。

---

① 道斯著，樊雪梅译：《夜未眠——帮助失眠的婴儿及父母》，江苏教育出版社2010年版，第96页。

② 朱瑟琳·乔塞尔森著，鲁小华、孙大强译：《我和你：人际关系的解析》，机械工业出版社2009年版，第53页。

一、回避型依恋

张老师：

您好，我是研二学生，看到系统上的老师全被预约了，只能发这封邮件给您。

我觉得自己可能得了抑郁症，因为我经常会莫名其妙地感伤，甚至想哭。其实我的生活已经很好了，一帆风顺，基本上没什么问题。我自己都不知道为什么要哭，尤其是人多热闹的时候，我更觉得孤单。我会一个人躲起来不跟别人说话，别人也不会过来找我说话。在宿舍，我也基本不跟舍友聊天，因为我说话很伤人，所以我尽量少说话。既然不怎么跟别人说话，我就采取跟自己说话的方式，比如写日记。可是日记并不能帮助我排忧解难。我也希望自己能够快快乐乐的，可是我表现出来的总是相反的一面，比如对人冷漠至极，对同学都不理不睬。最严重的想法是，我想逃离现实，想离开这里，去陌生的地方生活。可是还没有毕业，还得忍受目前的生活和情绪。您看，我这种情况，可有什么良方？谢谢。

分析：

这个案例信息量比较少，但可以从依恋模式来看。有一种成人依恋模式叫 dismissive（轻视，不屑一顾），来自英文 dismiss（贬低、拒绝）这个单词。具有这种模式的人会拒绝人际关系，对人际关系不重视，比较注重个人独立。这样的人在学业和工作业绩上比较突出，但会比较忽视和轻视人际关系。这种模式对应的是儿童婴幼儿时期的回避模式，不注重自己的情感体验。

如果我们尝试去理解一个个体为什么会形成回避型依恋模式，我们就必须先理解依恋策略是什么以及如何形成的。所谓依恋策略，就是个体在寻求依恋关系时采用的方式方法，主要分为初级依恋策略和次级依恋策略。初级依恋策略是当我们遇到问题需要帮助时会主动寻求帮助的策略，这是从小与父母互动时形成的。有初级依恋策略的个体基本小时候都得到了父母及时的回应和帮助（不仅仅是具体解决问题的回应和帮助，更多的时候是情绪情感的回应与抱持）。但是，如果父母并不给予相应的情感或实质支持,我们就会启动次级依恋策略。次级依恋策略又分为两种:一种是过激依恋方式。我们在前文已经描述过这种方式,选择这种方式的个体会猛烈地强化接近的目的,直到对方给予"正确"回应为止。这种方式在儿童期也许可以得到想要的回应,但在成人期则可能事与愿违,比如在大学生恋爱失败的案例中我们常常见到"穷追猛打"的依恋方式,常常会把对方吓得退避三舍。另一种则是不激活、放弃的依恋方式,即个体放弃寻求依恋的目的,并以转移注意力等消极防御来逃避依恋对象。显而易见,这封信的主人采取了后一种不激活的依恋方式。他总是被父母拒绝,所以发展出一种模式向下调节,压抑自己的感受,告诉自己不需要他人,自己一个人也可以,因此在他很小的时候就形成了一种回避型的依恋模式。所以,这样的人"说话很伤人",伤人是因为他贬低、轻视人际关系,也是内心被拒绝、被伤害、被压抑的愤怒表现,而且这种愤怒本身也是一种防御。这样的防御源于亲密对他来说是一件很痛苦的事,通过这种方式可以避免别人在情感上和他靠近,也可以避免自己内心渴望亲密的愿望冒出来。所以,他有时会伤感和想哭,因为他内心承受着无法承受的孤独,孤独意味着严重的爱的丧失、亲密的丧失。"渴望亲密是人类的本能",这种渴望亲密是不可能被消灭的,只能被防御。再冷酷的人都渴望亲密,只是他防御得特别牢固。亲密是与生俱来的。抑郁与丧失有关。估计这个学生学习成绩很好,所以其一门心思扑在学习上。但问题是到了大学里,学习并不是生活的全部,也不能让他通过学习看到自身的价值。当他看到周围的人都在交往、建立人际关系,而自己却不知道如何应对和处理时,其内心的防御时效性减弱、就无法有效地防御了。

所以,对这样的学生,我们可以从三个方面来帮助他:第一,通过心理咨询让他感受到无条件的积极关注和支持,可以开始建立亲密关系。第二,帮助他认识到身边的人不都是他的父母,也就是说,不是所有人都不会对他提供支持,尤其是情感支持。但是,肯定不会有一个人能够满足他所有的情感支持。这就需要我们将一个人身上好的部分和坏的部分进行完整的整合,也需要我们认识到不同的人可以提供不同的支持。第三,通过微小事件的矫正性体验,使他学会表达自己的感受和爱,帮助他巩固第一点认识,并形成稳定认知,进而改变其人际交往模式。

二、嫉羡与嫉妒

张老师,您好!我有一个问题很困惑,可能我平常自己也不会太察觉到,但今晚突然想起并将其放大,我就觉得自己很恐怖,会觉得很自责。我一共有三个舍友,大家平常都挺好的,氛围真的很不错,我很喜欢。但是,对于其中一个女孩子,我不知道是什么原因,我感觉自己潜意识在抵触她,有时候会不喜欢她的一些行为,所以会对她有些冷言冷语……这个女孩子,其实我也挺欣赏她的,她能力真的很强,已经做成了好多我认为自己很难做成的事,人际关系也处理得不错,真的是一个很出色的女孩子!我在心里反省自己为什么要这样对她,我就会想是不是因为自己不够优秀而产生了妒忌的心理?"妒忌"这个词,我觉得真的很严重,所以当这个念头出来时,我真的被自己吓坏了!我怎么会这么阴暗,甚至是变态?我很自责,我真的不想这样,不喜欢这样的自己。但我就算一再反省,好像也改不了心里对她的抵触,所以我想向您求助,老师有空的话就帮帮我吧!谢谢老师,老师辛苦了!(实在语无伦次,老师别介意。)

虽然我不知道自己是不是妒忌她……我从前没试过"嫉妒",更多的是"羡慕"吧,所以提起"妒忌",就有点接受不了这样的自己。也有可能是我过多地用自己的价值观去评判别人。我也知道用自己的价值观去评判别人,是具有一定的不合理性的,所以我会反省。我这个人也比较直接,有什么就说什么,藏不住,也憋不了,所以会选择释放自己,羡慕她的话我也会说,并且经常在她面前称赞她。而老师说我可能是因为和她很像才抵触她,说我不喜欢她的地方恰恰是我自己的影子?其实我有点搞不懂……是不是我将对自己不满意的地方,映射到她身上,所以我才会抵触?我不懂……

分析:

克莱因写了一本书《嫉羡与感恩:梅兰妮·克莱因厉斯著作选》,将 envy(嫉羡)和 jealous(嫉妒)做了很好的区别:"我们必须区别嫉羡、嫉妒和贪婪。嫉羡是一种愤怒的感觉，即别人拥有、享受某些所欲求的东西——嫉羡的冲动是要去夺走它或毁坏它；更甚者，嫉羡意指介于主体与某人之间的关系，且返回最早与母亲的排他关系。嫉妒是以嫉羡为基础的，但是参与这种关系的至少有两个人，它主要关切的是主体认为应该是自己应得的爱，却被对手从自己身上抢走，或陷入被抢走的危险中。日常生活中常见的嫉妒概念，是一个男人或女人觉得被其他人剥夺了所爱之人。"①

这个女孩子的问题是 envy，envy 是发生在两者之间的情绪。嫉羡（envy）和嫉妒（jealous）两者的区别在于：envy 指别人拥有的一些令人愉快的、令人欣赏的特点或因个体不具备所以导致的嫉妒，而 jealous 指自己拥有的关系受到威胁。所以 jealous 总是担心自己会失去某些东西。envy 则没有什么可以失去，只是嫉妒别人有的。比如没有糖果的孩子会嫉妒有糖果的孩子。而 jealous 是自己有，但是害怕失去。比如中国开放二胎、三胎政策之后，很多家长不得不面对头胎子女的强烈反对或威胁。当然很多时候两者往往在一起呈现，它们之间其实是有关系的，这和自尊有关，还是担心自己不够好才会出现 envy 和 jealous。如果个体懂得欣赏自己的优点，就不会那么没有安全感，也不会去嫉妒他人所拥有的。envy 往往是一种愤怒，想要将对方拥有的东西剥夺掉。所以从精神分析的角度来理解，克莱因认为婴儿会嫉妒母亲的乳房，这种假设的前提是攻击性的，是原始的动力之一。个体在婴儿时期一开始是攻击乳房，接着攻击父母，幻想着要将其摧毁。所以在克莱因看来，envy 是原始的破坏力量。也就意味着 envy 是来自生物学的，用中国的话讲是性本恶的部分（但是善恶是大人对小孩的评判），按照荀子的观念来说，人是需要教化的，而教化的重点是爱。

克莱因倾向于将所有重要的心理过程都追溯到先天素质因素，所以她将过度的嫉羡归因于天生就特别强烈的攻击驱力。嫉羡产生破坏的描述也被认为是儿童对极度不稳定的养育的反应。在这样的养育中，回应

---

① 梅兰妮·克莱因著，姚峰、李新雨译：《嫉羡和感恩：梅兰妮·克莱因后期著作选》，中国轻工业出版社 2014 年版，第 201–211 页。

和爱的希望被反复激起，但大多数时候又让人失望透顶。①

envy 也是一种认知错误，即只能看到别人的优点。嫉妒别人意味着那个人拥有的东西你没有，而且那个人拥有的势必是好的，所以对自己而言是一种贬低。这个女孩不喜欢舍友甚至故意贬低舍友，她势必认为舍友对她来说是一种威胁。她担心自己没有而被别人看不起，自尊受到伤害。很重要的一点是，让自己成长和发展，才有可能去欣赏别人，才有机会看到别人的优点而不会让自己被贬低。所以，羡慕嫉妒恨确实是一个系列的，这也是为什么说嫉妒是一种愤怒情绪，因为后面跟着恨。

三、边缘型人格障碍

她比我大三岁，和我住在同一个小区。从我到杭州上幼儿园之后，我们就成了朋友。随着我们关系的发展，我知道她的家庭并不美满，她在幼年时，父母离异，母亲再婚，继父带着一个比她大的姐姐过来一起生活。她总对我说，很羡慕我那么幸福，爸爸妈妈对我很好，而她妈妈总是因为她淘气和成绩不好打她，藤条也好，衣架也好，反正能用来打的工具都用上了。一次，我去她家找她玩，她家大门敞开着，我刚想进去，结果看到对面浴室里，她妈妈把她的头按到水里，而她在哭闹，那一次我被吓得直接跑下楼。而在我上小学四年级，她在上初一时，我渐渐发现她的性格变得越来越极端。她被同班同学带进洗手间里欺负，最后忍无可忍带了把刀到学校反抗，结果被学校劝退。而她身边的很多朋友也因受不了她的性格纷纷离开。她常常对我说，她的世界里只有我一个朋友，所以不允许我有除她以外的朋友。我小学时，她会特意来我的学校看我身边有没有其他人和我一起回家，一次她看到我身边刚好有一个顺路的同学，结果上去就给了那个同学一巴掌。这样的事情后来还在不断发生。无论是我身边的人，还是我自己，都会受到她各种形式的伤害。

初中时，虽然我内心里觉得她真的非常可怜，但是我实在忍受不了她对我的控制，就对她进行了反抗。但我没能反抗成功，却让

---

① 斯蒂芬·A. 米切尔、玛格丽特·J. 布莱克著，陈祉妍、黄峥、沈东郁译：《弗洛伊德及其后继者——现代精神分析思想史》，商务印书馆2007年版，第122页。

她觉得我背叛了她，直到今天，她还对这件事情耿耿于怀。

高中时寄宿，我一周回家一次。我庆幸自己终于能够脱离这个小区，能够远离她。难得回家一次，我也不会告诉她有关我具体回家的时间，因为只要我在家，她就会想和我待在一起，让我毫无私人空间。无论是周末、假期，还是大年三十的晚上，无论是去超市买一瓶牛奶，还是去上海买一部手机，她都一定要我陪着。有时我会很不理解，为什么她不能一个人去做这些事情，我也很厌烦和抗拒这种每分每秒被控制、被独占的感觉。大年三十难得能够陪伴父母，她却把我从父母身边拉开；高三争分夺秒复习的时候，她会以死相逼，让我陪她出门。甚至周末在我回家的时候，她会在我家楼下看我房间的灯有没有打开，打开了就直接来找我。

我最开心的时候是她有了新的男朋友时。因为只要她谈恋爱，这种对我的依赖和占有就会消失，但她每一任男朋友都无一例外地无法忍受她的这种控制，最后都离开了她。他们可以轻易地离开，我却始终都在这里，她每一次在感情上受到伤害，就会用各种方式伤害自己，包括割腕、绝食，也会重新来找我。她会在我想离开的时候用"如果你离开我，我就死给你看"来威胁我，会在我逃离她的时候用"你信不信我带着刀去你家"来恐吓我。因为我知道她说得出这样的话，也做得出这样的事，所以当我们关系闹僵的时候，有很长一段时间，我的心里始终绷着一根弦，终日惶惶不安。后来我放弃挣扎和反抗，仍旧和她和平相处。

明明一开始是我想帮助她，却无能为力；后来是我想逃脱这样的关系，但还是无能为力。

分析：

这个个案里的被帮助者是典型的边缘型人格障碍。

边缘型人格障碍指一组症状表现多种多样的来访者，其症状包括强烈泛化而持续的焦虑、恐怖症状、强迫仪式动作、转换症状、疑病症状等。[①]

[①] 罗伯特·厄萨诺等著，杨华渝译：《精神分析治疗指南》，北京出版社2000年版，第124页。

精神分析学派的发展理论认为，边缘型人格障碍患者早年生活经历中有明显的母婴关系紊乱，比如在巩固性别认同、解决恋母渴望和抗争、建立成熟的有肯定价值的自我观念和良知（或超我）上发生了问题。[1] 边缘障碍的产生原因是儿童通过早熟的性和俄狄浦斯期的努力，去应付情绪激动和恐惧。[2] 情绪激动（主要是愤怒）与恐惧来源于被压抑的挫折诱发出来的攻击力没有办法得到表达，所以儿童将其投射到自己的父母（多半是母亲）那里来保护自己。这些起到保护作用的防御机制是原始性的，是其内化且被扭曲的客体关系。其中，他们常常使用的是"分裂"的防御机制，通过分裂，他们可以把好的自我和客体形象与坏的自我和客体形象分开，从而不必感受到冲突的痛苦。这是婴儿非言语时期常常使用的防御机制，克莱因的客体关系理论对其进行了非常详细的解释。正因为该防御机制是婴儿为了确保自己活下来的"心理狂想曲"，所以到了俄狄浦斯期，这种原始性的防御机制会逐渐被其他较为高级的防御机制取代，出现的次数和机会越来越少。之所以会有这样的发展，是因为个体逐渐能够整合客体的好与坏，接受没有完美的自己，也接受没有完美的他人。但是，边缘型人格障碍患者由于其创伤性体验引发的强烈情感，导致他们采取的措施是防御性地保持距离。因为他们不能整合与他人联系的连贯性自体，所以在他们的内在世界里，自体是分离的（split-off），客体关系也是碎片式的或未消化好的。因此，边缘型人格障碍患者不能把自体与客体爱恨情仇的意象整合起来，不能形成自己的"自体概念"，自然也就不能围绕稳定的自我核心而建立完整的客体关系和客体恒定。所以，在他们的人际关系中，强烈、易变是其关系的特点，他们只能拥有客体关系的一个部分，要么好、要么坏。需要指出的是，边缘型人格障碍患者在使用分裂这个防御机制时，也会结合使用原始理想化这个防御机制，后者把外部客体看成完全好的防御机制，同时还会结合使用投射。

表10-1是边缘型人格障碍患者常用的防御机制。

---

[1] 罗伯特·厄萨诺等著，杨华渝译：《精神分析治疗指南》，北京出版社2000年版，第126页。

[2] 麦克·St. 克莱尔著，贾晓明、苏晓波译：《现代精神分析"圣经"——客体关系理论与自体心理学》，中国轻工业出版社2002年版，第177页。

表 10-1　边缘型人格障碍患者常用的防御机制①

防御机制	具体表现
分裂	将正性与负性的自我和客体的形象分裂开来
否认	有意地不理会重要的现实
贬低	极度地轻视和抵消
原始理想化	夸大别人的力量和威望
无所不能	夸大自己的力量
投射	把自己冲突的冲动归咎于别人
投射认同	投射到来访者想控制的某个人

从表 10-1 中我们可以看到，边缘型人格障碍患者所使用的防御机制基本上都是原始性的，而且各防御机制之间有着僵化的稳定的结构。首先，他们会把自己想成是全能的，把他人理想化，真心实意地对对方进行过度赞誉，或者觉得自己无所不能，进而对其他人进行贬低。然后，在发现对方某一个不符合自己想象的或者需要的行为（要知道没有人能完全符合他人的需要和想象）时，他们会运用投射和投射性认同的防御机制对其进行 180°的判断大转弯，这个时候的投射以及投射性认同都是将自己的冲动、情感和种种非理性、负性的心理内容归咎到身边人包括咨询师身上（如果他有接受心理咨询的话）的，他们在这个过程中始终认同敌意，所以会用否认、贬低、分裂等防御机制对对方进行尽其所能的损毁和攻击。由于边缘型人格障碍患者在其认知中是两极化、非黑即白化的，因此他们无法真正信任身边的人，包括自己的母亲或养育者，同时他们也无法真正信任自己，因为他们缺乏牢固的现实的自我形象和稳定的自尊感。他们的人际关系变化也毫无章法，原先的好朋友会一夜之间变成仇人。有鉴于此，处理边缘型人格障碍患者的分裂，就成了对这些人进行心理治疗的重点。

在这个个案中，书信的主人把饱受创伤的边缘型人格障碍患者小时候的经历都写了出来：父母离婚、母亲对她有很多虐待行为，所以她的性格变得越来越极端。由于她在儿童期被母亲虐待，因此她内心是充满

---

① 罗伯特·厄萨诺等著，杨华渝译：《精神分析治疗指南》，北京出版社 2000 年版，第 125 页。

攻击性和敌意的。她的母亲从来没有给过她安全感，带给她的只有恐惧与伤害。她不知道什么时候母亲又会伤害她、虐待她。在母亲那里，她无法得到情感的满足，只求不要被赐予痛苦。她得不到母亲的"基本信任"，也无法建立恒定的客体情感（这是人格发展早期阶段的重要任务）。人格障碍形成的关键时期是早期人生阶段，在这个人生阶段没有获得恒定情感的人非常容易陷入婴儿时期般的"死亡"焦虑。在这种焦虑的支配下，个体出于濒死时的本能，会抓住身边一切可以抓住的客体（边缘型人格障碍的特点是在关系中有强烈的担心被抛弃的焦虑感），所以对朋友是占有性的和绝对要求的。最经典的表达是"我对你百分百，所以要求你对我也百分百"。在他们的世界里，你要么是我的朋友，要么是我的敌人，没有中间地带。小时候的虐待经历让她无法整合爱和恨。这样的人往往情绪不稳定，因为他们害怕被抛弃，所以与他人在一起时是没有界限的，像共生一样，比如"只要我在家，她就会想和我在一起……"跟这样的人在一起，压力会很大，有窒息感、被控制感。这样的人往往在人际关系中会制造很多冲突。因为他们有情绪调节障碍，所以往往在情绪控制方面有问题。另外，他们在冲动控制方面也有问题，所以常常出现自伤行为。自伤是他们缓解精神痛苦的功能性行为，还是他们传递痛苦与他人交流的工具。因为他们害怕被抛弃，当关系破裂时，他们经常以此相威胁，做出自伤的行为。有的人可能还会有物质依赖。

目前，没有药物能治疗人格障碍，都是针对情绪的。比如他们抑郁时开点治疗抑郁的药，冲动时使用一些情绪稳定剂。在后期的治疗中，帮助他们建立稳定的客体和边界就显得尤为重要。在此基础上引导他们学会更多有效的调节情绪的方式，才能促使他们逐渐发展出越来越强大的自我，提升自我功能。不同理论中关于该类人群的心理治疗方法也有所不同，大家可以参看美国心理学家约翰·克拉金（John F. Clarkin）等撰写的《边缘性人格障碍的移情焦点治疗》一书，书中对不同理论的使用进行了分析。[①]

[①] 约翰·克拉金等著，许维素译：《边缘性人格障碍的移情焦点治疗》，中国轻工业出版社2012年版，第34-39页。

第十一章 自己与他人的关系——亲子关系

家庭,诞生于婚姻,壮大于子女,衰竭于分离和死亡。在一屋之内,各种爱恨情仇、喜怒哀乐在血亲、姻亲的联结下交织。我们将尚未婚嫁前所待的家庭叫作原生家庭,而经婚嫁后组建的家庭叫新生家庭。新生家庭关系简单,就是一对夫妻关系。但是,原生家庭则人员复杂、关系复杂,这里既可能有三代同堂,也可能有一枝独秀。不同年龄、老老少少的家庭成员组成了各种关系:夫妻关系、父子关系、母子关系、婆媳关系等。在不同关系的人际互动中,我们的人格基础得以建立,我们的生活风格得以形成。在家庭中,我们互相影响,或好或坏。但是不管我们喜不喜欢,这种影响将伴随我们一生,甚至对方已经离开了人世,其影响也永远存在。

在这些关系中,对我们影响最大的莫过于亲子关系。由于"先天性"的原因,我们无法挑选自己的父母,也无法挑选自己的子女。正因为如此,在亲子交流中表现出更为复杂和纠缠的依恋关系。亲子关系指父母与子女的关系。亲子之间是一个回旋镖的弧线,由父母照顾子女到子女与父母平等相待,再到子女照顾父母这样一条弧线,清楚地勾勒出亲子关系中的力量磁场及其变化规律。对亲子关系造成影响的因素有很多,如社会文化背景、时代经济发展背景、各家族发展及父母成长的历史背景等。

婴儿早期与父母的关系影响着我们的未来。中国人有句话叫作"三岁看大,七岁看老"。中国人还有一个习俗叫"抓周",在儿童满周岁的时候,将代表各行业的物品放在婴儿的周围供其抓取。我们现在知道,不是说婴儿抓了一个胭脂盒,就说明婴儿以后有女性化倾向,这是没根据的。但是,这些俗语和民俗活动恰恰说明了早期经历对个人的影响,其中最为重要的是,个体和父母之间的互动方式决定了我们以后和别人交往的方式。

这种交往方式被约翰·鲍尔比(John Bowlby)叫作内在工作模式

165

（internal working model），就是存在于大脑内部的婴幼儿时期的互动方式。我们小时候与父母无数次的互动，决定了我们以后怎么跟别人交往。

在这个互动过程中，父母与我们是否有共同的兴趣（common interest）、与我们是否有共同的注意点（common attention）、能否分享同样的东西，这些都决定了我们对关系的记忆和理解，而我们的大脑就是为这种关系而设计的。

我们大脑里有将近 100 亿个神经细胞，它们相互间有非常复杂的联系，这个联系就像电脑一样，充满了如程序一样的回路。这些回路都是为我们怎么和别人发展关系而创造出来的。在心理治疗尤其是精神分析里，经常把来访者和心理咨询师之间产生感同身受的和谐共鸣的时刻叫作 meeting point。在这个时刻，他们的情感、情绪产生的波幅和频率是一致的，彼此间会产生共鸣（resonate）。在这个时刻，他们大脑里的电波的频率幅度是一样的，非常协调。这样的环境对于我们小时候大脑的发展来说极为重要，一个健康的大脑需要在这样的环境下才能成长。比如说一个人如何去理解另一个人的感受，以及如何去了解自己的感受，我们需要在一个安全的关系里才可以正常发展大脑。之所以我们在临床会碰到焦虑症、抑郁症以及各种各样的问题，往往是源于早期的一些不安全的关系，这些不安全的关系会影响我们大脑回路的"编码程序"。

我们出生时只是一个物理诞生即身体诞生，心理学的自我（psychology-self）还没有诞生。所以婴儿一出生，他和照料者之间的互动过程就相当于在大脑里"编程序"。婴儿从 0 到 1 岁的时候，大脑发育得最快，而且不成比例，脑容量占据的比例非常大。但是，到一岁三四个月的时候就不继续变化了，因为头顶上的囟门闭合了，也就代表脑容量不再增加了。0 到 1 岁的婴儿大脑里长的都是突触联系。神经细胞的量从一出生的时候就是固定的，100 亿个左右，所以在此期间大脑长的是神经和神经细胞之间的联系，根据婴儿和父母或照料者之间的互动过程，这些神经细胞通过长的轴突、短的树突来塑造神经间的联系。

如果爸爸妈妈照顾孩子，能够理解孩子的需要，孩子感到足够安全，孩子的神经之间发展出来的回路就叫安全回路。如果父母忽略孩子的感受甚至虐待孩子，让孩子感到不安全，那么孩子发展的回路就是不安全的。所以从出生开始，我们与重要照料者的互动相当于在我们的大脑里"编程序"。如果孩子和父母的关系是安全的，孩子的程序就是安全的。所以这个关系对我们的影响太大了，决定了我们今后的发展。因为，只有感觉到安全，我们才会开始探索。如婴儿学习爬行和走路一样，他们总要确认妈妈在其可视范围内，才会一步一步扩大自己的探索疆域。

从婴儿时期开始，到俄狄浦斯期，个体都能真实地感受到母亲的力量，这种力量对年幼的他们来说是如此强大，以至于顺从是其唯一的选择。到了青少年时期，由于个体自我意识逐渐觉醒，开始蓄积自我的力量，并能在自我力量增强的过程中逐渐与母亲的力量分庭抗礼，乃至成年期可以与其平起平坐或实现力量的反转，以自己的力量来安抚母亲。这个过程有点像我们成长的生理发展，也有点像人类对神的认识的转变过程。母亲从全能到有所能有所不能乃至需要"我"的保护和支持，这个变化发展与自我的独立性和主体性紧密相关。在这个过程中，如果母亲及其他家庭成员忽视个体的自我成长需要，以"爱"或"保护"为名遏制其独立性的表达，则会导致个体成长受挫，只能形成顺从母意的"假性自体"来掩饰"真实自体"。父母或家庭成员经常性的、强制性的威胁，如"你永远做不成什么事""没有我的帮助，你一事无成"等，会产生严重的后果。父母还会威胁孩子，如果他们过分迫切地希望与父母分离，父母就会患病或死去。青春期的孩子通常面临的就是与这样的早年家庭生活作斗争，结果就是青少年家庭成员以及父母的混乱感。

但是，父母的责任就是把孩子培养成独立的人。孩子在 6～8 个月时能识别重要照料者，也就是他的依恋客体，通常这个人是他的母亲。因为他知道那是最能理解他的人，是最能给他提供安全的人。当他感受到安全之后，就会开始探索。婴儿在探索时会对爸爸妈妈感兴趣的东西感兴趣，也就是想体验爸爸妈妈体验的世界，是经验式的。一般来说，初为父母的兴趣就是孩子。所以婴儿能感觉到爸爸妈妈是为他而陶醉的，他能感觉到自己是一个有价值的人、是被喜欢的人。有句话说，婴儿是在父母的眼睛里发现了自己。因为婴儿在父母的眼中看到了自己，发现自己是一个非常值得爱的人。我们为什么爱自己？是因为这个时刻的到来。婴儿在父母的内心世界里发现了自己：我就是那个被爱着的人。那是我们爱自己的开始。

如果父母对这个不感兴趣，孩子也就感受不到这一点。这跟家里有没有钱没有关系。有的学生说，我来自农村，而他们来自城里，我家里穷，他们都穿名牌，所以我感到很自卑。这也是原因之一，但最主要的原因是其小时候没有充分地感受到爸爸妈妈的喜爱。如果有，那些外在的比较与落差都可以抵御。小时候，父母全心全意的喜爱和我们自尊的核心是相关联的。如果没有，则会产生不安全感和低自尊。

不安全感会一直保留到成人期。那些在不安全环境下长大的孩子总是会关注危险，即他们关注的都不会是那些安全的东西，这会严重影响他们与别人建立亲密关系。他们的问题总是会在后来的依恋关系中重复出现。所以早期的依恋关系基本上但不会绝对地为我们的未来描绘一个蓝图，它几乎决定了我们以后会如何与人交流、如何感知预期，并建立依恋关系中的普遍模式。当然，人生有很多改变的机会，但我们也势必要为此付出更多的努力。

一、矛盾型依恋

张老师：

  您好，最近还好吗？我这几天感觉不太好，想跟您发封邮件聊聊天。已经六年了，从大学开始，我就发现自己会时不时出现问题，大学的时候算是比较轻的，但这两年我觉得问题比较严重。

  最近在写论文，一直不怎么想写，时断时续，看见别人写完了，心里开始比较着急，可是现在连着急的心都没有了。不知道怎么了，每次一有事，我就喜欢拖到最后再做。记得读研第一年时，课比较多，期末考试的时候，每一门课都要准备论文，那时我就是到最后一天晚上才把文章写完。其实先前心里折磨得好累，而我怎么也调动不起来。那段时间静不下心来写的感觉实在不好受。

  这段时间也是，一直拿着电脑早早地来到图书馆。开始几天还好，之后遇到一点坎就怎么也不想再写了，感觉好难写，心里一直很不得劲。我一直想像个正常人一样去面对挫折或者困难，可是一遇到困难我就逃避，每次都是这样。这让我感到很痛苦。

  我前些天做了一个梦，特别恐怖。我梦见晚上走在路上，天蒙蒙黑，没有全黑，几个人抬着棺材，里面装着人，他们穿着好像是红色的衣服,我敢肯定不是黑色,他们腰间的腰带是金色的,他们走到一个地方后,突然有一个人滑倒了,棺材倒在地上,里面的人被摔了出来。他们赶紧跑去前面不远处的一个空旷的、破旧的庭院里,院子没有门,他们把摔出来的人重新装进棺材里,后来我就被吓醒了。好恐怖,第一次做噩梦。

后来有一天,我跟男朋友去教学楼看书,还去了楼顶。我从来没有去过那里,他走的时候我死死地抓着他的胳膊。我不敢往前走,一点都不敢走,那是白天,他觉得奇怪,还说这有什么。但我就是感觉整个人特别害怕,也不敢打开虚掩着的门,生怕门后面有什么。后来他打开门,我也不敢迈过去,好害怕,不过最后还是跟他去看了看。下楼的时候看见通风的装备,好大的烟囱,感觉还是很害怕。一路上我不知道自己在恐惧什么,尤其从14楼往15楼走的时候,我就感觉瘆得慌。后来我们逛了一下就下来了。我害怕的是,我不知道那里会有什么,万一出现点什么,比如一具尸体。我不知道自己为什么那么害怕。

昨天晚上,我又做了一个梦,梦见我在家,刚刚吃过晚饭,但我好像没有吃饱,我就跟妈妈说,我没吃饱,就去睡觉了。但是,后来妈妈把我叫醒,端着刚煮好的面条喂我,那面吃下去特别舒服。我跟妈妈聊天,有说有笑的,特别开心。直到今天早上醒来,我还是感觉心里特别舒服。记得每次假期回家,妈妈都对我特别好。有一次,我因晚上看老版的《三国演义》导致第二天早上没有起床,好困,妈妈真的端着饺子来我房间了。后来我说不用了,我好困,还是让我再睡一会吧。结果她发脾气了,我就赶紧起来了。在家我什么都不用做,她只渴望我能吃她做的饭。我一开始回到家还想做些事情,可是每次我做了她都喜欢讲给别人听,我就不想做了。比如有一次我给他们做红烧茄子,味道不错,她后来就跟别人说,我做菜很好吃。可是她的评价很不专一,不久就跟别人说我做什么事都很慢,做个菜还把那茄子给炸了,还得炒,还得整料汁,麻烦死了。我当时就想,你吃的时候不说什么,为什么我都做完了,而且你们都吃了,最后又这样说我呢?

每次我在家里待几天,不起床也好,不吃早饭也好,她都会讲给邻居听。唉,每次我都像是在公共演出一样。我们村里上大学的人不太多，读研究生的人更少，那些邻居也特别喜欢听她说我什么，后来我就保持沉默，或者是晚上不睡觉就看电视，或者是早上不起床吃早饭，或者是干什么都是一个人，也不跟人交流，只想白天睡觉。刚回家有想做的事情，后来什么也不想做了。每次回去洗衣服，只要放在那里，等我想起来洗的时候已经被她洗完了。如果让我自己洗吧，我觉得冬天太冷，洗衣机我也不太会用，不知道水到底流到哪里去了。如果我用洗衣机洗，她肯定会说："你放那里吧，我给你捎带着洗了，你这一整，满屋子都是水，别整了。"我敢肯定她会这么讲。包括在家里做一些事情，比如跟邻居家的姐姐去做个头发，或者别的，她都会说怎么跟人家砍价，她觉得我回到家看到什么都觉得便宜，让我要记得跟人家砍价。我回到家确实看到什么都觉得比较便宜，再说了，去做个头发，一年也就做一两次，也不是经常做。每次听她这么说，我就说我会的，肯定会的，你不用担心。可后来我还是按照我自己的方式来处理。

我知道我妈对我好，可是我真的觉得自己成了低能儿一样，好像我干啥事都干不成。我记得小学时不这样，我会去地里干活。初中时因为我爸妈闹矛盾，我开始努力学习，初三没有读完就被选中去读高中了。记得初中的时候，一开始是班里的二十几名，后来考了第九名。我记得清清楚楚，吃饭的时候我很自豪地跟他们讲了，我爸就直接说："你在这个学校考第九名，那些城里的孩子个个都比你强呢！"当时我确定我妈没有说一句话。我很受打击。后来又考了第二名，我特别想让我爸知道。那天他在院子里洗脚，我跟他说我们又考试了，他过了一会儿才问第一名是谁，我跟他说了，后来他就不问了。我憋了好大一会，终于鼓足勇气跟他说："你知道第二名是谁吗？"他问是谁，我说是我。他没有说什么，我觉得当时他还是高兴的。后来高中选拔尖子生，要50名，我是第38名，就上去了。高中的时候，他们对我像变了一个人，回到家，衣服、袜子都不让我洗，让我看书，结果等我读了大学，她跟邻居说我连双袜子都不洗。唉，其实我是被她惯的，我后来想洗袜子的心都没有了。我高中毕业考砸了，不想复读，因为我觉得太累了。我去了一个很一般的二本学校，在那里我特别自卑，自卑了四年，因为我从理科转为文科。刚进班时，我觉得每个人都比我强，我是最后一名，我当时就给自己立下誓言，这四年不勤工俭学，也不参加活动，就学习，因为我的基础太差了。在后来的四年里，别人逛街我上自习，别人过生日我也上自习，周末过的日子跟周一至周五一样，但每当我把计划都完成时，我会觉得很充实。四年后，我以年级第三的成绩毕业了。我记得最开心的时候就是每次回家都会拿一摞证书，看着爸爸打开证书读每一个字、每一句话，其实他读完连一句评价都没有，就放到桌子上。唉，我心里也是有落差的。原本以为他会表扬我，但没有，一句话都没有，可我对他能读我取得的证书，还是感到很开心的。

这里要插入一个细节，刚进大学没多久，我发现我的QQ被盗了，后来跟那个人联系，要了回来，但是，后来这个QQ也不用了。他给我留了电话，我记得第一次给他打电话，我就大骂了他一顿，觉得他很没素质，后来我骂他他都不还口，任由我说他不道德。后来忘记怎么就喜欢他了，但又分开了，直到现在都没有见过他。可是一遇到问题，我就喜欢给他打电话。刚开始我们俩是磨合，可是后来他接到电话就听我说，给我点意见，安慰我一下。他现在也有女朋友了，我也有男朋友了，可是每当我有事给他打电话时，他还是像原来一样跟我说，安慰我。刚开始几年，他有时会高嗓门跟我讲话（我妈也是个高嗓门），我特别受不了他这样讲话，我就发火。后来他跟我讲话都不敢高嗓门，一直很平和。有时候他工程上出现一点问题，接电话时也会发脾气，我一说他，他就变好了，不知道为什么。现在我很依赖他，每次遇到问题都会第一时间想起他。我们已经保持联系六年了，这几年基本上都是我给他打电话，我想让他陪我，或者是我管他，一切事情我都能办到，我向他发脾气，他也能承受。这两年他开始时不时提醒我，刚步入社会要注意跟人的关系。其实遇到问题我也会跟男朋友交流，他也会理解，带我去吃好吃的，或者鼓励我，可还是没办法抵得过这位网友对我的影响。我一直很困惑，这一切到底是怎么回事，我该不该跟网友继续保持联系。有时候我感觉应该珍惜男朋友，我应该对这份感情感到知足，有一次，网友叫我亲爱的，我特别生气，就跟我男朋友说了。我说太过分了，他没有说什么，还是像平常那样对我。唉，有时我脑子里会突然想，如果再这样下去，我男朋友会抛弃我。

　　读了研，我感觉自己什么都可以做了，很厉害了，参加各种各样的活动，还有助管，感觉一切只要我想干就都能干好。其实最后把自己给忙坏了，感觉什么都没有做好，可以用一个字"飘"来形容，也可以用"浮"来形容，一切都是那样的不可控制。我每天睡觉时都不知道第二天要过怎样的生活，等到第二天，遇到什么事情就处理什么事情。我本科四年都是很有计划的，可是读研后，感觉没有一天是有计划的，整个人都飘在了空中，从没有落地过。跟现在的男朋友在一起，我觉得落地了一点，他干什么都很实在。我花钱大手大脚，尤其是被学校免了学费后，更是没有节制，但他花钱很有打算，不会像我一样。有一次，他让我去财务那边帮他报个账，去之前我就很紧张，觉得肯定解决不了，最后真的没有解决。他从校外赶回来，重新拿着材料去报。我觉得自己做一些事情时很好面子（我爸妈做事时也很注重面子，他们做事都是可以上台面的），后来就不敢去做了。好多事是因为我要面子而不去做的，那些在别人看来很正常的事情，我会觉得挑战了我的尊严，最后就是都没有做过。

　　假如别人做的事情我看不下去，比如舍友打电话声音大，或者是其他小事，我就不想理她，自己戴个耳机听音乐，把声音放到最大。我最受不了的是，她老是问我作业做得怎么样，然后拿去参考一下，我不得已会拿给她。我觉得不给她看显得我小气，又没面子，但其实我非常讨厌她这样做。后来我就干脆什么作业都留到最后做，这样她也看不了了。每次她问我什么，我都会如实回答，我如果写完了却告诉她没写完，心里就会非常过意不去，会感觉很难受，很不诚实，所以我就最后做。心里会想你的事情，你自己去做就行了，干嘛老是拿人家的去看，还美其名曰参考，真受不了。唉，我真不知道怎么了。每次她问我最近在忙什么、论文写完了没、作业写完了没、工作找到了没，我都不想理她，我找没找到跟她有什么关系，可是碍于情面，我都会诚恳地回答，后来她看见我躲着她、不怎么理她，她也就不怎么理我了。但我又觉得不正常，她怎么就不理我了，所以只要她说话，我就回答，有时还夸张地把自己取得的成果放大化告诉她。比如我记单词已经坚持了100多天，单词量从5000达到9000，我原本说我记着就行了，但我还是告诉了她我单词量的变化。昨天晚上她看见我打卡，说学霸啊，我说第一次打卡也是学霸啊，她就什么也不说了。我感觉她讲话有点嘲讽我的意思。唉，有时候看书里或节目里的相关评价，说我这样是自私的表现，那就改吧，不让自己太自私。可我还是改不了，每次一跟她说点什么，我就觉得心里特别不舒服。

记得大学的时候，我跟舍友在一起住了三年半，我们是个混合宿舍，也就是其他两个人是别的年级的，只有我俩是一个班的，我俩四年里跟六个人住过。我俩在一起住的时候，我就特别不喜欢她问这个、问那个，真受不了。每次成绩出来，都是我第一或第二，她在后面不知道差了多少个名次，后来她也就不问了。我对她看不惯的地方就会表现出来，尤其是她说话有气无力的，真让人受不了，但我们还是在一起住了三年半，从来没有分开过，毕业的时候我们的关系也很平淡。

张老师，我不知道怎么了，不会跟别人相处，不知道怎么去做事，怎么跟别人沟通。前几天因为心情很糟糕，我去借了本心理学的书来看，我渴望被理解，渴望改正，但书中的描述跟我的情况都不相符，感觉很有落差。今天不得不跟您聊聊天，想听听您的答复，我想尽快走出这样的日子。

我不知道这一切都是怎么了，平时过得挺好的，但只要有事，我就喜欢拖着，还很难受，提不起精神。但可以早起，因为我特别不想看到舍友，她做什么都特别有效率，作业每次都比我完成得早，但成绩不如我，比我差很多。论文她也会早早地完成，可我一看到她就想躲到图书馆，感觉这个地方很清静、很好。

多少次下定决心去改变自己，可每次我都坚持不下去，回归原点。拖沓，情绪波动大，我有时想一件事，想提起精神，脑子都会麻木得不受控制，甚至身体僵直，不想动。好痛苦啊，一切都是那么痛苦。

张老师，我说话太啰唆了，邮件太长了，辛苦您看完它，希望您可以帮我找到问题的症结，好好地把这个毛病给改了，改掉这不争气的拖延。我想做好人、正常人，做可以自己面对一切纷纷扰扰和困难的人。希望老师可以给我一点参考意见。谢谢张老师。

分析：

这是一个被逼以好成绩来获得父母关注和照顾的孩子，读完她的来信有一种感觉，这个女孩子白天、黑夜都像在做梦一样。虽然她讲述了自己的两个梦，但是更多的是在讲述她和父母，尤其是和母亲的关系以及自己在这个关系中的行为模式。我们可以看到她和父母之间的互动，看到她父母对她那种缺乏积极共情的忽视，还可以看到她母亲的情绪化和以爱之名要求回报的行为。她和母亲在互为容器的过程中分不清自体客体，无法完成其分离－个体化的过程。由于亲子关系的影响，她不懂得如何处理人际关系、如何与他人进行良好的交往。如果从依恋关系来看，她和母亲的这种矛盾型依恋已经影响了她和周围其他人的关系，不知道该接近还是该回避。一方面，妈妈给了她温暖的照顾和回忆；另一方面，妈妈又让她在感受温暖的同时也感受到了伤害。

在这个个案中，我们可以看到"客体呈现"一词对个体的成长多么重要。"客体呈现"指的是母亲把外在世界带给婴儿的方式。在健康的母婴关系里，母亲容许婴儿自己探索世界并完成探索，而婴儿感觉自己是在创造世界。在这个过程中，他因为和母亲融合的信念以及在母亲支持下的全能信念的发展而发展出信任世界的意识感，并且能够欣赏他与他人的联结以及他与他人的个体化分离。所以他在有关向外拓展、联结以及让世界改变的能力上会获得某种信心，而且预期能得到了解及回应。但是在"客体呈现"这个领域里，如果母婴关系不良，则可能产生各种问题。比如一位焦虑的母亲可能会在婴儿饥饿之前就给予喂食，在他醒来之前就把他抱起来，在他想要接触之前就和他一起玩儿。这位焦虑的母亲用这些方式来制止婴儿的外取（reaching out）行为，不能帮助其发展出自我，更不能帮助其建立真实的自我与他人的关系。而另一个极端是，一位忧郁、烦恼或过于自我专注的母亲可能对婴儿的需求不能给予足够的回应，或无法契合他的需求。这两种情况下的婴儿都很难发展出某种合乎现实的自信。他的自主性被制约，因为母亲所代表的外部世界不需要他做出任何努力，或者外部世界会让他的任何努力都没有意义。对那些被母亲提前满足的孩子来说，他会害怕被他人吞没或取代，因而有种未发展出来的个人界限的意识。而那些母亲未能给予足够回应的孩子则可能不会期待世界了解他并对他同理共感，因此，他会觉得从一个"假我"的立场来和世界建立关系比较安全，所以他只需要调整自己去适应他人对自己的需求就行了,而不是表达他的真实需求。最坏的情况是,"客体呈现"这部分发展不成功的结果会导致个体不只是个别独立而是孤立无援。这是无法沟通的原始苦恼,因为个体似乎完全没有办法和任何人建立联结,甚至没有办法和自己建立联结。更常见的是个体会有一种不信任、无用和寂寞的意识感。所以我们常能看到现实生活中很多衣食无忧的孩子没有自我价值感和存在感,对生活、对人生失去兴趣,没有目标,没有意义。温尼科特认为,那些担心崩溃的来访者并非害怕某个未知的情境,而是害怕回到之前难以承受的一种遗弃状态,这种自知在人们担心瓦解而四分五裂时,可以是一种真正的帮助。温尼科特强调,在精神病性的焦虑(原是苦恼)威胁下,我们并不需要对我们的问题加以分析,而是需要"足够好的"母亲自然给予其年幼孩子的那种敏感的、介入性的、非伤感性的照顾。如果咨询师及来访者都能承受这一退行到早期的依赖,或许来访者就可通过体验更多同理共感的照顾来得到帮助,进而得以修补其存在的鸿沟断裂。①

依恋不仅表现和反映在我们人类身上,在动物身上也是如此。这是一种持续的情绪上的联结,它的特征表现为一种寻求和维持亲近的倾向。任何小动物出生之后,越靠近父母,存活率越高。即使像狮子这么凶猛的动物,孩子离妈妈稍微远一点,在非洲就可能被鬣狗吃掉。如果我们在婴幼儿时期离父母很远,那么生存的危险就变得很大。我们在婴幼儿时期靠近父母主要是为了寻求安全感,这个非常重要。尤其是在应激情况下,小动物更要靠近父母,越靠近父母,安全性越高。对人类而言,我们不光是靠近父母或照料者(有时候这个功能可能被爷爷奶奶、外公外婆或者其他人代替);对人类的发展来说,还有一个非常重要的功能,就是不光在物理上靠近,而且在成长过程中,我们内心会发展出一种能力,就是相信遇到困难时可以找到人来帮助我们。很多人碰到心理困难、心理障碍时,并不是身边没有人帮助他,而是内心认为没有人能帮助自己。他不会对周围的人释放自己的心理状态,不会告诉别人自己的痛苦,也不会告诉别人他需要帮助。这是为什么?因为在他看来,这是一件非常有损自尊的事情。这说明他小时候自尊没有建立好。依恋

---

① 拉文尼·巩美之著,陈登义译:《客体关系入门基本理论与应用》,五南图书出版股份有限公司2006年版,第119—123页。

就是一种亲近的倾向，在情感上、在距离上亲近，是为了保证给我们提供安全。

二、自主与顺从

从出生到5岁，出现在我记忆中的是奶奶；5～8岁，我一直跟着爷爷奶奶生活；8～10岁，我随奶奶到大伯家生活；10岁时父亲刑满归来；10～15岁，我在大伯家和父亲家中轮流生活；14岁，我户口随母亲，但依旧与父亲生活；15岁，我的爷爷奶奶相继离世；16～18岁，我真正意义上回到"自己的家"；17～18岁，上学住校，寒暑假到母亲家或外婆家；18～20岁（至今），我在大一寒暑假回香港打工，现在大二留校即将期满一年。

我一向觉得自己的人生颠沛流离，留守、单亲、亲人离世、迁居……

幸好在大学误打误撞，遇见了心理学，否则发生在我身上的事情总有一天会把我压垮。上大学的这两年是我目前人生中最幸福的两年，我几乎是抱着逃离那个城市的心态到广州的。从前的生活涉及太多，父亲、母亲身边的事情也太多，我根本写不完。关于各种情绪，还有亲情、友情、爱情，我都能感受到成长。而这里我想就亲情具体谈谈母亲和我之间的关系。

与母亲发生的最近一次冲突是在去年7月。具体事件是，一家人准备回乡下团聚，我正在打工，应母亲的要求请了假。在出发之前，我们制订了行程计划，除了陪母亲外，还有与朋友见面的计划。到了回去的时候，因为临时计划有变，时间安排上需要做出调整，在零碎的时间里我趁机找了朋友，而母亲则在我与朋友相处不到一小时的时候向我下达了时间的最后通牒，我早上10点多到达朋友家，母亲11点多发信息给我，要我在下午1点之前必须到达亲戚家，因为要整理行李，准备回外婆家。而我掐着时间，与朋友还没热乎起来就要匆忙离开，在12点的时候，搭计程车往亲戚家赶。车开到一半，母亲就打电话来责备我，言语激烈，用词甚重，责骂我没有时间观念，不把她放在眼里。正巧计程车找不到地方，而我又是头一回去亲戚家，于是下车后在同一个地方兜兜转转了好几遍，母亲已经不耐烦，电话里说的话颇为绝情：什么我不把她当妈，她也不需要我这样的白眼狼。那时正好下雨，我在朋友家刚理好的头发在雨中被浇得凌乱，我是在表哥回来的时候跟着他们一起到的亲戚家。进门之后，母亲黑着脸，指着鼻子骂我，亲戚们好生劝慰，她还是顺不过气来。整理行李要走的时候，她把行李箱硬往表哥手里塞，说不要我提，让表哥替她提。

按照母亲的观点，就是我不应该把亲人放在一边不理，而去和朋友相处。她的原话是："你哪个朋友那么重要？比你妈还重要？既然你不把我当妈，我也没必要为你！"

很长时间里我觉得母亲是无理取闹的，觉得她过于小题大做。我强行拖过行李走到母亲身边，她却刻意同我保持距离，高跟鞋踩得梆梆作响。她一路上不停地数落我，我除了说司机不认识路，我找不到地方外，也不敢跟她置气。我积了一肚子火，但还得压抑着听她抱怨，那时我只觉得母亲不理解我，只知道控制我的行动，什么事情都要按照她的想法来。

因为要到客运中心，我们上了计程车，母亲依旧不停地数落我，表哥和他的母亲当作没听见，让我母亲一个人在那里"发疯"。我默不作声，看向窗外，只有司机在安抚母亲的情绪，并试着拔高我的形象，比如孩子长大有自己的生活之类的。母亲不停地宣泄着情绪，她不谈具体的事，而是把我的行为上升到不孝的高度，表哥和他妈妈就笑，母亲就滔滔不绝。从母亲炮弹一样的话中，我隐隐觉得自己做得不对，因为母亲情绪很澎湃，而我只是有点委屈，于是跟母亲道歉、认错，但其实我根本不知道到底哪里错了。母亲宣泄了一通之后，安定了许多，可气没全消，不拿正眼看我，但不排斥我拖行李了。

陪母亲回去的七天，我没享受到假期的惬意，反倒比上班还憋屈。我没有爆发过，母亲情绪稳定后也没再继续揪着不放。后来，我同母异父的弟弟开始捣乱了，时间是去年11月，他马上就要参加中考，可由于懒散叛逆，成绩一落千丈，可能会考不上高中。全家人都被他气得七窍生烟，家里的老人恨他与其作对，舅舅恨他不服管教，班里同学讨厌他邋遢不洁，班主任讨厌他上课捣乱还逃学。一家人脑袋都大了，又无可奈何。母亲在香港也焦头烂额，气得觉都睡不着。我一边为弟弟的青春期着急，一边为母亲的身体担忧，我太了解那个阶段的弟弟为什么那么叛逆了：家长的绝对权威，朋友的缺失，对成绩下滑的恐惧和不敢面对现实的逃避。

为了帮助弟弟，同时疏通母亲的情绪，我自告奋勇要回去给弟弟辅导。原定四天时间，从周四到周日，弟弟周末才有时间，而我特意留了两天时间给朋友。我回到那个城市，抓紧时间和朋友相聚，但母亲在周五时又"发作了"，她发信息咒骂我，说母子之间恩断义绝，她没有我这样的儿子，不把她当母亲。她打电话过来时，我正和朋友吃饭，按照她的个性，绝对会在接通电话的一瞬间朝我狂轰滥炸，估计饭是吃不下去的。于是我直接关机，想着这边的事情办完之后回广州跟她解释。

那天和朋友吃完饭后，我回到宾馆，四处有人打电话追问我行踪，三姑六婆都来了，说我不应该跟母亲作对。我一下子来火了，我计划得好好的，没有耽误辅导弟弟的正事。弟弟周四、周五还在上课，我回去干嘛？一想到和朋友吃饭被母亲用信息责骂就来火，为什么要在那么远的地方伸手来管我？我又不是三岁小孩，用得着吗？

等我朝这些亲戚发泄完，想着回广州后好好写封信，分析母亲的行为和我对母亲的反馈。母亲只身一人在外漂泊，这么多年肯定受了很多磨难。我在迁移户口之后接触母亲时，一直做力所能及的事，煮饭、洗碗、扫地，年龄到了就去上班，我一直在为母亲减压，可母亲还是对我诸多不满。

在我回去之前，亲戚群里有个和我同龄的男孩子，我们经常在群里嬉闹。他和姐姐从小没有母亲，有一天，他喝醉了，给他姐打电话说想妈妈了，他姐就觉得是我在群里说了什么，让我母亲找我说说，于是母亲责令我不要欺负那个男孩子。我一下子火了，我什么都没做，我们聊得好好的，怎么突然就变成我欺负人了？那时母亲刚加了我的微信，我本着需要个人空间的意图，加上她刚刚责备了我，我就把她的微信从通讯录里删除了。反正母亲有我的QQ，而我的大多数生活都在QQ空间里，没必要连微信都加。结果我回到广州准备把写好的分析书发给母亲的时候，才发现母亲把我的QQ从她那边删了。

我通过亲戚转交写的分析书，却石沉大海，母亲一点反应都没有。我只好把母亲的事情放到一边，我并不是没有做出努力，母亲咬着牙不松口我也没办法。我想母亲还在气头上，等她冷静下来后再伺机调解。

其实单从回去这两次的事情就能看出，母亲非常害怕我不要她，非常担心我会不孝顺她。而在分析书中，我从接触她以来发生的所有矛盾中都总结出这一点，我写了进去，并告诉她我不会抛弃她，而我也在长大，需要自己的生活，希望她不要过分干涉。我害怕母亲无法理解我的意思，还特地告诉她，寒假的时候我会回去跟她负荆请罪。

可母亲竟然一点反应也没有，等了许久，我等来了母亲加回我的消息，我本以为事情终于告一段落，没想到母亲只发了一句话给我，随后便再次删除我的QQ，她说：我这一世都不想见到你。

我心灰意冷，提前进行了我的留校计划。整个寒假，我都待在学校，哪儿都没去。快过年那几天，亲戚们又开始对我好言相劝，我烦透了，只想冷静下来。而母亲也没闲着，她打我香港的联络电话，说是打得通，我回去了竟然没跟她讲，也不去看她。我把亲戚们全都赶跑了。我留校的事情明明告诉母亲了，她还要查我行踪？亲戚们总是旁敲侧击，谆谆教诲，他们大多数都说我错了，叫我应该主动跟母亲和好。我觉得莫名其妙，我明明含着泪写了分析书，母亲居然还说那样的话，现在还要怀疑我回去了没看她？

我完全不想再跟母亲有所牵扯，我开始重复小时候一直以来的信念：我感激母亲给我的生命，还有这张改变我命运的身份证，可是我最爱的奶奶已经去世了，母亲对我而言只是责任，我不会让她孤独终老，但也绝不会卑躬屈膝，一点尊严都没有地讨好和服从她。

我节衣缩食，把打工剩下的钱安排到今后的日子里，做好了长期作战的准备，大概能有一年。我甚至想休学一年，等赚够了学费、生活费，再无忧无虑地上学。母亲已经说出那样的话，我是不能回去了。

分析：

对个体自身认知产生限制的力量往往来自家族发展及自我经历的过程。家族创伤和个人创伤会导致个体在处理亲子关系的时候，要么过于紧密让孩子无法呼吸而失去自我，要么过于疏远让孩子感受不到关爱而不得不依靠自己，还有无法处理情绪让孩子感到不知所措。在这样的家庭里，亲子关系不再是表面上的父子或母子关系，父母不再是孩子的父母，而变成了孩子的孩子。孩子承担了照顾父母的角色，通过牺牲自我来完成这项任务。在这个牺牲过程中，孩子必须舍弃自我的部分，而将父母的期望或者创伤纳入自我。但是，对于这样的牺牲，孩子自己看不到，父母往往也视而不见或真的看不到。这样的状态让孩子必须忽略自己的丧失，不能表达丧失，也不能哀悼丧失，从而加重孩子的不安全感与自我不完整感，进而停滞成长。所以，孩子持续成长的能力以及父母让其有成长机会的能力，都要求他们具有足够高的哀悼每个阶段重要变化中的丧失的能力。这种把哀悼能力内隐于成长的提法也体现在这样的生命观中——生命是一系列持续不断的"心理社会转变"（psychosocial transitions）过程，包含个体一步步与原发性首要客体分离的过程，即使他同新的客体建立了依恋关系。因此，哀悼的能力便成为成功成长与分化的基础。①

现在的孩子的成长面临很多挑战，如何处理发展自我与服从父母的要求和期望之间的冲突，对现在的大学生来说并不是一件简单的事情。在这封信里，我们可以看到个案有一个反复无常的母亲，这个母亲显然是一个控制型的母亲，对孩子的很多要求来源于她自己生活中的不足和不满。因为丈夫入狱让她的生活充满艰辛，所以在她的生活模式中也充满着很多的冲突和不一致。她渴望没有边界的生活，大家都能绑在一起。从列举的例子来看，她想要的是自己需要的满足，而不是儿子的需要。根据阿德勒的观点，对自己的女性角色不满意的女人，在生活中会阻止自己和孩子做亲密的联系，她的目标和孩子的目标并不一致，她经常不忘证明个人的优越，而为达成这个目标，孩子便成了碍手碍脚的累

---

① 大卫·萨夫著，李迎潮、闻锦玉译：《性与家庭的客体关系观点》，世界图书出版公司北京公司 2009 年版，第 37－38 页。

赘。① 但是，由于心理防御机制的作用（将痛苦的感情和记忆排斥于意识之外的独特花招和思想方法，使人们避免与引起情绪痛苦的事物接触②），这位母亲又总希望给人一种她特别重视亲情，把亲情看得很重的感觉，因此母亲对孩子有一种占有性、操纵性，比如总对他讲一些分裂的话："既然你不把我当妈，我也没必要为你！"这种上纲上线的话其实就是分裂。也许她生活中有很多辛苦，比如去香港，在此期间一定经历了很多苦难。因为过去的经历让这位母亲积压了很多情绪，但这些情绪没有机会也没有地方得到处理，所以母亲的情绪就表现得非常泛滥和过度。对孩子来说，他的独立自主像是一种对母亲的背叛，所以面对母亲的痛苦他会有强烈的内疚和自责心理，这种心理有可能成为他独立的障碍。对于孩子来说，困难的是如何承受母亲投射给他的不孝、不关心等指责，同时保持这样的关系与恰当的距离。这就像咨询师一样，来访者对你表达不满，但是咨询师不去满足对方，也不抛弃或者谴责对方。所以这个孩子要想作为一个健康的个体来保护自己难度很大，他想非病理性地表达分离和边界，也是很困难的一件事，因为社会潜意识里对孝悌的规定会让他随时投降，而不得不去认同母亲对他的指责。

中国传统文化历来讲究仁义礼智信，孝道是这几者的综合体现。中国的孔子早在两千年前就将"孝""悌""亲亲尊尊"作为"仁"的基础，用以维护氏族家长制的等级制度，使其成为仁学思想的血缘基础。但是，孔子并不采用强制的方式来规定并要求大家遵从这些规定，而是将孝悌思想理想化、人情化，把孝悌直接归结为亲子之爱的生活情理，把"礼"的基础直接诉之于心理依靠。孔子倡导的重血缘、崇法规、讲情感、立主体，要求推己及人，尊老扶幼，确定名分、尊卑等级，使人们在宗法血缘和与之相应的伦理化的心理情感中顺从父母权威。所以在这个案例中，我们会看到，在母亲发脾气时，不论是身边的亲人还是的士司机，都无法站出来说母亲错了，因为这违背中国传统伦理道德规范。对于母亲来说也是如此，一方面"君君、臣臣、父父、子子"的伦理观以及"唯上""唯人"的思想让这位母亲有着权威意识，"我是母亲，你必须听我的"；另一方面她将亲子关系物化，即养儿防老，

---

① A. 阿德勒著，刘泗编译：《超越自卑》，经济日报出版社1997年版，第131页。
② 罗伯特·厄萨诺著，杨华渝译：《精神分析治疗指南》，北京出版社2000年版，第38页。

"我生了你,我为你做了这么多,你必须回报我。我为了你,所以你必须听我的"。在这个案例中,尽管儿子觉得母亲做得实在太过分,但是仍然有很强的无力感,事后仍然要向母亲赔礼或给她写信试图修复亲子关系。

在这封信里,我们会看到,有一些努力比如节衣缩食在不同文化里传达出来的意义是不一样的。在某些国家的文化里,这是独立的表现,是孩子要离开父母的主动行为,而父母也鼓励孩子这么做。但是,在中国有很大的不同,他节衣缩食是因为他无法依靠母亲,而必须依靠自己,必须通过不向母亲要生活费来保持和母亲的控制欲之间的距离和边界。所以他必须更加努力地去处理内心的冲突,去消化母亲给他的投射,比如不孝。但幸运的是,他选择了远离控制。"他总得离开家庭,独自成家立业,但是这并不是说,他不喜欢家庭,或和他们决裂。"①

三、情感隔离还是防御性分离

张老师:

我上过您的心理课,所以提笔给您写了这封信……我去过心理咨询中心,见过咨询师,但不知道为什么还是想给您写这封信……我是一个大二的学生,我是内蒙古人,我的爸爸因车祸去世,我和哥哥都跟着爷爷、奶奶生活,直到四岁之后由母亲接回抚养。在四岁到六年级之间,我一直被寄养在不同的亲戚家里,很少见到母亲,那时经历了流离失所的生活。在我四年级时,母亲改嫁到外地,继父患有精神病,如果不吃药,就会出现幻听。不过母亲大多数时候都在内地与我同住,母亲上班时会把我锁在家里。尽管我有一个哥哥,但是哥哥总欺负我。我一个人在家的时候居多,常常感到愤怒、无聊,想爷爷奶奶。上幼儿园时,母亲总是最晚一个来接我,我也很担心母亲会忘了接我。

印象里,从一年级到六年级不断地换地方住,在这个亲戚家住几个月,在那个亲戚家住几个月,每换一个地方都感觉不想待,想找母亲,可是又不能去找她。住在外婆家和亲戚家时,我会偷钱去

---

① A. 阿德勒著,刘泗编译:《超越自卑》,经济日报出版社1997年版,第173页。

网吧打游戏。六年级到初中三年级是在母亲身边生活的。每年寒暑假会去深圳找爷爷奶奶和舅舅。我觉得爷爷奶奶和舅舅对我的影响很大，教了我很多东西，我现在这么优秀是他们的功劳，跟母亲完全没有关系，母亲只是养了我，但是没有教育我。

回想起童年经历，我真的没有什么感觉，不管是当时还是现在（面对咨询师的时候，我也有这样的无感）。我只是希望自己是一个强大的人，有能力帮助更多与自己有相似经历的人，将自己武装成全能的人。"天将降大任于斯人也，必先苦其心志劳其筋骨"，所以我对童年的感受是没有受伤的感觉，我觉得幼年的经历是现在的财富。我知道自己的责任就是要成长为一个可以振兴家族的人，我想成立一家慈善机构。

我有好多段恋爱经历，但每次都是我提出分手，这些经历可以使我的人生更丰富，不留遗憾。我目前的生活没有什么遗憾，过得很好，在澳门每月给慈善机构捐100元，大二时我开始打工给自己赚学费、生活费。同学都评价我是暖男、能力强、颜值高、有善心、有理想。我认为这些评价都很中肯，我就是那样的人。如果非要说有什么遗憾，就是没有和生父生活过，没有和爷爷奶奶生活得更久些。

我以前看电视的时候，有个节目给我留下了比较深的印象。一个女强人在节目中告诉观众，她在婴孩时期就没有在父母身边，直到七八岁才回到母亲身边。女强人会给母亲很多钱花，但她一直和母亲不亲近，直到某日，女强人在沙漠看到一种捕食前会互相拥抱的动物后，回家拥抱了母亲，从此和母亲的关系就好了。我也希望和母亲的关系变得亲密些，但我无法做到去拥抱母亲，只能给母亲钱花。我想知道如何改善和母亲的关系。

分析：

在《为何家会影响我的一生》一书里，两位作者认为所有儿童在童年早期都有几个基本高度相关的情感发展阶段。这些阶段在相对固定的年龄逐步展开，发展顺序为：

（1）6～24个月，儿童呈现出基本情绪和内心表达，通过与最初的依附对象的关系（通常是母亲）而内化了安全感的工作模型。

（2）1～2岁，儿童对自我的表达与对母亲的常规表达区分开来。

（3）2～3岁，儿童努力控制自己的身体，以及与父母和直接环境有关的种种冲动。

（4）3～4岁，儿童出现对异性父母的爱，出现与同性父母的竞争性情感及随后对这些情感的完成——这个过程与学习表达爱、处理攻击和竞争、体验对错和内疚，以及通过建立心理防御来疏通每种情感密切相关。

（5）在儿童人生的前5年，建立了对父母（通常是同性父母）特质的基本认同，包括他们的情绪风格、偏爱的防御机制以及行为习惯。①

对照这五个阶段，我们看到，这个个案在这些阶段都经历了颠沛流离，造成极不稳定的心理情感发展过程。他的成长里有很多童年创伤性经历和丧失，如早年丧父这样的分离以及轮流到亲戚家寄宿导致的客体不稳定。

这么小的孩子如何应对这么多创伤？对成人依恋的研究揭示，它们与回避和防御之间的关系有关。在回避型成人中，恐惧-回避型的成人尽管采取防御姿态但仍适应不良，而离弃-回避型的成人能够利用防御策略来进行适应。假设如信中这个学生所言，他因其人生要不留遗憾以及希望自己是强大的人，从而帮助更多与自己有相似经历的人等想法而成为一个追求完美主义的人。这里所说的希望帮助他人就是一种升华，通过将自己塑造为强者进行防御。

成人依恋理论认为，儿童早年与父母在一起的依恋体验可能影响恋爱关系中的依恋风格。这个学生有多次恋爱经历，我很好奇他是如何谈恋爱的，因为他是无法走近他人的。但是，非常遗憾，信中他没有对这些故事进行描述。然而，我们看到的结果是，这些经历都伤害不到他，也就是说，他没有把自己放进去。谈恋爱和建立亲密关系永远都是把自己脆弱的一面暴露出去，只有不进入真正的恋爱关系中，我们才不会受到伤害。也许这个个案的咨询师在某种程度上也是这样的人，所以无法处理这种反移情。来访者是情感隔离的，为什么他会来做咨询？比如同

---

① 亨利·马西、内森·塞恩伯格著，武怡堃、陈昉、韩丹译：《情感依附——为何家会影响我的一生》，世界图书出版公司北京公司2013年版，第198页。

学对他的评价都很好，而且来访者认为评价是中肯的，既然都这么好了，为什么还来做咨询？所以我们可以想象，这个人势必非常孤独，并且无法承受这样的孤独。虽然我们并不知道他遇到了什么无法承受的困难，以及这样的困难会对他的交往等方面产生了什么影响。

这样的案例容易让人与他产生认同，但这种认同很难消除他的防御机制即情感隔离。所以在咨询过程中要特别捕捉非言语信息，让他慢下来，感受自己的身体，并尽可能对其经历中的细节感受进行描述。对于哥哥，他有嫉妒的感受；对于家人亲戚，他没有被爱的经验。他会对温暖的爱感到恐惧和不知所措，他没法体会关系中的温暖，他既不相信也不敢期望。这样的反应在其孩提时期是非常绝望的，所以放下防御触碰自己脆弱的一面会让他担心自己失控崩溃。他势必受到过温暖的伤害，因而一想到温暖就会遭遇失望和绝望。

四、亲密和孤独

这个学期，我喜欢上了一个男生，我主动去接近他，但这个过程很辛苦，因为他不太喜欢别人靠他太近，在我接近时，他会往后缩。这时，我就很纠结，一方面很想靠近他，另一方面又怕让他感到不舒服，最后我决定放弃，做朋友也挺好的。但就在这时，他回应了，说他愿意接受我，但是，他需要时间去适应，我答应他，会给他时间。但之后我很不安，之前那种纠结的心态不仅没有减轻，反而有点加重的趋势，因为我在担心另外一件事，那就是我和他变得亲近之后，他会发现我没有他一开始看到的那么好，会发现我的缺点，我不确定他会不会因此离开我，然后我就开始停滞不前了。本来在这段关系中就是我比较主动，现在我停下来了，我们的关系也就停下来了。其实我知道，我是很想要他陪伴的，但是，为了不过于侵入他的生活，让他感受到负担和压力，也为了兑现我自己的承诺，我会克制自己想要联系他的想法，一般都是他约我见面的话我们才会见面，而且每次见完面之后我又会开始担忧，这次见面他是不是真的开心，我有没有什么地方做得不好，让他觉得和我在一起并不是很舒服。我有时会生气为什么他都不会想我，可随后又会安慰自己他很忙，他有自己的事情要做，所以我也应该努力做好自己的事情，不应该把他当成我生活的全部。可是一旦感觉到他对我好，我又会觉得有压力。就这样每天生活在纠结和焦虑之中，很累。我开始意识到，我处理亲密关系的能力是不足的，我不知道该如何去与他人建立一种亲密关系，我渴望亲近，又有点抗拒，抗拒的原因在于怕太亲近，对方因不能接受真实的我而离开，我也怕对方对我太好，我会无以为报，会有一种压力。就像我和爸妈之间的关系，我羡慕别人家的孩子可以和爸妈聊很多事情，可以什么都跟爸妈讲，但我和爸妈之间讨论的永远只有学习，我很少告诉他们关于学习之外的事情，包括在学校里的一些趣事和烦心事等。而且我们之间的聊天几乎都在聊事实，很少涉及感受和情绪，因为那些感受和情绪特别是不太好的感受和情绪会被认为是矫情，是不被提倡表达的。我也不适应和爸妈之间的亲密接触，逛街的时候，我妈牵着我的手，我会觉得很别扭。其实我是很开心我妈能牵着我的，但是，我又会为自己的这种开心感到难为情。因为我一直都在压抑这种亲密的需要，以至于我真的认为自己是不需要的，如果我很欣然地接受了别人给的亲密关系，那最后被抛弃的时候我会显得很被动。所以在依恋类型中，我应该不是安全型的，但到底是焦虑型的还是回避型的，我自己也搞不太清楚，我觉得两种都有。我才发现，原来爸妈有时在家，有时在外务工，我有时有爸妈照顾，有时又在留守的这种生活经历真的对我产生了很大的影响。我之前一直不会这样想，我觉得我很厉害，作为留守儿童的我很独立，能够自己处理生活琐事，能够一直保持很好的成绩，也能够交到很好的朋友。我一直觉得我是幸福的，好像父母不在身边也没有什么不好，甚至有时候还觉得更加自由。但其实我在这个过程中失去了了解父母的机会，也失去了让父母了解我的机会。

就在我觉得自己清楚了这些之后，我试着改变这种情况，试着去了解父母，也试着让他们了解真实的我，我想要多跟他们分享我的生活。所以我开始跟他们讲一些我遇到的烦恼，只不过我觉得并没有得到很好的反馈，他们就只是听着，好像也没有多大的兴趣，连安慰也只是那一句："你现在不用想那么多，把你的书读好就行了。"最后往往是我败下阵来，去陪他们聊他们感兴趣的话题，比如家里其他亲戚的事，或者是就业、考研这种关乎我未来发展却会给我带来压力的问题。我感觉到失落，我觉得没有得到理解。我有点伤心他们为什么就不能关注一下我的情绪和感受。但是，我还是一直在努力，想让父母更多地了解我，我也能更多地理解他们。

直到我告诉了他们我和那个男生在恋爱的事情。

这在之前简直是不敢想象的，我竟然会告诉父母这么私密的事情，我期待得到爸妈的理解，让他们知道女儿是信任他们的，也是需要他们的。但我没想到的是，迎接我的是差一点就吞没我的压力和恐惧。父母以距离太远、以后我会吃苦头为由逼迫我分手。在听到我妈的哭声以及我爸的严厉教训之后，我突然懵了，不知道事情为什么会突然变成这样，我有想过爸妈可能不同意，但没有想过他们会有这么激烈的反应。我不知道该怎么去应对，我不想和他分手，同时又不想让爸妈那么生气，因为我又感觉到了愧疚。最后，我只能无力地坚持我的原则，即我现在肯定不会跟他分手，至于以后我和他能不能走下去是以后的事情，我也不能确定。其实在这个过程中，我是愤怒的，对他们逼我、不能理解我这种行为是感到愤怒的，但就像从小到大一样，我并没有表现出来。我告诉自己，爸妈的这种行为本意是为了我好，所以我应该理解他们，跟他们好好谈谈，应该会有结果的。冷静下来之后，我告诉他们马上要到复习周和考试周了，我想好好复习，等到过年回家，我会跟他们好好谈的。但是，父母穷追不舍，竟然说按照我现在这种情况发展下去，我这个书不如不读了，考试考得再好也没用。我当时觉得可气又可笑，父母的形象在我心中突然就坍塌了，因为之前我觉得父母还是挺明事理的，可是听到这句话之后，我突然觉得他们像一对无赖。可能这个词看起来有点重，但对当时愤怒到快要爆炸的我来说，是合适的。我知道肯定还有更恐怖的事情在等着我，果然我爸就像电视剧里演的一样，让我现在立即退学，不然最后的结果，要么就是断绝父女关系，要么就是带着我一起投江自尽。听到我爸说的这些话，我虽然觉得很可怕，我知道除了妥协外，这件事情无法解决，我反而平静下来了，但是我的愤怒仍然存在，我不想跟他们再多讲一句话，所以我以写作业为由挂了电话。或许是看到我妥协之后，他们放心了，就像得到了糖果的小孩立马不哭一样，立刻转变了态度，音量变小了，跟我说："好好好，你去吧。"

我一直不太懂，为什么父母这次会突然变得压迫感这么强，让我感觉到了前所未有的恐惧。直到我看到一篇文章《如何摆脱被控制的人生?》，我开始回顾我从出生到现在，我和父母之间相处的一些事情。我发现我的父母确实是控制型的，他们对我和妹妹实施的是控制型的教养，他们希望我和妹妹能够按照他们的想法去做事，从小就告诉我们什么事能做、什么事绝对不能做。而且基本上他们都会说:"我管你们，是为了你们好。""你要是别人家的孩子，我们才不会管呢!""我现在不管你，放任你去，我怕将来你们怨恨我啊!"……在我成长的这21年间，我和妹妹也确实是这样做的，我们是其他亲戚纷纷夸奖的乖孩子。我之前一直觉得父母只是对我们要求比较严格，因为他们爱我们，想让我们有更好的发展，但实际上是他们把对我们的爱和控制等同了，我和妹妹也内化了这种认知。而我爸妈常用的武器就是让我和妹妹产生愧疚。当我和妹妹的想法与他们的想法不一致时，他们就会让我和妹妹觉得这样"忤逆"生我们养我们的父母是不应该的，让父母伤心难受是不孝的。我与妹妹和父母之间的边界是不明确的，父母把我和妹妹当成他们自己的一部分，认为他们应该对我们的人生负责，我们就应该听他们的才能过好我们的人生，我和妹妹也认同了这个观点，所以我们会抛弃自己的感受去迎合父母以求得"和谐共处"。

分析：
　　由于国内外社会文化背景的差异，亲子关系的亲疏程度会有所不同。比如中国文化强调大一统，强调和谐、等级观念，所以在亲子关系中呈现的管制和责任义务观念较为强烈。而美国文化由于其移民性特质，文化多元且开放，因此在亲子关系中尊重独立和自主的观念非常明显。当然，历史文化创伤也会对亲子关系造成影响，比如以色列的家庭也很强调抱团取暖、互相支持。
　　社会所处的经济发展状况对亲子关系的影响也不容忽视。在原始后期及农耕时代，由于天力不可违也不可知，人类行为受限很大。人类的发展也呈现地域化、经验化、现实化的特点，我们的足迹探索往往受地域限制，并且受口口相传的经验和摆在眼前的实际环境所限。因此，氏族及类氏族集体文化成为我们的家庭文化，导致亲子关系非常紧密。父与子、母与女之间的关系是"你就是我，我就是你"。随着现代社会的发展进步，经济上的解放和无限的发展空间也释放了亲子之间的交流空间。经济自主带来了更多的权利自主，自我自主感是当代年轻人的追求。然而，因为个体受自身认识所限，不是人人都能清楚地看到社会文化背景及经济发展背景对其亲子关系的影响。

在我看来，这封信里体现的亲子冲突也是社会变化带来的冲突，在过去这没有什么好争议的，以前是包办婚姻，读书不许谈恋爱，父母和孩子之间的关系非常紧密，而没有将孩子看成独立的个体。在现代社会，父母仍然持有传统观念，可孩子已经不同了。他们面临的冲突不是父母要不要，而是个体的一个成长主题：亲密和孤独，即既要和人融合，又要保持独立。

信中的个案面临两方面的冲突。一方面渴望亲密是人类的本能，我们终其一生都在渴望与他人建立亲密关系，但是，亲密本身又意味着要放弃个人界限，暴露自己的脆弱，担心自己受伤或丧失自我。另一方面是我们想要保持独立，不依靠别人，完全可以自己把控自己，但是，我们又必须承受无法忍受的孤独。所以，我们一生都在两端之间寻求平衡，即在相对独立的状态下保持亲密感。这在处理冲突上可以反映出早期体验对我们的影响。早期不稳定的体验对我们成年后的亲密关系发展的影响，在于我们不得不花很多时间在关注安全的问题上。玛丽·爱因斯沃斯（Mary Dinsmore Salter Ainsworth）通过随访研究一岁半的婴儿到18岁成年间与其母亲的依恋模式，发现不管哪一种依恋模式都很稳定。安全型依恋（securely attached）的儿童与父母间有很好的依恋行为，这样的父母往往能够理解孩子的需要，他们知道孩子的需要和感受，他们做出的反应跟孩子的需要是一致的。那些安全型依恋的孩子在小的时候就得到了父母的理解，长大以后他就是自主型的，这样的人往往比较自信，而且自身发展得比较好，所以他寻求社会支持也比较容易。他们能够与他人分享自己的感受，其反思能力、情感情绪能力都能发展得相对比较平衡。

但不是所有的父母都能为孩子提供安全依恋。有的父母因为能力问题也可能是处境问题，比如自己曾经受到过伤害，自身的共情能力受损，他们自己也是有创伤的，所以他们没有能力去接受孩子的感受。比如父母带孩子去一些社交场合如同事聚会，如果孩子比较害羞，父母是否接受这种害羞——是允许孩子躲在身后,给他足够的安全感,然后鼓励他,还是骂他"怎么这么没出息""没用""不争气"当众羞辱孩子?如果是后者,那说明孩子的害羞伤害到了父母的自尊,因为孩子被父母当作他们的一部分来看待了。如果换成别人家的孩子,他们很容易同情他,并且会对他很有耐心——"没关系的,下次再叫好了。"但是,换成自己的孩子,他们却会很愤怒,为什么?因为他伤害了他们的自尊,他们很难接受自己的孩子这么没用。

由于父母对我们的否定和不接纳,使我们很难接纳自己,从而发展出不安全的依恋模式。在这种不安全依恋模式的自动化作用下,很多人的问题不是周围没有人支持他,而是他不相信会有人支持自己,这样他就自己阻碍了自己。

不安全依恋的一种常见模式就是回避型依恋。在婴儿时期,当他们有痛苦或者需求并发出信号的时候,他们的父母往往拒绝或者忽略了他们的感受。他们会总结出:"如果我寻求帮助,那么我反而会让自己更痛苦。"因此,内在的声音选择告诉他:"我不需要你们的帮助,我自己可以处理。"这样的孩子看上去很独立,其实是一种假象。如果你这时去测量他的激素水平,你会发现他的内在其实很紧张,虽然表面上看起来他不需要帮助而且很冷静。这样的人长大后会变成轻视依恋关系的人,他会注重个人的独立性、个人的事业和个人的理性。学术领域就有很多这样的人,这种人很容易取得成就,因为他们注重个人独立和痛苦,他们不需要别人的帮助,也特别努力。但他们在亲密关系上多少都会碰到一些问题,跟他们相处的人多少也会有些困难,因为我们总是渴望和他们靠近,却总是感到被拒绝,而他们也不愿意在亲密关系中投入情感,所以在亲密关系中会遇到困难。他们总是在思考这种情感和理性在人际关系中的作用,事实上,每个人多多少少都会有一点这种情况。

另一种不安全依恋模式是矛盾型依恋。这样的孩子在婴儿或儿童时期渴望被关心和照顾的时候,父母对他的反应是不确定的——要么矛盾,要么不稳定。他们在行为上就会显得很矛盾:照料者,在他们的感受中既是照料他们的人,又是给他们带来伤害的人。比如有时我们向父母寻求帮助,我们会想"惨了,父母会打我、骂我的",但是这个照料者也是我们的父母。他们会很矛盾,会先入为主地判断或臆想关系的发展。这个个案也是这样的矛盾型依恋,她在关系里对情感特别关注,非常渴望在亲密关系中获得亲密感、爱和温暖，同时又很矛盾，她非常担心对方不爱她，她会被抛弃，因而感到非常不安全，这就是矛盾型。我们碰到的很多来访者都有这样的问题，重情感，轻理性。所以，矛盾型和回避型的人的问题就是情感和理性不平衡，有着过分的脾气或者说情感。那些矛盾的照料者对婴儿痛苦的反应是不可预测的，这便带来了很多的冲突。

最糟糕的一种不安全依恋模式是混乱型依恋，他们面对的危险是不可预测的，这样的人长大以后被我们称之为解决型，他们在关系里总是在某个点就好像被卡住了。

上述一切都和我们早年的母婴关系对我们人格的形成和发展有关，从信中可以清楚地看到，早期父母与她的关系是如何影响她现在的亲密关系的。从她父母的反应来看，她不得不压抑自己的情绪和感受，他们的依恋关系应该偏向于回避型。

当你在不同关系中遇到问题时，可以问自己感到痛苦的时候，会不会向最好的朋友寻求支持，也就是说你会不会开放情感，认为朋友能够理解你的感受，并且可以向他们寻求支持；还是说当你感到痛苦的时候，你会把自己关起来，自己处理这些痛苦。如果你和恋人之间、同学之间、同事之间有矛盾，你是怎么处理的，比如有人会冷战、有人会压迫对方。大学里有很多寝室矛盾，有人聚集的地方就有矛盾，大家都是怎么处理的？你在关系里是否善于表达情感，还是说你非常理性？如果你发现自己很痛苦，是否会向你要好的朋友寻求情感上的理解、支持？如果你会把自己关起来，自己去处理这些事情，你不会告诉别人你的痛苦，那么很可能这些都来源于你小时候的经历。小时候，当你痛苦时你的爸爸妈妈是怎样帮你处理这些痛苦的，决定了以后你怎么处理这些痛苦。还有你和父母有矛盾时，他们又是怎么对你的？识别自己的依恋模式有助于我们看到自己的问题在哪里，可以从何处入手解决问题。

五、代际传递

我跟父亲不亲，因为父亲喜欢喝酒，母亲经常和父亲吵架，母亲也总是告诉我父亲是自私的，结合从小到大的一些事情，我在心里也慢慢接受了"父亲是自私的"这个定义。外婆、母亲、舅舅是很稳定的三角关系，关系密切且温暖，虽然他们也会有争执，却总是为对方担心，更多的时候他们像小孩一样相互嬉闹，总是欢声笑语。而我从小被外婆带大，我将自己摆放在外婆身边，但我不知道该把父亲放在哪里，这些稳定的类三角形结构似乎有人加入就破坏了稳定，我脑海中总会想起父母争吵的画面、我和父亲争吵的画面、父亲喝酒的画面，这些画面充斥着我的脑海，让我变得很烦躁，所以我将父亲放在三角形之外且有一些距离。

虽然父亲和奶奶的关系不是很亲密，但毕竟血浓于水，父亲总是会把好的东西都送过去，而对外婆，父亲却是吝啬的。我记得小时候赌气，我一定要父亲当着我的面给外婆一个大红包，虽然父亲最后都会给，但我始终认为父亲不喜欢外婆甚至不尊重外婆。我小学和初中的时候，为了离学校近，我们一家都住在外婆家，这些年没见父亲对外婆表现了什么，但是母亲总是拉着外婆旅游、逛街，对外婆真的很好。有时候，我得知父亲给奶奶送了东西和钱，我都会很气，甚至认为奶奶从小没有带过我凭什么拿我家的东西。

太多矛盾和情绪堆积到现在，导致我和奶奶不是很亲近。奶奶有时候想留我在她家过夜，我都会觉得很别扭，最多住一晚上。我早上起床会让外婆装作同学打电话给我，叫我出去，然后我就走了。虽然不知道这么做对不对，但是我真的不愿意靠近奶奶，很多事情让我越来越疏远她（可能是因为信任，可能是因为这些话从来没有说出口，我才想告诉张老师。奶奶在母亲生下我后看见我是女孩转身就走了，外婆一个人流着眼泪在医院照顾母亲。奶奶将门反锁后让母亲在外站了一整个下午。奶奶……我不喜欢奶奶）。

为什么写到这里就哭了呢？我就是很心疼母亲，所以我不想靠近这些让她伤心难过的人。因为我是女孩，而奶奶她们喜欢男孩。母亲曾经在检查出来是怀了男孩后依然做了手术，家里那段时间吵翻了天，我感受到了一些无形的压力，躲在被子里哭，母亲就抱住我说："你好好的就好，妈妈有你就知足了。"

可能因为家里这些因素的影响，母亲对我有很高的要求，我也对自己有很高的要求，所以我一直都很优秀，每年都拿奖，每年都受到老师的表扬，现在当上了学生会主席也让母亲感到很骄傲。因为背负着母亲的这些希望，我一直都倔强地往前走，不愿也不想停下。

现在父亲和奶奶都会夸我,觉得我很优秀,但我觉得这些来得太晚了。一次饭桌上,父亲和别人聊天时说到"姑娘也挺好的",我没有一丝骄傲觉得自己终于得到认可了,反而在心里冷笑,我觉得我做得更好从来都只是为了母亲而不是为了父亲。

讲述这些事情的时候,我觉得自己很矛盾,一个自己很心疼父亲,想要对他好;另一个自己却埋怨父亲。两个我不断拉扯着,让我不知所措……

分析:

前面有个女孩的经历和这个女孩相似,家里老人重男轻女的行为导致她非常努力地想要证明自己。这个个案我们可以换个角度来分析。从家庭治疗的角度出发,我们可以看到重男轻女观念在原生家庭代际相传,没有一个不是受害者。如广东部分偏远地区(当然不限于这些地区)仍然有着一种传统思想"身为女人是上辈子做错了事而被惩罚"。在我生女儿期间,同房病友是一位来自增城的妇女,她的先生是一位公务员。这个年轻的母亲经历了整整一天的痛苦煎熬,终于生下了一个大胖小子。第二天,她很傲娇地说:"哈哈,我生的是儿子。"我问她:"这意味着什么吗?"她看了我一眼,意味深长地说:"在我们那边,生女儿都是被老天惩罚了的。"我想很多读者可能会如我一样惊讶于她的这个回答。沉默了一会儿,我还是忍不住又问她:"那你和你妈妈都是惩罚吗?"原想借她自己和母亲的女性身份帮助她认识到这是一个谬论,但我没想到,这位母亲很干脆而且不带一丝犹豫地回答:"是的!"这样拒绝自己女性身份的人在中国仍然大量存在,这个女孩的奶奶就是千万人之一。这个女孩的奶奶自己也是女人,但她在发现儿媳生下来的是女儿之后便绝情地转身离开。一方面是她对儿媳和孙女的惩罚与不欢迎,另一方面则是她对自己的惩罚与不欢迎。她通过生儿子来获得自己的地位或者说"赎罪",同时希望儿媳能继续生养男孙来延续这种地位,将身为女人是一种罪的原罪减轻到更低。在儿媳用手术的激烈方式予以反抗的时候,作为孙女的个案则采用回避的方式来表达情绪和间接攻击。比如她不愿意和奶奶待在一起,想尽一切办法早点离开奶奶家。奶奶肯定也是能感受到的。当奶奶还有控制力的时候,她可以将儿媳关在门外，但是，当她呈现柔弱的一面，比如希望孙女能和自己多亲近时，孙女则将她关在了门外。由此可见，对于奶奶来说，她也是自己重男轻女观念的受害者。对于个案来说，她一直都在和被抛弃感作斗争。一方面，她能感受到妈妈这边家族的爱；另一方面，她深知自己的到来并不受父亲那边家族的欢迎。所以在个案的站队划分里，自己和母亲、外婆、舅舅是一条战线的，而父亲和奶奶是一条战线的。

对于个案来说，尽管她可以理解父亲的辛苦，但是情感上仍然难以接受父亲对自己的"抛弃"。父亲在婴儿成长的不同时期扮演了不同的角色。当婴儿处于前俄狄浦斯情结期时，父亲通常是排在第二位的重要照料者，他的主要作用是作为母亲的替代者或特殊第三人而存在的。但是，对于母婴关系里的两个人来说，父亲还具有一个非常重要的角色功能，那就是容器。他要为处于二人世界的母婴提供一个安全的环境，以保护他们不受外部世界的侵扰，这会让母亲感觉到更安全，可以让她的"原始母亲预设想法"（primary maternal preoccupation）不受打扰地传递给婴儿；同时，父亲还需要成为母婴从二人世界走出来的重要"借力点"，可以站在母婴中间成为双方进退的依靠、成为双方走向多元人际关系的过渡、成为双方客体世界的引路人。借用比昂的说法，我们可以设想——连串"容器内容器"（container-in-container）的概念：婴儿（嘴里含着母亲的乳头）被母亲包容，而母婴的结合体又被父亲包容。在每一种情况下，容器都会发挥作用，以帮助包容物成长，并做好分离的准备。[①]

然而，对于这个个案来说，尽管信中没有描写父亲对她的出生的态度，只是说外婆一个人流着眼泪照顾母亲，但是没有描写本身就是一个忽略的隐喻。这个隐喻意味着她在父亲那里是被忽略的，所以她会有被父亲抛弃的感觉。这种被抛弃感还来源于父亲认同了奶奶的观点，即一直想要一个儿子。所以从她出生的第一天起，她就带着被抛弃的痛苦和不相信自己被抛弃的希望在成长。这个冲突一直在她的内心深处，所以个案一直很努力地将学习作为为母亲和自己战斗的武器，希望获得对自己女性身份的认同。尽管在信中我们没有看到父亲对她怎样，但是看到

[①] 大卫·萨夫著，李迎潮、闻锦玉译：《性与家庭的客体关系观点》，世界图书出版公司北京公司2009年版，第34－35页。

她听到父亲说"姑娘也挺好的"时的内心冷笑。按理说，她最终获得了父亲的认可，是胜利了，可是这个胜利的到来仍然温暖不了她内心撕裂的自我。如同她自己所说："讲述这些事情的时候，我觉得自己很矛盾，一个自己很心疼父亲，想要对他好；另一个自己却埋怨父亲。两个我不断拉扯着，让我不知所措……"如果她不能和父亲、奶奶和解，和自己和解，并认同自己的女性身份，她的这个战斗可能还要继续下去，而战场则会从她的原生家庭转移到她的新生家庭。因此，该个案在和解的道路上需要先充分地认识自我及自我的需求，而非妈妈的需求。将自己作为一个独立的个体，不仅接纳自己的女性身份，也接纳自己的其他方面，实现对自己内在的整合，进而以包容的视角尝试和父亲、奶奶进行交流，重新审视父亲和奶奶，从而逐渐实现和解。

第十二章 自己与他人的关系——亲密关系

爱情，是亲密关系的另一个名词，是在校青年最热衷的话题，是他们的神秘花园，也是泪的源泉。所谓爱情，是指个体性心理成熟到一定时期，对异性个体产生的有性吸引力和浪漫色彩的高级社会情感。①

爱情是人的自然属性和社会属性的统一体。自然属性是人类作为动物属性的体现，陷入爱情的个体会有性欲的唤起以及性心理的想象。社会属性是人区别于动物的属性，即人类的爱情是有精神基础的，爱恋双方会因人格上的相似或互相欣赏等各种精神层面的原因而心心相印、惺惺相惜。

罗伯特·斯腾伯格（Robert J. Sternberg）提出了爱情三维理论，他认为，人们的爱情关系包含三种基本成分：第一种是亲密（intimacy），是个体之间相互理解与相互联系的体验；第二种是激情或情欲（passion），是个体对另一方的强烈生理需求；第三种是承诺/忠诚（commitment），是个体有意愿或认可与对方在一起共同生活下去。② 美国学者罗兰·米勒（Rowland S. Miller）和丹尼尔·珀尔曼（Daniel Perlman）认为，忠诚在本质上主要是认知性的，而亲密是情感性的，激情则是一种动机或者驱动力。恋爱关系的"火热"来自激情，温情来自亲密，相形之下，忠诚反映的则是完全与情感或性情无关的决策。③ 不过三个成分在爱情的不同阶段发挥的作用会有所不同。比如恋爱初期，激情/情欲这个成分的作用会更明显，但是，在恋爱中期，温情会更为明显，而恋爱后期则是承诺在起主要作用。另外，由于个体的心理特质以及心理成长历程不同，对爱情三个成分的需要和重视也不一样，因此有的恋

---

① 张将星、曾庆：《大学生心理健康教育》，暨南大学出版社2013年版，第154页。
② 许淑莲、申继亮：《成人发展心理学》，人民教育出版社2006年版，第241页。
③ 罗兰·米勒、丹尼尔·珀尔曼著，王伟平译：《亲密关系（第5版）》，人民邮电出版社2011年版，第242页。

爱关系相敬如宾，有的却吵吵闹闹。此外，每个人都会被社会认可的性文化观念、性道德、性行为方式影响，不同文化背景的个体对三个成分的需求也有区域性和文化性的差异。

按照传统弗洛伊德学说来理解，心理发展的动力来自性本能，追求性欲的满足就是心理发展的内驱力。按照后弗洛伊德时代的精神动力学说来看，亲密关系是母婴关系的重现，也是自体得以完善的一个重要成长域，亲密关系还可能是家庭问题的代际传递。

不过，在爱情心理学里面，最为重要的还是个人认知，也就是个体如何解释和理解其在早期恋爱过程中的经历，比如争吵、失望、拒绝、无助、嫉妒甚至被抛弃、被欺骗等不愉快的情感体验是如何产生的，又是如何影响自己现在的生活的，以及如何影响未来的幸福感。这些早期的爱的经历如果不能得到正确的理解和消化，那么它的伤痛就会一直被保留，持续影响个体后来与异性之间的关系，[①] 甚至持续影响个体后代与异性之间的关系建立。

一、矛盾型依恋

> 张老师，给您写这封信大概是因为我想让自己有所作为，重新振作起来吧。
>
> 我经历了一场失败的恋爱，而正是这次经历让我惊觉自己身上的问题并且走进了咨询室，然后开始反省我到底经历了什么。
>
> 3岁以前，我住在奶奶家，这里氛围宽松，比较"没规矩"，我可以肆无忌惮地玩耍。直到3岁后，我被接回父母家中，也许是当时我太野，经常和大5岁的哥哥吵架，母亲对我俩非打即骂。从幼儿园到小学二年级，节假日回到奶奶家是我最期待的一件事，每当重新被接回家，我的心情就会变得非常压抑、难受。直到现在，一旦我需要从安全舒适的地方离开，这种压抑的感觉就会重新出现。而这段时间里，父母吵架很是频繁，并且他们都失去了理智。记得有一天晚上睡觉时，父母在客厅吵架，房间里的我出去劝架，

[①] 卡伦·霍妮著，许科、王怀勇译：《女性心理学》，上海锦绣文章出版社2009年版，第80页。

却被母亲一把拖到煤气罐前，对着父亲说，如果你不怎么怎么样，我就带着她一起死好了。第二天起床，我以为母亲会安慰我，但她只是一直叮嘱我，不要跟同学或者同学家长说这些事，家丑不可外扬，和我睡一间房、劝我不要出去的哥哥后来很无奈地问我是不是受到教训了。从这时起，我对家里冲突的处理，都是装作不知道或者觉得不关小孩子的事，并且觉得这是最好的方式。而一旦察觉到母亲心情不好，我就会很害怕，从而战战兢兢，努力做好手头上的事，让她不要注意到我。

之后搬家以及生性叛逆的哥哥离开家上大学让家里的气氛稍微缓和了些。上初中后，我的成绩突飞猛进，并且在班级里一直名列前茅，这让我似乎获得了"护身符"。虽然平时难免被说教几顿，但几乎没挨过打了。然而这时父亲的创业计划又让他和母亲吵得翻天覆地，几乎只要他们同时在家，就免不了吵架，根源当然是为了钱。在一次次的吵架中，我听到了很多家里的"秘密"。我开始惊觉，原来我们家的经济条件并不算太好，原来的好生活一直需要母亲娘家的资助，自卑感让我在面对舅舅一家人时总是唯唯诺诺，甚至开始瞧不起自己一向敬爱有加的父亲，他完美的形象一下子倒塌了。我渐渐觉得家里无法依靠而焦虑不已，虽然大学的经历证明家仍然是我坚实有力的后盾。

高中时，家里的主要战线转移到即将工作的哥哥和一心想让他考公务员的母亲身上。这场架一直吵到他接受了公务员的工作乃至现在。已经进入更年期的母亲脾气火爆，前路迷茫无心工作的哥哥觉得是她害了自己。最严重的一次吵架是在我高考结束后的暑假，母亲和哥哥在家里谁也不跟谁说话，甚至连我也被迁怒，试图跟母亲说话也会被她无视，在即将出高考成绩的双重压力之下，终于有一天，我受不了了，半夜跑到阳台上打电话跟去了外地工作的父亲哭诉，在他的哄劝下，总算家里恢复了平静。近两年来，父亲、哥哥回家的机会少，母亲脾气也日渐温和，只有节假日一家人才会聚到一起，渐渐有了温馨的感觉。

在咨询时，我渐渐发现自己的脑袋里似乎永远绷着一根弦，提醒自己不要"重蹈覆辙"。母亲暴躁、易怒、强硬，那么我就努力让自己变成一个脾气温和、顾及他人情绪的人；父亲自大，那么我要谨小慎微；哥哥成绩不好，沉迷网络，我就一定要出人头地。我正在否定这个家的每一个人，把他们当成反面教材。每当表达自己的愤怒、不满后，甚至发觉自己有这种情绪之后，我会有强烈的愧疚感；为了照顾别人的感受，我带着怒气去做自己不愿意做的事；在偷懒之后会不断告诉自己，我正在毁了自己的一辈子……而咨询师告诉我，我是在将不敢对家人表达的愤怒转向自己。

我将母亲和哥哥内化成反面的客体，我内心一方面渴望从他们身上得到我需要的爱，另一方面又害怕自己成为他们。而童年印象中给予我疼爱和安全感的父亲日渐颓唐，青春期的我目睹了他的失败和失意还有出轨，心中的安全感崩塌了。当我想要把这种安全感寄托在自己身上，却发现自己能力尚且不足时，焦虑就会出现。

在那次失败的恋爱期间，我无时无刻都需要男朋友陪伴在身边，基本上生活就是围绕着男朋友打转，甚至疏远了自己的朋友，也无心学习。他牵引着我的一举一动、喜怒哀乐。有一段时间，我的生活就是发消息找他，然后忐忑不安、一心一意地等待回信，等久了就会压抑、烦躁，大哭一场；而一旦他给予了回应，一切烦恼便烟消云散。这种相处方式让我与他日渐疏远，最终分手。之后，我装作无所谓的样子，旅行、玩游戏，秉持自己过得开心就好的信念生活，逃避学生会的工作，逃避学习，直到挂科和数次考证都交了白卷，我才开始反思自己到底在做什么。

开始恋爱的那段时间，我的生活处于非常黑暗的状态，因为与父母争吵不休，于是我把渴望得到关心和爱的需求都转向男朋友。而一向是好男人形象的父亲轻描淡写地和我说他出过轨，并且我有过一个同父异母的妹妹的事情让我很难接受，于是一旦有好看点的女生接近男朋友，我就会去质问他怎么回事……在一次大学生心理教育课上，我了解到恋爱中的人很容易有退行，而我就像幼儿时期依赖父母一样依赖着男朋友，并且分手之后这种退行似乎没有结束，我选择了一种最开心、最快乐也最不负责任的方式，然后因为自己的拖延而走进了咨询室。

我在讲述自己经历的过程中也在进行自我整理，渐渐发现自己从小就压抑了很多情感不敢表达，即使说出来，也会感到羞耻、罪恶（比如表达爱之后）和内疚、后悔（比如表达愤怒和不满之后)。或许根据咨询师的说法，我的拖延是在压抑了很多情感之后借由分手这件事的集中爆发。

分析：
　　这个个案有可能是矛盾型依恋。比如父亲有外遇动摇了她对关系的确定性，或者说诱发了她的不安全性，可能她对父亲曾经有过很多理想印象。但是我们必须看到，这件事其实只是一个诱因，她势必有不安全的基础，因为这个不安全的心理基础，她肯定跟父母关系也不好，比如她说和父母争吵不休。然而遗憾的是，这封信里没有描述她以前的性格，她只说从小压抑了很多情绪，所以很难判定是回避型还是矛盾型。不过虽然她有很多回避行为，比如关系结束之后，她的方式是"装作无所谓的样子"以及玩游戏、逃避学生会工作等自我疗伤型的行为。这些回避行为可以理解为她对亲密的防御，因为从后面的描述中我们可以看到，她非常渴望并且依赖关系，这一点和回避型不太一致。

　　她没有发展出独特自我，因为父亲的完美形象崩塌了、母亲反复无常、哥哥沉迷网络，她的身边没有一个可以认同的对象。她没有作为一个独立的个体被承认、被看到、被确认。而且小时候父母的争吵让她经常挨打，成为一个替罪羊，全靠3岁前奶奶给她的温馨记忆帮助她承受起了这些。这样的抚养环境"成就"了她强烈的不安全感。从她的成长经历来看，尽管不算典型，但仍然可以归为矛盾型依恋。

　　虽然她不会采用边缘型人格的自我伤害如割腕等行为来处理，但是她仍然采用了回避日常工作和学习等自我安慰的方式来自我疗伤。这种处理和应对自己分离的痛苦或被抛弃的方式可以看作一种她认同对方对自己的伤害的行为，她会感到自己没有意义，不再做有目的、有目标、有意义的事情。她装作无所谓的样子去旅行和玩游戏等是丧失了生活意义的感觉，这种丧失意义是通过感觉到自己没有价值，认同对方对自己的贬低而来的。所以她开始觉得做任何工作、学习都是没有意义的。因此，她开始做一些不需要努力的事情，比如旅行，看上去很潇洒，让自己开心。但是她这样做的本质是让自己变得越来越无意义，而这也可以看作一种抑郁，不过在她的眼里被理解为拖延。其实，她的不学习、不工作都是在回避她的痛苦，是一种抑郁，而不是拖延。抑郁与悲伤、哀悼是不一样的，最早提及这种差别的是弗洛伊德写的一篇经典文章《内源性抑郁与悲伤》，两者的主要差别在于，抑郁的主要内容是对自我的贬低和攻击，而悲伤和哀悼者并没有完全丧失自体，哀悼是重建自我。我们可以看到，这个女孩一直不能从抑郁的状态中走出来。她为什么不能康复？尽管哀悼和抑郁都是对丧失的反应，但是弗洛伊德认为，哀悼是发生在意识层面的，而抑郁是发生在潜意识层面的。哀悼在弗洛伊德看来是正常和健康的一个过程，对个体从丧失里康复是必要的。所以哀悼一般不会缺失自我照料，但是，抑郁会有缺失自我照料甚至会有某种程度上的自我伤害。当个体遇到丧失的痛苦时，抑郁就会伴随着自我价值的丧失，导致个体认为好的部分都不见了，只留下坏的部分，所以自己是"坏的剩余"，某种程度上是认同了抛弃她的人对她的贬低，比如"我不喜欢你"。因为潜在的感觉对她来说是"如果你不喜欢我，我就没有意义了"，所以她把对方看得过分重要。这个人在她心里就像她的描述一样"无时无刻""围绕着男朋友打转"即"他是她的全部"。在热恋中这其实是常见的现象，心理健康的人和心理不健康的人的差别在于后者不愿意放弃这种状态，希望永远待在这样的状态里。所以这些人一旦离开她，就意味着她什么都没有了，她觉得没有了价值，也没有了意义，产生了严重的自我贬低。任何分离都会对我们造成不同程度的打击，而对抑郁的人来说，显然来自分离的打击过分严重。所以她一旦进入亲密关系，就会完全丧失自我。很可惜她没有描述之前是否有过类似的经历，还是这是她第一次这样，但不管怎样，因为她把对方看得过分重要，所以亲密关系对她来说都太过沉重。很有意思的是，她分手后选择了"一种最开心、最快乐也最不负责任的方式"，这种方式相比痛苦来说确实更快乐，但不是她真正的快乐。因此，换句话说，她的所谓拖延是推迟去面对痛苦的时间。在某种程度上，她的性格缺陷可能恰恰体现在她从小没有学会怎样真正地爱自己、照顾自己。她以前经常提到自尊、自爱、自立，要真正理解这几个词并且做到真不容易。这三个词放在她身上都很合适，因为她在心理上不能作为一个独立的人和别人交往，所以她只能用这三个词来防御关系建立的困难。

因此，对于这种依恋类型，我们建议可以通过以下步骤来改变其认知与行为模式：第一，我们需要认识到，即使是好的部分不见了，导致我们的心理有了空洞，并不意味着剩下的都是坏的部分。如果我们认识到自己的价值，我们可以很好地哀悼丧失，而不是哀悼自己很糟糕。第二，当我们认识到自己是好的、是有价值的时候，我们才有力量去接纳新的力量，重新填补我们的空洞，并且将新的力量内化为自己的力量。第三，当我们接受了生命中的客体有来有往，并学会了内化客体，则可以更好地接受存在主义的孤独、死亡等课题的学习，能更好地接纳不如意和不完美，以及离开与丧失。

二、处女情结

张老师您好，我是您的一名外招学生，我的名字不方便透露，不好意思。今天听了您的心理课是关于性的，听后有不少感受，因为我只在高中谈了一次恋爱，是那种很纯洁没有涉及性的关系。我在游戏里有一个"老婆"，是大三的，我们聊得不错，就跟好朋友一样。但是，最近她和我说了一件事，就是她和朋友出去聚会，被灌酒喝醉了，和一个外国人发生了性关系，这也是她的第二次。第一次是未成年时和她的男朋友。她和我说完，我的心里就一直感觉怪怪的。我可以说我不喜欢她，但真的把她当成了朋友，可能是我比较传统或心理有点问题。这种事情在现实中也有，就像看到自己喜欢的女生和别人有说有笑的，我也会有类似反应，有时甚至会愤怒。还有我有点接受不了以后我的老婆不是处女。我认为发生了性行为就要负责到底，所以接受不了。就像今天早上上课说到性，大家都在笑，我却有点笑不出来，一直觉得压抑，还很容易乱想。这种心理困扰着我，因为我的反应其实还挺明显的，请问我到底要怎么办？

分析：

这个想法叫作处女情结，主要是跟文化联系在一起的。从理论上来讲，男女是不平等的。如果女性是男性的私有财产，这个就很好理解，自己的私有财产是不允许别人去触碰的。就像以前的徽州女性很压抑一样，她们的男人在外工作，害怕自己的老婆被偷看，所以她们被关在大院里"守活寡"。但是，反过来，女性对男性没有这样的要求，而且没办法检验他是否是处男。这个个案会有所谓的处女情结，意味着从某种程度上说他还不成熟，从观念上来讲很传统，或许在意识层面并没有呈现出来，但其潜意识中并没有将女性作为与自己平等的对象来看待。如果他的观念是刻板的或者病理性的，他会认为和别人发生过性关系的女性是不纯洁的，不能接受。这里涉及性爱的排他性。

排他性是个体抗拒其他人对自己所爱的对象予以任何性亲近的心理倾向。排他性的产生源于两种安全感的需求：一是生物基因传承的安全感需求，这是动物的本能。我们必须保证自己的基因得以传承下去，所以不允许其他竞争者的存在和可能。生物性的安全感需要使人类社会在经历了蒙昧时代的群婚杂交阶段和野蛮时代的伙婚、偶婚阶段，进入一夫一妻制阶段，以人类性爱的排他性强烈地显示出来。① 二是心理安全感要求。这个安全感和个体自尊、社会尊重以及母婴关系的重现等有关，相对比较复杂，但是它是爱情能否坚持到底的决定性因素。

人类性爱的排他性主要是由私有制决定的，所以处女情结和私有制思想有着紧密的关联。处女情结是一种将身体物化的体现，如前所述的徽商将妻子锁在屋内一样，这是文化落后的表现，很难说是一种疾病。从进化论来说，要求女性保持纯洁是为了顾全男性后代的纯洁性。从文化来讲，这是男权对女性的统治和压迫。但是，从个体来讲，处女情结反映了他无法去爱一个完整的人。个体有处女情结和有恐同症一样，将处女等同于纯洁，他的认知观念是非黑即白的极端观念，放在性观念上就是：处女是纯洁的，是好的；不是处女就不是纯洁的，是不好的。这就使他在面对游戏中的伙伴，被他称为"老婆"的这个女孩子时感到困惑。他一定在某些方面很喜欢对方，尽管不知道为什么，或者喜欢她什么，这个喜欢可能和性没有关系，但是女孩子在性的处理上的随意让他内心冲突且感到特别难受，因为他不能将喜欢和不喜欢的部分放在同一个人身上。一方面，他觉得这个女孩子有好的一部分；另一方面，这个女孩子又有着他觉得不好的一部分，所以他感到很困惑、很不舒服。他不知道该怎样去看待这个女孩子，怎么去评价她，怎样将这种喜欢和无法接受的部分进行统一。简单来说，他在面对这个女孩子时，原有的认知观念遭到了挑战，而他不能处理这个冲突并将一个人整合为好坏皆有的个体。

当然，在他所有的反应中，有些反应是嫉妒，这个是正常的。所以

---

① 奚华：《恋爱婚姻心理咨询手册》，华文出版社2002年版，第346-347页。

他必须学会真正地尊重和理解性到底意味着什么，并逐渐意识到人的不同方面在一个人身上的整合、统一，而不是非好即坏。而这种对性的理解，西方国家和中国都曾经历过漫长的过程。

三、两人模式或三人模式

张老师：

您好！

非常感谢您在百忙中抽出时间回复学生的邮件！

在我大学即将毕业的时候，经同学介绍认识了一位比我小2岁的男朋友（我25岁）。因为我刚刚从考研的压力中缓解出来，很快跟这位小鲜肉男朋友相谈甚欢，每天在QQ、微信上有聊不完的话题，就这样持续了几个月。在我来到广州的两个月后，我们决定见面，他也不辞辛苦地从青岛坐了十几小时的火车来到广州，我们发生亲密接触。短暂的相聚之后，他回到青岛继续读书，我留在广州读书。接下来的两个月，我们总是不断地吵吵闹闹，吵架的原因是我感觉他不够在乎我，不主动联系我。我也多次提出分手，又几度和好，最终也没能敌过距离，以分手告终。匆匆半年，我结束了自己的初恋，也送出了自己的初夜。这段关系，家人毫不知情。

在和小鲜肉分手的第五天，我经家人介绍认识了现在的男友。他比我大3岁，是一位大学老师，研究生毕业，已经工作1年，在广州买了房子，在外人看来，我们是多么的合适。在QQ上聊了10天之后，我们见面了。他挤公交、地铁2小时，手里提着自己亲手煲的汤来到了我面前。第一次约会，我除了感动外，并没有什么特别的感觉。之后的聊天也都是不冷不热地进行着，他也很配合我，我喜欢的东西，他也会去关注。在一场考试结束之后，我们第二次见面。这次感觉他的话少了，总是对着我笑而不语，我也略感尴尬，只好低头玩手机。之后的几次见面，两个人的话题也不多。然后，迎来了寒假，我们的感情却迅速升温，每天抱着手机有聊不完的话题。直到有一次，我们聊起了彼此的感情经历，我把和小鲜肉的那段经历如实地告诉了他。他很介意我不是处女这件事情，说我被欺骗了，为此我们还发生了争执，两个人因此冷了下来。我始终认为，即使我遇人不淑，那我也只是对不起自己而已，之前那段不愉快的经历都是在认识他之前发生的，我并没有对不起他。过了几天，我们又恢复了正常聊天，他说，既然爱一个人，就不会介意她的过去，就要接受她的一切。他把这件事情告诉了他妈妈，他妈妈安慰他说，过去的事情就过去了，只要你们俩以后幸福就可以了。开学之后，我们开始热恋。在他的多次要求之下，我们发生了亲密接触。慢慢地，我们也有了分歧，其实说起这件事情，我也挺惭愧的，好像每次争执都是由我挑起的。但凡他做了什么让我不顺心的事情，我就会摆起一张臭脸给他看，不跟他讲话，转身离去，他也总是哄我，每次吵完之后也都会和好。我们中间也经历了几次分手风波。家里人也都会安慰我说，两个人在一起总是需要磨合的，不能轻易放弃。

　　直到一个多月以前，他妈妈出现在我们的生活中，一切都改变了。可能是因为紧张，又感觉时机不太成熟，我很排斥去见他妈妈。所以接下来我们两周都没见面（之前我们每隔一天就会见面），两个人处于冷战状态。后来他来找我，我们和好了，我也去见了他妈妈，但感觉不怎么好，感觉他妈妈好像很强势的样子，他在他妈妈面前也是一副小羊羔的状态。在后来的聊天中，我发现，我和他之间的任何小事，他妈妈都了如指掌。他妈妈来广州的这段时间，我们见面少了，电话也少了，他也总是说工作忙。

　　后来他跟我提到了结婚，说我们认识将近半年了，是不是该为以后的事情做点打算了。我明确地告诉他，毕业之前，我不会跟他结婚。他说他不会等我两年，他等不起。我冲动之下又提出了分手，这次他再也没有挽回。

　　冷静了将近一个月之后，我去找了他。看到他消沉的样子，我挺心疼的。虽然他说我们不可能再恢复到以前的关系了，但是我能感觉到，他没有放下这段感情，我相信自己的感觉。我去找他谈这件事情，他也告诉他妈妈了。他妈妈在电话里跟我讲，他跟我在一起好辛苦，总是吵架，总是分手，我们性格不合，让我不要再去打扰他了（他爸爸在一年前因肝癌去世。他在读研的时候交往了一个女朋友，对那个女生也是百般宠爱、忍让，但在毕业的时候，因为他爸爸的去世而提出了分手）。

  我也意识到自己之前的任性、冲动，让他很没有安全感，但我并没有想过要跟他分手。

  现在，他妈妈不同意我们在一起，说我们总是吵架，即使结婚了，以后也不会幸福。我妈妈也不同意我们在一起，说他这样没主见，以后吃苦的是我。他现在对我也很冷淡，我说什么他都不肯相信。我不想分手，但我也不想结婚。张老师，我现在该怎么办？希望您能帮帮我！

分析：

  温尼科特将过渡性客体的概念延伸到很多现象中，这些现象在人的青春期和成年期扮演着重要的正常或不正常的角色。青少年通常会彼此依赖，不过他们更像是将对方当作婴儿期用作过渡性客体的毯子一样，而不是将其视为真正的人。他们将家庭之外的某个人或某个同伴群体视为母亲的替代性客体。这一概念还可以延伸引用到性交流的现象方面。性接触通过同样的过渡性客体的转换过程，也涉及一些最初需要通过过渡客体的使用才能解决的类似问题，都需要处理自体与客体的关系。因此，性生活中对客体的控制以及丧失客体的威胁都是有可能发生的。早期母婴纽带的亲密与距离转换的灵活度、安全性都会在成人性生活的过渡现象中得到再次体现。①

  这个女生的故事可以从三个方面来解读。

  一是恋爱时的状态变化。似乎可以说，恋爱关系是母婴关系的一种重现。恋爱初期，我们又重新找到了一个"全能的妈妈"，或者说找到了一个非常好的过渡客体。他会全身心地照顾我，他可以及时关注我的一举一动、一颦一笑，及时回应我的需求和渴望，及时安抚我的情绪，给我安全感，让我知道他是我的，他就是我。这个时期，两个相爱的人让对方成为自己不可或缺的一部分，两个人的命运紧密相连。所以埃里克森说，人们需要在自我认同的基础上获得共享的认同，才能成就美满的婚姻而得到亲密感。② 然而，即使我们做好了为对方贡献一切的准

---

① 大卫·萨夫著，李迎潮、闻锦玉译：《性与家庭的客体关系观点》，世界图书出版公司北京公司 2009 年版，第 39 页。
② 林崇德：《发展心理学》，浙江教育出版社 2002 年版，第 78 页。

备,即使是全心全意相爱的恋人之间,最终也要经历如同母婴之间必须经历的分离过程。他们从共生状态进入个体化分离阶段,重新找回自己的个体性和整体性。所以,当这位"全能的妈妈"不能及时反馈我的需求时,我就感觉到了死亡的威胁和危机,就会进一步去验证他是否能收到我的信号,以及是否乐意及时回馈我的信号。这个时候就会出现"一个抓,一个跑"的现象。由于恋爱过程肯定会从激情状态转为稳定状态,也就是说恋爱双方都需要重新回到关注自己成长的状态中,因此,如果恋爱双方的状态不一致,就极容易导致争吵甚至分手。

二是这个故事涉及了性。我们可以看到男生的处女情结以及女生的内疚和羞愧。前面已经对处女情结做了阐释,这里不再赘述。

三是男孩与母亲的关系。经常有女性朋友感慨,在谈恋爱和结婚后都有一个竞争对手——男朋友的妈妈或婆婆。这个竞争对手既不能得罪,又无法交心。这里男孩和母亲的关系需要处理。当只有妈妈和儿子时,他们的关系是两人关系,但是,儿子谈恋爱后,他们的关系是三人关系。一般来说,当母亲认识到儿子是独立的个体并允许孩子去探索,且做好了孩子会离开自己的心理准备时,后者谈恋爱、结婚就会充分展示其自体性。但是,如果母亲将男孩视为自己"被阉割感"的弥补,或者将母子关系视为夫妻关系的代偿(不得不说这两种情况在我国并不少见),则男孩的恋爱和婚姻关系都是三人关系,而非两人关系,男孩会带着母亲一起谈恋爱。卡伦·霍妮(Karen Danielsen Horney)认为,在男性身上经常可以发现与母亲形成的早期关系的残留影响,其中之一就是他们对可怕的女性会表现出退缩行为。一般来说,都是由母亲来照顾孩子的,从母亲那里,我们不仅接受到最早的温暖、关心和温柔的经历,也感受到最早的禁止。①

有时候,两个仍旧依赖父母的人谈恋爱或结婚时,他们会过分重视和原来家庭之间的联系。当他们提到"家"时,他们指的是各自父母的家。如果他们认为父母仍是家庭的中心,那么他们就不能建立真正属于自己的家庭生活。这个问题和每一个牵涉的人的合作能力都有关系。有时候,男方的父母善于嫉妒,想要知道儿子生活的每一个细节,并给

---

① 卡伦·霍妮著,许科、王怀勇译:《女性心理学》,上海锦绣文章出版社2009年版,第80页。

新家庭添加种种麻烦。他的妻子觉得自己不受尊重，并对公公和婆婆的多管闲事感到恼怒至极。①

在谈恋爱的时候，很多女孩、男孩在一些事情上选择不表达，但其实非常希望对方知道自己的心思——那种感觉很美好。信中的女孩也是如此，"好像每次争执都是由我挑起的。但凡他做了什么让我不顺心的事情，我就会摆起一张臭脸给他看，不跟他讲话，转身离去，他也总是哄我，每次吵完之后也都会和好"。这其实是婴儿期的愿望，因为我们在母婴关系中，婴儿本身就是不言语表达的，他的表达都是通过非语言信息来传递的，然后妈妈总是尝试去理解——这就是母婴关系。所以很多人很享受这种母婴关系，并会将其带入以后的亲密关系中"爱我，就该懂我"，同时这种想法也为自己的人际关系带来麻烦。

四、非异性恋的心理冲突

现在是半夜两点多，也只有半夜才有写东西的心情。我想向您倾诉一下一些平常不想被人知道的事。感觉未来对我来说有点……迷雾？在可预见的范围内，我可能会比别人多两个大坎，一是爸爸可能会离开我，二是我可能会"出柜"……高二时，爸爸查出肠癌晚期，到现在化疗药都用完了，只能靠中药，但又扩散了，医生说他的病属于那种发展很慢的，所以他现在看起来还好，至少他痛不会让我知道。我家比较迷信，一直在问一位"神仙"，爸妈以前跟我说，"神仙"说会过运，我信了，这是支撑我这两三年的乐观支柱，但暑假时妈妈才跟我坦白，那是安慰我的。妈妈问我有什么想法，那天晚上躺在床上，我感觉整个脑子要炸了。若爸爸真有一天会离去，我总得接受，但我那感性、脆弱的妈妈就不得不一个人在家……这就算了，为什么我还是同性恋？这让整天念叨想抱孙子的妈妈如何承受？……以前从来没羡慕过别人什么，现在看一些朋友，生活平淡，家人健在，自己又是常人眼中的正常人，未来顺理成章成家立业，多好！为什么我就摊上这两样了？"没化疗药用了"是我从妈妈跟姑姑的对话中偶然得知的，心里翻滚但不能表

---

① A. 阿德勒著，刘泗编译：《超越自卑》，经济日报出版社1997年版，第173页。

现。爸爸以前说他抱不上孙子了，我还叫他别乱说话。我前天做了个梦，梦见和爸爸一起出去，爸爸想玩在路上看见的一个亲子活动，我却有点犹豫，让他有点失落，画面转到回家后，我走进房间，发现爸爸躺在床上面容恐怖，细长的脖子，发皱的皮肤，吐的痰是黑色的，我瞬间懵了，后悔刚刚让爸爸失落，没陪他，懊悔之时，爸爸从门后伸出脑袋，已恢复原状，说是跟我开玩笑的。我直接泪奔醒了，那时没半点被耍了的生气，全是庆幸爸爸没事。这梦直戳我忧心处，我很怕在他离开前没好好陪伴他，怕让他失落。但事实是因为爸爸是"慢性病"，平时状态好时还能出门买菜、散步，我的危机感渐渐被这种太平表象蒙蔽，暑假在家有时用手机看小说上瘾了，就没陪爸爸聊天，让他受冷落……妈妈也是手机控……但谁知道风雨会不会来？什么时候来？我没让周围人知道家里的事，除了几个较要好的朋友，但也只是浅提过，觉得没必要，感觉那样像在博取同情。这才两三年，生活就变了个大脸。说到性取向，我很无奈现在给您发邮件还是不敢用大号（笔者注：大号在此指对公众开放的联系账号，多数学生会有一个私密账号，又称小号，仅对少部分人开放）。我表面不表现出来，微博没小号前不敢点赞任何有关同性恋的微博，怕别人（主要是父母）可能看到，偶尔还要装装异性恋。我之前看过一个美国同性婚姻合法化的宣传视频，里面一个拉拉演讲说："I'm tired of hiding"直戳泪点。为什么我是这样的？心理书上写的是性心理障碍，世界上有4%～10%的同性恋，分布在各地、各领域、各阶层，都算是一个少数群体了吧……我爸对同性恋的态度就是都该枪毙了，我在旁边听了心里呵呵哒，枪毙你女儿怎样？其实我对男生也有过好感，严格意义上讲是双性恋，但近来真的对男的越来越没兴趣，想象不出对男性的依赖、仰慕。也许将来性上可以接受男的，但会动心的、会多看一眼的、会梦见的都是女生……爸妈很爱我，我不想伤害他们，但这明明是我的一部分，要抑制它一辈子很累啊，而且我不喜欢受拘束。想到《美少年之恋》里的一句台词：他不明白为什么自己所爱会伤害到自己的最爱。我有个拉拉朋友说，她妈妈以跳楼相逼……最痛苦的不是世人的偏见，而是至亲的冷眼恶语。有人说双性恋最好还是控制自己去喜欢男生的好，但哪有那么容易？何况我偏同。我在家被逼着穿裙子，出门都不敢见熟人了，虽然我穿裙子还挺好看的，但心里别扭。我的打算是，如果大学没遇到喜欢的女生，毕业后工作就彻底改变形象，穿裙子去相亲，然后结婚，生个孩子给爸妈抱。如果到毕业有女朋友就难办了，形婚哪有那么容易？不知不觉3点多了，我啰唆了好多啊……不过说出了好多平时不敢说的话，舒畅。不好意思，浪费老师的时间了。谢谢老师！我睡觉去了。晚安！

分析：

性在中国文化里似乎是一个禁忌的花园，在黑暗中滋生着渴望。由于是黑暗的产物，父母对子女的性教育总是比较晦涩或含糊其词。性对于大学生来说，有时候是生理的需求，有时候是爱的献祭，有时候又是混乱的逃避。埃里克森说，对自己的同一性没有把握的青少年总是在躲避人际间的亲密关系，或者使自己陷入一种"乱七八糟"的亲密动作之中，既无真实的融合，也不是真正的自我放弃。[1]

《中国精神障碍分类及诊断标准（第三版）》（CCMD-3）将同性恋和双性恋列入性指向障碍（62.31）。起源于各种性发育和性定向的障碍，从性爱本身来说不一定异常。但如果伴发心理障碍，比如个人不希望如此或犹豫不决，为此感到焦虑、抑郁，以及内心痛苦，甚至有的人试图寻求治疗加以改变[2]，就进入了性指向障碍的范畴，这是 CCMD-3 纳入同性恋和双性恋的主要原因。但是，在《精神障碍诊断与统计手册（第五版）》（DSM-5）里，同性恋等性取向已经从性指向障碍中被取消[3]，增加了性别烦躁来描述由于生理性别与个体所想、所感受到的性别不匹配导致的痛苦和冲突。[4]

国内关于双性恋的关注较少，而关于同性恋的报告较为多见。究其

---

[1] 埃里克·H. 埃里克森著，孙名之译：《同一性：青少年与危机》，浙江教育出版社1998年版，第120页。

[2] 中华医学会精神科分会：《中国精神障碍分类与诊断标准（第三版）》（CCMD-3），山东科学技术出版社2002年版，第128–129页。

[3] 美国精神医学学会编著，张道龙等译：《精神障碍诊断与统计手册（第五版）》（DSM-5），北京大学出版社、北京大学医学出版社2015年版，第279–284页。

[4] 美国精神医学学会编著，夏雅俐、张道龙译：《理解DSM–5精神障碍》，北京大学出版社、北京大学医学出版社2016年版，第179页。

原因，可能是因为双性恋的隐藏性高于同性恋吧。

关于同性恋或者双性恋产生的原因，仅仅是精神分析学派就有很多不同的声音。比如弗洛伊德对这个问题的研究和阐释就发生了很多变化，但基本上还是建立在性一元论和俄狄浦斯情结以及与之相关的阴茎嫉妒来探讨的。其后有不少精神分析师紧跟其脚步，但也有学者如卡伦·霍妮和梅兰妮·克莱因则试图强调女性身份发展的特殊性，并对所谓的阴茎嫉妒和女性受虐狂等观点提出质疑。他们更多地强调内在与外在的人物之间的互动，包括从早年与父母的互动到与限制级电影中的人物的象征性互动，连同与个体当前生活中的人物进行的性行为互动一起，通过性的认同界定了性自体的整体。① 所以，在个体性心理发展过程中，影响因素非常多。但是，这些因素都和家庭紧密相连。不管是将孩子按照其相反性别来进行抚养的行为，还是让孩子过度依恋异性父母的行为，又或者说家里因父母权力失衡导致认同颠倒的行为，等等，都是在家庭动力与个体的自我认知互动下形成了个体性自体的整体。

对于写这封信的女孩来说，双性恋、同性恋都不是我们关注的重点。我们关注的重点是她在得知自己的性取向异于常人之后的冲突和纠结。

相对于学者们对同性恋及女性性欲等问题研究的热烈和开明，同性恋者却经历了更为黑暗和委屈的历程。对于同性恋者，他们在经历了童年时期的混乱、羞愧以及担心被发现的恐惧后，多数同性恋者在真相暴露后均被其家庭拒绝，或者他们的家庭成员尤其是父母在首次获知该事实之后需要花很长时间才能跟上孩子的思路。② 但是，从跟上思路"我的孩子告诉我他是同性恋"到"我接受我的孩子是同性恋"的转变并不容易。很多时候，父母无法和子女达成和解。

导致父母无法接受子女是同性恋的原因有以下几种：其一是病耻感。很多同性恋者的父母都认为同性恋是一种病态，这个事情在中国说起来不是一件好事，如果周围社会知道自己的子女是同性恋，就等同于

---

① 谢尔登·卡什丹著，鲁小华等译：《客体关系心理治疗：理论、实务与案例》，中国水利水电出版社2006年版，第51-52页。

② 尼科尔斯、施瓦兹著，王曦影、胡赤怡译：《家庭治疗——理论与方法》，华东理工大学出版社2005年版，第358页。

承认自己的孩子有病，而且是大多数人都不会得的病，这实在是有损声誉，包括自己的以及家族的。其二是罪恶感。通常情况下，同性恋者的父母在得知这个事实之后会有罪责感，部分是因为早期精神分析研究将性别认同归结为父母抚养是否到位和科学，而使他们对子女的性取向感到自责。[①] 他们会指责自己没有照顾好孩子，没有引导好子女，更会指责自己为什么没有早点发现孩子有同性恋的苗头，以及时地将其扼杀于萌芽状态。其三是担忧。同性恋者的父母会担忧自己的孩子在未来没有一个固定的且能被社会接受的伴侣，从而孤独终老。另外，他们也担心孩子在同性恋的性交往中不能保护好自己，导致受到伤害比如性病尤其是艾滋病。同时，中国的父母还担忧其同性恋子女无法育有子嗣，以传承家业和基因。当然，最大的担心还是和社会尊重有关。

　　出于以上种种原因（当然，还可能有未列出的原因），同性恋者父母的反应多种多样，从否认、自责、为孩子的未来担忧，到敌意、暴力以及以脱离关系为威胁等。[②]更有甚者，有些父母会以自己的生命为威胁，要求子女"转性"，脱离同性恋。在他们看来，这只是一种取向、只是一种选择。既然是选择，那么就不是唯一的选择，应该还有其他道路可以选择。有时他们也会采取措施，比如寻求心理咨询的帮助，希望通过心理咨询帮助子女转换性取向，或者给子女介绍异性伙伴，要求子女婚嫁异性伴侣。然而，不得不说的是，这些方法都不能帮助子女真的改变其性取向。心理咨询能做的是帮助其解除心理冲突的痛苦，而不是转变性取向。至于要求子女婚嫁异性伴侣，可能只是多了一个不幸福的家庭而已。也许对待有同性恋取向的子女的最好方法是承认并接受子女是独立的个体，他们能对自己的选择和行为负责。要做到这一点很难，大多数中国父母自体客体界限不清（甚至整个家庭成员间也是这样），将子女视为自己的延伸，所以子女成绩好坏和自己有关系，子女考上重点中学、重点大学和自己有关系，子女找到一份好工作和自己有关系，子女婚嫁对象很好也和自己有关系，当然，子女要是过得很落魄或者有问题，也和自己脱不了关系，子女是同性恋更是和自己有关系。从集体认同的角度来说，自己的子女是同性恋，这无疑在说自己的基因有问

[①②] 尼科尔斯、施瓦兹著，王曦影、胡赤怡译：《家庭治疗——理论与方法》，华东理工大学出版社2005年版，第358页。

题，自己也有可能是隐性的同性恋。从整体文化的角度来说亦然，家庭中一个人出了问题，就是整个家庭出了问题。恐同症大概就是这样来的吧。而处于这样的社会和家庭的重压之下，同性恋没有可以进行身份、性别认同的自由和空间，故愈发痛苦。因此，希望可以通过更多同性恋知识的宣传和普及，给予这群少数恋爱者以尊重，让他们可以更加自由地选择自己的生活方式。

五、亲密与羞耻

我的不安全感较强，一个明显的表现是：经常感觉自己的隐私被偷窥。我在宿舍写日记、做手帐的时候，每当有人从我身后走过，总会感觉她们的脚步明显在背后停顿了一下，偷窥我写的内容。这会让我对那个人产生愤怒的情绪，导致接下来她跟我互动时我都会表现得特别冷漠，甚至萌生要去偷窥她的隐私、搜搜她的抽屉来寻求心理平衡的冲动。然而至今也没有什么迹象证明她们偷窥过我的隐私。

后来在心理课上听老师讲解原生家庭，我的脑海中回忆出大概五六年级的一件事。那时语文老师要求班上的学生每天都要写日记，有一次我实在不知道写什么，就瞎编了我偶遇一只粉红色小猫咪的故事。后来有一天晚上，这本日记被我姐偷偷拿去看了，看完后她一直嘲笑我写的粉红色猫的故事，还在家里四处宣扬。我很生气，跟她吵架，她也一直笑嘻嘻的，导致我当时的情绪根本没法合理地发泄出去。

这是我回想起的第一件事。刚开始我觉得莫名其妙，这么一件小事怎么可能给现在的我带来那么大的影响。

后来，我想起了更多事情，更多我不愿想起来的事情。

我妈和我妹都喜欢收拾家里的柜子格子。而我从小到大写的东西，包括日记或其他秘密都只能放在格子里。高中住宿，周末放假打开自己的柜子，就会发现东西变整齐了，有一些东西移位或不见了。看着自己平时乱塞的日记一本本叠得整整齐齐地放在那里，想到里面写的内容：青春期的情愫、对家人的抱怨……突然觉得很恶心。知道她们很可能看了我写的那些内容，便抑制不住想要发火。

可是发火又害怕别人发现我对她们发现的秘密那么在意，于是不了了之。类似的事情发生了几次。

而接下来要说的事才是最关键的，在此之前要加一点小插曲：高二的时候交了一个大学的男朋友。当时感觉各方面都很合得来，他的性格、外貌、身份都让当时的我觉得很满意。相处了大概一年多以后，也就是高考前几个月，我们有了亲密接触。

后来越临近高考，心理压力越大。高考体检前一个半月，我的月事一直没来，开始慌了。因为没有预防措施，害怕有了身孕，害怕这件事会在体检的时候暴露，到时家里、学校人尽皆知，为之奋斗了三年的高考也将被取消资格。焦虑、担惊受怕了很长一段时间，最终去药店买了验孕棒检验，结果让人大松了一口气。

事后不敢把它随意丢弃在校园里，怕被发现后，校领导会翻查监控。于是决定周末放假先带回家去，返校的时候在公交车上半途下车，将它丢弃。

然而，我忘了。返校的时候，我忘了。而那个东西被我留在了柜子里。

下个星期回去看时，柜子又整整齐齐的。用完的草稿本被扔了，同时消失的还有那件东西。我不知道是谁收拾的，但我知道那件东西被看到后可能造成的后果。生气、害怕了很长一段时间，这段时间里，我妹开始暗地里打电话给我一个朋友询问我的行踪，但家里还是风平浪静的（后来想可能是因为高考即将来临，怕影响我的复习状态吧）。当时有生气、有害怕，但更多的是觉得自己很恶心，可还是不能以这个由头发火，于是依旧假装什么事情都没有发生一样。

后来家里属于我的柜子就很少去打开了，曾放着那件东西的柜子至今没碰过。现在想想，可能怕柜子里那整整齐齐的模样会勾起我这段不愉快的回忆，所以潜意识里一直在告诉自己不要去打开。

心理学上，认知是指对作用于人的感觉器官的外界事物进行信息加工的过程。对于外界事物给予我的信息，我的认知是：他们偷窥了我的隐私。随后便是接踵而来的情绪：愤怒、羞耻！

我为什么会在发现自己的秘密被偷窥时觉得自己恶心？是因为这个，所以到现在我都会担心别人偷窥我的秘密吗？

分析：

这个学生表现出来的反应是典型的条件反射，"一朝被蛇咬，十年怕井绳"，但是更为重要的问题是羞耻感。羞耻在英文中最常用的表达为"shame"，《牛津英语词典》中将"shame"定义为"因为一些错误的、可耻的、不恰当的或荒唐的行为而导致的痛苦的情感"[①]。在精神分析流派发展史上，弗洛伊德用退行模式来解读羞耻的存在，他认为羞耻是一种自我力量在促使个体驱力服从社会需要；安娜·弗洛伊德理解羞耻是自我无法调动有效的防御机制对抗不应该存在或已然出现的驱力的努力失败后的心理情感体验；克莱因的客体关系理论认为，羞耻是"理想化自体"在内化关系冲突的环境中的诞生物；主体间性精神分析将羞耻理解为主体间性地产生、维持、加重的一种关系的呈现；科胡特认为，羞耻是因其早期的自恋表现没有得到满足并且没有被及时予以调整以后产生的自恋受损。但是，不管哪种视角，都主要是从羞耻产生的原因和羞耻产生后的结果两个方面来解释羞耻。

相信大家一定听说过亚当和夏娃的故事，他们在吃了苹果之后看到自己全身赤裸而产生的情绪就是羞耻感。羞耻不仅和暴露敏感部位有关，还和失去控制、目标失败等任何让自己觉得被他人负性关注和评价的事件与感受有关。所以，被凝视和被评价是羞耻感最强大的内在与外在感觉体系，这种羞耻体验的成分与当下或内化的客体超我与理想自我有直接的关系。

信中个案描述的羞耻感产生的原因是妈妈和姐姐妹妹收拾她的柜子，比如小学时读了她编造的日记，后来又翻到了她的验孕棒。这两件事情的暴露是羞耻产生的原因，一个是不恰当的行为，而另一个则是错误的或可耻的行为。但需要指出的是，对于这两件事情，如果个人给予的评价并不糟糕，那么它们就不会诱发个体的羞耻感。换句话说，羞耻是如果自己不认可，别人是无法伤害她的。所以，羞耻感有个核心的东西：小时候的需要没有被父母理解和满足。这些羞耻的感受是跟自体有关系的，换句话说，羞耻必须有自己的配合才会产生。很多有羞耻感的人的内心是觉得自己有缺陷的，这种缺陷感的最核心认知是错的、丑陋

---

① 高学德：《羞耻研究：概念、结构及其评定》，载《心理科学进展》2013 年第 21 卷第 8 期，第 1450－1456 页。

的，所以那些东西是不能曝光的。自恋就是对羞耻的防御。责备别人的人也是因为自体的羞耻的防御。羞耻和自卑肯定是联系在一起的，因为孩子从小没有感觉到自己被欣赏、被接纳。比如这封信里的女孩子，我们不禁要问一个问题：为什么妈妈和姐姐妹妹都能配合行动，却没有和她配合呢？所以，是否可以说这个女孩和妈妈之间没有那么强的亲密感呢？

亲密感是两人或两人以上没有心理负担和压力的一种情感状态，这种状态意味着我们允许另一个人对自己的情绪情感和思想认知等深层次的领域进行探索和共享。但是，这些领域的共享是在自我愿意暴露的情况下才能打开的，而不是如信中女生的遭遇那样被窥视或因自己无意中的泄露而被"大白于天下"的。这样的被动暴露只会给个体造成无能的无力感和深深的羞耻感。

讲到羞耻感，我们必须对羞耻和内疚进行区分。总的来说，内疚比羞耻健康。内疚是落实到行为上的，是我们意识到自己做错了、给别人带来了伤害或让别人感到了不舒服，会尝试做出弥补。而羞耻是"我没脸见人"，不会做出弥补，而是会躲起来。羞耻是落在我们作为人这样的自我上的，比如我们做错了题目，父母会评判我们："这道题都不会，你怎么这么笨啊？"这是一种羞辱，他们评价的是我这个人，所以我们就会有羞耻感。如果他说："哦，这道题你碰到困难了吧？"这不会让我们产生羞耻感。一个人过分的羞耻感导致他没有空间发展内疚，所以只有羞耻感不那么严重时才能发展内疚。

回想我们小时候，确实有这种比较明显的迹象，我们的父母比较喜欢羞辱我们。比如有个来访者，他的爸爸对他期望很高，总是觉得他成绩不够好，他说："有一次我终于考了全班第一名，我开心得不得了，我觉得那天阳光灿烂，迫不及待地期待放学之后和爸爸妈妈分享。"结果他爸爸妈妈知道后说："这有啥好稀奇的，不就一次吗？"似乎我们在父母那里得到的永远都是贬低性的评价与回应。所以在日常生活中，我们会注意到一个现象，就是中国人讲英语会比较困难。中国人和外国人讲英语时会觉得很羞耻，他往往会说："对不起，我英语说得不好。"但我们仔细想想这其实是不对的：我在讲英语，又没和外国人讲中文，是我们在照顾他啊！为什么我还要感到羞耻呢？他又不会讲中文，羞耻的该是他啊。但是，因为隐藏、回避暴露的欲望总是和羞耻体验联系在一起的。当然，非常幸运的是，"90后"尤其是"00后"孩子从父母那里得到了更多的积极回应，这得益于中国的大幅进步与发展，物质需求得到充分满足，整个中国迈入精神需求为主的新时代。因此，学习心理学、掌握科学育儿知识已然成为新时代父母的特点，新时代的父母更关注家庭教育、亲子教育以及积极教育。由于新时代父母开始学习表扬并乐意表扬孩子，相对来讲，现在的孩子比我们更自我。

但是，笔者注意到我们动不动就说"对不起""不好意思"的现象仍然普遍存在，关系中的敏感特别容易激发起我们的羞耻感。所以，当我们批评一个人时，要批评他的行为，而不是评判他这个人，不去说他背后的动机。比如在团体中一个人说另一个人"你就是想出风头""你就是想吸引注意力"，这就是在羞辱对方，在揣测别人的动机。也许这个动机是对的，但这样的揣测还是会让对方开启防御机制。我们教大家在团体里表达："你一直在说话，让我没有表达的机会，我感到很不舒服。"这种反馈就是恰当的，这需要我们学会怎样表达和交流我们的情感。我们不仅要感受到自己的情感，还要说出来，很多情况下这是需要练习的。团体能够非常好地帮助我们发展这部分的能力。比如信中的这个女生，在原生家庭里被母亲和妹妹联合窥视导致她产生了羞耻感，这时她做的是更为严密地保护私人领域，比如不再写日记等退缩行为来减少羞耻感可能被激发的机会，但她没有尝试在三个人有机会在一起的时候跟妈妈和妹妹做出情绪感受的表达。也许当她真实地表达了自己的情绪情感以及需要隐私被尊重的诉求以后，她才能不被这个团体排斥在边缘，才能有机会留出心理空间给自我发展。

第十三章　自己与社会的关系

我们生来就归于团体，对归属感的感知相当熟悉。心理学家哈格蒂·邦尼（Hagerty Bonnie）认为，归属感是内部的、可感知的、可评价的情感过程；归属感是个体自己接受自己所属社会文化的价值观、思想和信仰，并将其内化为自己的一部分，让自己完全融入其中的一种心理状态。[①] 随着年龄的增长，个体的社会圈子越来越大，所属团体也越来越多。比如班级是个体在学校存在的重要团体，团体建设有助于个体增强归属感和消除丧失感，并在归属感的驱使下有效参与校园文化，对在校园学习生活中获益有着极为重要的作用。

在这些团体里，个体感受不同的归属感，也有可能产生丧失感。国内外学者从社会控制理论、辍学理论模型、社会发展模型、"参与—认同"模型、学校身份理论等视角对学校归属感和个体发展之间进行了诸多相关研究，在此不一一列举。这些研究都指向一个规律：个体在团体中的关系和其在婴幼儿时期与以母亲为主要代表的抚养人之间是否具有积极良性的互动有关。如果母亲没有与个体进行积极良性的互动，则会让个体产生无价值感，进而产生自卑感、羞耻感等，从而无法正确地认识自己或产生积极的全面的自体感，导致个体在团体中的表现会更多地出现退缩、不自信等行为，这些社交被动的行为是丧失心理归属感的体现。

但是，团体不仅可能成为个体的自体感受伤的原初之地，也可以成为个体疗愈创伤的疗愈场。因为团体作为一个有着共同的社会文化基因、有着共同集体主义价值导向的社会心理共同体，担当着让集体成员在其中获得疗愈和成长的容器（container）功能。在团体这个容器中，每个个体都感受着现实性，经营着面对面的人际交往关系。同时，个体

[①] Hagerty Bonnie M. K., Lynch-Sauer Judith, Patusky Kathleen L., et al., "Sense of Belonging: A Vital Mental Health Concept," *Archives of Psychiatric Nursing* 6, no. 3 (1992): 172–177.

在交互的人际交往中反思其内在人际交往模式，修复从原生家庭带来的创伤和缺憾，在团体交往过程中完成对其人际交往模式的矫正。

团体动力学把团体看作一个"小社会"来进行探索，其中各种因素，如领导作用、状态、角色、结构、氛围、标准以及沟通等都在相互作用。耶胡达·阿米亥①（Yehuda Amichai）说："人们彼此互相帮助疗愈痛苦。他们将彼此放在他们的存在性伤口、眼睛、嘴巴和张开的手上。他们紧紧地抓住彼此，不让对方离开。"

一、分裂

在人际交往中，我是属于比较内向的人，不太擅长与别人交际。记得我在大一面试院学生会时，谈不上紧张，但有种不自在的感觉。面试官问什么，我都会不经过大脑直接回答出来，事后再回想，我怎么会这么回答呢？其实主要是由于自己不太善于表达，总是不能把自己想说的话说出来。可到现在，已经大四了，不善于表达的情况依旧没有改变，只与经常玩在一起、工作在一起的人聊得起来。而面对陌生人，我基本上无法表达。平时学校也有一些活动要面试，我都会尽力去参加，算是锻炼自己吧。虽然我不善于表达，但是我很看重工作。现在的我基本上处于不知道用什么方式去表达自己比别人努力、能干。在学校的勤工助学，我是通过别人介绍进去的，并没有面试，后来偶然的一次机会，我装成面试者去参加面试。我问了店长感觉怎么样，他说如果我是面试者，他是绝对不会让我进勤工助学部工作的。但是，他跟我说了句："面试这么差，不过对工作的事还是挺认真的。"这让我意识到自己的表达能力有待加强。

造成我这样的情况，可以说跟家庭因素有关。从幼儿园开始，我就是住校生，虽然比别人更早地有了自理能力、适应能力，却失去了父母的关爱。每周非常不情愿地去学校，导致与父母的沟通越来越少，甚至可以不说话，去学校也不愿意跟别人沟通，不想与他

---

① 以色列当代诗人，"帕马奇一代"代表人物，其主要作品有诗集《现在及他日》《此刻在风暴中》《开·闭·开》等。

人有任何交集。这算是其中一点吧。还有一点是因为身份不一样，我是台湾人，同学们总用不一样的眼光看我，也经常欺负我，而老师也不想想谁对谁错，最后被批评的人还是我。所以我有过几次想一个人偷偷地溜走，让老师、同学乃至所有人都找不到我，然后把我父母叫来学校，这样至少能看到父母。但我没有这么做，因为回家估计又是一顿揍。后来转学了，我把自己变得很强势，没有人敢再欺负我了，但我依然不善于表达，只能用眼神来表达我的愤怒，而他们也都会怕我。

上面对于老师的批评，事情的由来是这样的。

事件发生在小学三年级，宿舍是8人一间，一个班级有一位生活老师。原本住在6楼的我突然被生活老师换到5楼。生活老师的理由是我太爱管闲事了。当时的我无缘无故被冠上了这样的角色，心里非常气愤，换到5楼之后，基本没有跟室友说过话了。后来，宿舍里有人丢了钱，没人愿意承认，生活老师把这个宿舍的人的东西都翻了个遍，包括课室。隔天中午，生活老师让全宿舍的人都站着，不让睡觉，结果有人就对着我说，"钱肯定是你拿的，快点承认啦，老师都说你爱多管闲事了"。然而钱并不是我拿的。这件事情还没有结束，宿舍又发生了很多杂碎的小事情：一会儿这个人的洗发水感觉少了，一会儿那个人的牙膏不见了，一会儿又一个人的奶粉少了很多……一堆的事情都挤在一起，有次我洗完澡，要出来拿浴巾擦身体，结果发现放在床上的浴巾被别人扔在了床底下。之后，我跟生活老师说，有人把我的浴巾扔床底下了，结果生活老师给的回复却是：就你事儿多，怎么别人都不会，就你这样。当时，生活老师的表情看起来就像所有的事情都是我做的，却还有脸在这里告状。后来，这件事闹到了班主任那里。班主任让我们把这段时间自己在宿舍做过什么事情通通写下来。因为大家都比较害怕班主任，所以一五一十地写了，就连最初丢钱的同学也找到了拿他钱的人。他们都写得满满的，而我却写不出一个字就交了。班主任看完之后挨个找我们谈话。其他人我不知道说了什么，但是，班主任找我跟我说"这些事情都跟你没关系"时，我眼泪瞬间就掉下来了。终于还我清白了。然而生活老师还是看我不顺眼，处处找我的麻烦。同宿舍也有人说："我就不信你什么都没有做。"我也懒得理他们，没有做过就是没有做过。然而却得不到放过。有次周日返校时，我带了一排牛奶去学校，同宿舍的人又看不过去了，跟生活老师说我带了饮料去学校喝。生活老师就跟我说，"谁让你带饮料来学校的"（指着牛奶盒上的"饮品"二字），当着我的面，把我的牛奶倒进了下水道。然后说，"罗某某带的维他奶是豆奶，不是饮料"（豆奶盒上一样有"饮品"二字）。我当时心里就在想：我的牛奶上面写着"饮品"两个字，难道维他奶就没有？凭什么就只倒我的，不倒他的？后来，还让我把其他的饮料也全扔了。从此，我觉得这个宿舍的人跟生活老师都不能再"爱"了。

　　因为这些事情，我的性格开始产生变化。在家不爱说话，在学校默默无闻，同时还要看别人的脸色，我也是从那时开始变得会看别人的脸色说话的。

　　转学后，我第一个想法就是改变自己，让大家都害怕我，这样在班级里才有地位，没有人敢欺负我。于是，我像变了一个人似的。那时的班主任好像很看不起插班生，教室卫生都让我们几个插班生打扫，我心里特别不服，直接骂了班主任。后来，我被叫去教务处主任那里了。然而，我把事情的前因后果说了一遍，教务处主任没有批评我，让我走了。之后再看到班主任，他也不敢对我有任何意见了。这件事全班也都看在眼里。于是，我在班上的地位直线上升。直至小学毕业，都没有人敢惹我。

　　到了大学新生报到时，因为是随机分配宿舍，虽然都是同班同学，但是当时的室友想买冰箱啊、柜子啊。而我觉得我用不到这些东西，所以并不是特别想出钱买这些东西。还好隔壁宿舍也是一个想买、一个不想买，于是我换了宿舍。刚好换到的这个室友是认识一年的朋友，但是平时没有什么接触，只是一个班的同学而已，所以并不知道他为人处事怎么样。

　　前几个学期，我们俩都能友好相处，每周相约着出去吃一顿饭。直到大三时，我们俩对彼此有了一定的了解，也渐渐有了矛盾。他创立了韩语社，每天都大半夜（超过晚上12点）地打印策划书、韩语教学的资料等。他打字的声音又特别大，每天晚上吵得我很难睡觉，也跟他说了不下五次。我当时是心平气和地跟他说的，这么晚了，不要一直打打打，很吵，睡不了。然而并没有什么用,今天说完,隔几天又这样。之后,有段时间他特别沉迷于"扫雷"这个游戏,从晚上10点一直玩到半夜两三点,鼠标一直在点点点!我当时气就上来了,很凶地说:"安静点行不行,都几点了,你不睡,别人还要睡的。"从那时开始,虽然他不在我睡觉的时候玩这个游戏,但是平时没课,我在宿舍看书之类的,他还是一个劲地点点点!后来,到了复习周,他依然疯狂地点点点!我并不想撕破脸,所以找另一个人转告他,不要这样点鼠标,因为我怕我情绪失控,直接开骂打人。室友估计也察觉到,再这样下去也没办法继续在一个宿舍生活了。于是,他选择换宿舍。然后我就变成了一个人一间宿舍,多自在。本身就不喜欢嘈杂声音的我终于有一个宁静的宿舍了。但是,好景不长,学校不可能让我一个人一间宿舍,然后安排了一个2015级的同学过来(因为都是2019年毕业,所以就把他安排过来了)。我不知道是年龄差距还是什么原因,我们两个人之间有着巨大的代沟,跟他说的事情他永远反着干。例如我洗衣服,我跟他说:"不要在我洗衣服的隔天你才来洗。"然而,永远都是我洗完,隔天中午他就洗衣服。后面我又火了,直接跟他说:"你要洗可以,但我衣服不会收进来的,你自己找地方晾去吧。"从他搬进来到现在,只有刚开始那几天跟他讲过话,后面基本处于冷战状态。

  两个人一间宿舍虽然好,但是如果跟室友吵架了,两个人一起和平生活就不可能了。因为我的个性,也是属于很难跟别人一起相处的。一个人没有任何矛盾,可是两个人天天在一起久了,后面肯定会无法说话沟通的。我觉得自己已经够仁慈了,井水不犯河水,你过你的生活,我过我的生活。彼此懂做人一点,也不至于这样。在宿舍,我基本不说话,也不会吵到室友。而室友却音乐外放,整天嫌这个、嫌那个的,这个该这样、那个该那样。我有我的自由,并不想受别人的约束。直至现在,我只想室友能搬走,越快越好,再跟他相处,我又要脾气不受控制,天天处于看到他就火冒三丈的境界。学校为什么不让我们自己选择室友?一个处不来的室友,最后都会酿成不堪设想的后果。

分析：

这个个案很好地诠释了当代客体关系理论关于分裂的定义。根据当代客体关系理论，分裂始于婴儿的原始分裂，即将世界分成令人满意的和令人不满意的感觉：充足是好的，空乏是坏的；温暖是好的，冷淡是坏的；被抱着是好的，不被碰触是坏的。[①] 由于婴儿的无助性，在其早期形成这种分裂的感受是正常的。离开母亲或者说失去母亲的关注本身就是对生存的威胁。而这时期的母亲也是乐意与其共处于一种共生状态的。婴儿能得到母亲无微不至的关注和照料，以至于在他表达之前，母亲就可以通过对他的关注感受到他的需要。因此，全能自我状态下的婴儿会对母亲能否及时响应他的需求产生出分裂感受，及时响应的就是好的，不及时响应的就是坏的。

然而，个体与母亲融合的时期总是会慢慢结束的。这种结束始于婴儿自己的成长需要，也是母亲确认婴儿成长后的逐渐放手。在母亲逐渐减少融合式体感和关注的过程中，婴儿学会在短暂的分离期用想象来拥有母亲。这个过程大概要持续到孩子三岁时，其内部客体恒常性才会稳定和巩固下来。在内在客体巩固下来之前，婴幼儿会使用过渡客体来让自己获得安全感和安慰。过渡客体是母亲的象征和代替物，它可以是毯子，也可以是奶瓶或衣服。通过过渡客体的帮助，婴幼儿获得所需要的温暖感觉，并在心灵上与母亲保持连接关系。

从儿童能够熟练地掌握语言开始，他也学会了从自言自语到对话式交流再到内部对话的发展。这个内部对话的对象从母亲逐渐扩展到身边很多人。在这个过程中，儿童的内在表象经历了最后一次转变即转变为"自体"。这个自体包括各种关系，比如与母亲的关系、与重要他人的关系等。人们依靠早期分裂的体验来判断自己是好是坏。这个是好是坏的判断源于安全感，源于人际关系，而且影响着成人以后的关系。

由于母亲的抚养不能做到完美，因此分裂的存在是正常的，也是常见的。因为世界本不完美，如同世界没有绝对的对称一样，没有一个母亲可以做到绝对完美，所以没有一个孩子可以接受到绝对完美的抚养。然而，很多时候母亲在全能的自我感支配下会产生"我没有给孩子最好

---

① 谢尔登·卡什丹著，鲁小华等译：《客体关系心理治疗：理论、实务与案例》，中国水利水电出版社2006年版，第34页。

的照顾"的自责,针对这种自责,温尼科特发展出"足够好的养育"理论来指代不可能完美的养育。既然母亲的养育不可能完美,在罗纳德·费尔贝恩(William Ronald Dodds Fairbairn)看来,个体的自我分裂就有普遍存在的道理了。当父母对孩子的需求长期没有回应的时候,孩子会用相应的性格特质比如抑郁、隔离、受虐、霸道、胆小、消沉等和父母保持联结。这种联结在孩子的内在形成了自我分裂:自体的一部分仍指向外部世界的真实父母,寻求他们的真实反应;另一部分转向作为内部客体的幻想父母,并保持紧密的联系。① 费尔贝恩将前者称为反力比多自我(anti-libidinal ego),后者称为力比多自我(libidinal ego)。②

  从这个个案的陈述中我们能看到,他认为自己没有问题,我们很难考证事实。所以这只是一面之词,别的案例讲的是症状,而他讲的是关系。他只写了和室友的关系,而且前后描述有点不统一。前面说自己不善于表达,后面讲自己不愿意让他人走近。而且讲到他和第一个舍友的关系变化时,他没有能力反思自己的问题在哪里。最为关键的是,他没有呈现他的交往模式是什么,我们无法看到他究竟是怎样和他人建立关系的。他和第一个舍友分裂不是因为他们了解了彼此的不同,而是他们无法接受彼此的不同。换句话说,他的包容性比较差。其实他对第二个舍友看不顺眼也是因为无法接受不同之处。他很难求同存异。有可能是小时候的经历让他内心有不安全感,他从幼儿园就开始住校,而且在学校里受气。这些不安全感让他有一种防御机制分裂,容易把人看得要么绝对好、要么绝对坏。这也是他和第一个舍友相处时不能接受的分离。他说的事实有可能是真的,更有可能是因为舍友开始了自己的生活,而没有与他再继续在一条道路上行走,如他的舍友开始成立社团,并为社团熬更守夜等,所以他小时候受到的不公平对待让他无法接受这样的分离。这个例子非常好的地方在于这个孩子的防御机制不是从家庭里发展出来的,而是从团体中发展出来的。尽管他说这是家庭因素导致的,但这不是主要原因。是家庭把他送进了集体里,而他的防御机制是在集体

---

  ① 谢尔登·卡什丹著,鲁小华等译:《客体关系心理治疗:理论、实务与案例》,中国水利水电出版社2006年版,第34页。
  ② 斯蒂芬·A. 米切尔、玛格丽特·J. 布莱克著,陈祉妍、黄峥、沈东郁译:《弗洛伊德及其后继者——现代精神分析思想史》,商务印书馆2007年版,第143-145页。

中产生的。他在集体里被排斥，很大程度上是因为他不跟他人交往，导致别人不了解他，所以不喜欢他，可他的解释是，因为自己是台湾人，所以才被人欺负。当然，生活老师的失之偏颇肯定也是因素之一。不管怎样，他的经历让他觉得自己在群体里不被欢迎。他的认知是"我可以不被欢迎，但我不能被欺负"。所以他牺牲了关系，以换得一种安全感：没人能欺负我的代价就是孤独。而他也没有学会如何与他人建立关系，他在群体里的关系是，要么被欺负，要么不被欺负。因此，他不知道怎样与他人建立亲密关系，也缺乏这种和他人建立关系的能力，尤其是言语表达的能力，他"只能用眼神来表达"。

对这个个案的最好帮助是团体治疗。他在团体里有被边缘化的排斥现象，但没有被拒绝。

团体治疗就是创造一个环境，让每个成员在团体中有许多机会去增强别人，同时也被教导如何去做，并得到肯定。团体治疗使团体参与者暴露于"真实的"关系以及需要、焦虑和紧张面前，进而发展其耐挫折力。在团体里，个体的现实被重演和"修复"。借用对话达到共鸣—镜映交换的技术，激发参与者的内省、外省和自我实战训练。团体能提供许多的示范者、行为预演时的演员、协助监控成效的人、练习时的搭档。团体还能提供许多点子，成员可以一起头脑风景，想出目标、替代行为、增强甚至治疗的策略。团体的另一个重要好处是：团体是个天然的实验室，在此，成员可以练习讨论的技巧，这些技巧是建立良好人际关系的基础。不仅如此，在团体中协商与获取问题解决的技巧随时都会有用武之地，因为成员必须解决团体的问题，并协调成员间的差异。所以在团体里，我们的关系及其运作模式都可以"被看到"，因此米歇尔·巴林特（Michael Balint）说："个体治疗也许让你健康，而团体治疗让你成为一个好人。"在团体里，我们定义的不仅仅是出现在两人关系中的障碍，而是建立好的行为反应模式。在团体治疗的互动过程中，规范经常会被建立以控制成员的行为（规范是指成员间非正式的默契，如团体里能够被接受的行为及互动模式）。如果团体咨询师能引进这些规范并有效地维持下去，它们会是非常有用的治疗工具。因为团体会促使不遵守规范的成员遵守这些规范，如准时出席、增强表现好的同伴、系统并仔细地分析问题、帮助同伴处理问题。在这个过程中，我们需要处理分离焦虑——在团体中这会转化为拒绝和排斥焦虑，需要包容差异的困难，尤其是挫败和攻击性，需要解决过度认同和依赖，还要处理我们渴望处于中心位置，但现实团体却对此产生排斥并因这种排斥而产生的绝望，在团体里我们需要学会接纳产生参与和有生气的感受、接纳给予承认和影响的感受。所以团体里的每一步都必须"消化"或包容一种挑战性的情绪，而这要通过"包容性角色"来完成。

当强烈的情绪在团体中没有被包容时，功能失调的关系就会被共同制造出来：分离/个体化、攻击、认同、接纳/排斥情景。在有缺陷的和强壮的个体之间、在制造替罪羊和成为替罪羊之间、在英雄和羡慕者之间、在被排斥的和处于其中的人之间，都存在着相互的超个人的影响。而团体的发展阶段则是包容这些关系的过程。在团体里，青少年必须学习和其他不同性格的人相处，他们必须学会接受个别差异，甚至有时得学会处理个别差异。他们也必须学会给别的青少年反馈意见与提出劝告。借着帮助别人的机会，他们也因此可以练习如何帮助自己，可以不再像个别治疗时那样扮演求助者或个案的角色，他们会发现自己拥有了助人的技巧与知识。而且他们更有机会学到给予及接受批评与劝告的艺术和技巧。这些都是日常生活中经常出现并且是相当重要的人际互动。

系统中心团体治疗技术的创始人贾扎里安认为，团体通常会经历以带领者为中心的"逃跑"——以带领者为中心的"战斗"——以团体为中心的理想化——以团体为中心的幻灭四个阶段。在各个阶段，承担容器的个体分别是被识别出来的患者——替罪羊——英雄——失望者，他们分别包容团体的以下感受：缺陷、疾病——攻击——自恋性的自体丧失、过度认同——幻灭和排斥。团体治疗可以运用各种团体问题解决的技术来修正团体规范。团体咨询师也可以通过一些方式，如调整团体凝聚力、彼此的地位或团体的沟通模式，来促进个人与团体治疗目标的达成。当替罪羊、人际冲突和过度地戏弄别人等问题出现时，解决这些现象也是很有必要的。[①] 当团体变得包容时，所有的情绪在团体里都可以自由地表达并得到抱持性的共鸣和镜映，我们可以说这个团体"成熟了""健康了"。

如同书信的主人所说，导致他出现问题的原初根源是家庭问题。他从幼儿园开始住校，没有父母的陪伴和关爱，如果他做错事被请家长，

---

① 谢尔登·D. 罗斯著，翟宗悌译：《青少年团体治疗——认知行为互动取向》，华东理工大学出版社2003年版，第16－18页。

"估计又是一顿揍"。费尔贝恩认为,有一种令人不满足的或坏的客体是"拒绝性的客体",多半是母亲有过由梅席(Massie)发现的"凝视回避"行为,即拒绝与孩子进行目光接触,① 这种体验令孩子感到沮丧。如果经常发生,儿童会因受挫而感到愤怒,他被赋予一种感受即自己不被人爱,且不受欢迎。所以儿童会对曾经历过的"被否定"满怀抱怨,并极度渴望拥有接纳感,向往自己认为值得拥有的团体与联结。然而因其内心一直恐惧不被人爱,所以内心充满愤怒并且在大部分时间里满怀憎恨。

所有这些影响最终会在"面对面的世界"中发生,最初导致分裂的机制同样会导致婴儿期依赖在后续关系中持续存在。分裂的恐惧核心是害怕失去关系,所以个体会尽一切努力避免经受被抛弃的痛苦。当这种分离有可能发生时——不管这种分离是真实的还是想象的,心神不定的个体对人际世界的反应,或者是更强烈地表达他的需要,或者是愤怒,② 或者是"在你可能抛弃我之前我先抛弃你"。

二、归属感

我是来自生理学院的大一外招生。嗯,是的,我说的是我来自生理学院而不是同德书院,因为我觉得我从来没有承认过同德书院。

我所在部门的部长每次和我聊天时都会说:"你不是外招生吗?为什么总是说'他们外招生',要把自己排除在外?"我是在深圳长大的台湾人,一直都在公立学校和那些所谓的内招生一起学习生活。我在高三时在广州参加了一个港澳台补习班,我就很不喜欢和香港人、澳门人一起做事,总觉得他们有种特殊的优越感,以至于到现在我还是很不喜欢同德书院的人,总觉得我和他们合不来。

现在书院那边要我交照片,说是要做毕业纪念册。我之前对毕

---

① 谢尔登·卡什丹著,鲁小华等译:《客体关系心理治疗:理论、实务与案例》,中国水利水电出版社2006年版,第37页。
② 谢尔登·卡什丹著,鲁小华等译:《客体关系心理治疗:理论、实务与案例》,中国水利水电出版社2006年版,第10页。

业纪念册有阴影，所以很拒绝。虽然最后还是发了照片过去，但是总觉得很不甘心。一直说着不想发、不发，最后还是发了，而且发的时候眼泪一直在流。

我现在很茫然，不知道自己到底是怎么了。

分析：

这是一个渴望归属感却找不到归属感的孤独灵魂。由于历史原因，一群孩子从小或在其青春期阶段被赋予了与当地人不同的身份，却与当地人共同生活着。曾经"香蕉人"的称谓引起了大家对海外华侨子女的身份认同的关注，"香蕉人"指华人华侨第二代，有着中国人的黄皮肤却有着白种人/西方人的认知。和"香蕉人"恰恰相反的是如同个案这样有着台湾身份却一直在大陆长大的一批大学生。他们与大陆学生有着一样的心理成长背景，却有着不同的身份。

对于这类学生来说，没有归属感对其有着极大的影响。他们无法融入某一个整体文化中，在港澳台地区他们是内地人，在内地他们又是港澳台人。两种文化都不能对其有效接纳，导致他们对自己的身份认同产生冲突和困惑。

身份认同对一个年轻人来说非常重要。在心理学家埃里克森的人格发展八阶段理论里，青春期（12～18岁）的重要任务就是发展自我同一性以应对角色混乱的冲突。在这一时期，青少年本身要面对因身体发育带来的本能冲动的冲击问题，还要尝试解决社会因其成长而提出的更新的、更高要求的规则与自己内心本我冲动之间的冲突。因此，这一时期是充满了力量与混乱的，可以说力量有多大，混乱就有多少。所以，这个时期的青少年必须统合自我认知与社会赋予的社会角色认知之间的不一致，要形成一个整合的自我形象，完成社会和自我共同塑造的角色扮演。随着整合度的提升，个体的自信心和自我控制感也会增强，对自我的认同也会随之增加，这时的自我感觉会与他内在想要达到的自我感觉相符、相称，从而获得一种心理满足感和成就感。

如果个体在这个时期不能形成同一感，则会出现身份认同困难或危机。这个个案也存在这样的问题：一方面，他是港澳台居民身份，另一方面，他又一直在大陆长大。当他想要认同自己的大陆身份时，旁边人会说：你不是外招生吗？这样的外在社会角色和自我认知矛盾导致他内在身份认同困难。同时，由于他从小生活在内地，很认同内地，因此当他接触到骄傲的港澳地区的学生时，会诱发对自己成长环境的维护和抗争，但是，他又不能像一个内地人那样捍卫自己的家乡。因此，他内心的冲突非常强烈，在这里则体现为自己既瞧不起外招生的骄傲，又无法像外招生那样骄傲，既想和内招生一样，又不被内招生群体所接纳。对他来说，做毕业纪念册无异于宣布自己的外招生身份，被认同为外招生意味着把自己的同一性与他人的同一性融合在一起，他必须做出自我牺牲或损失自己在大陆成长获得的认同感，虽然他不想交照片，但还是交了，交的时候还一直在流泪。这里的流泪是为自己的丧失和不得不做出的选择而流泪，是为丧失哀悼。他选择放弃这部分，意味着他为了对抗未来的孤独感而做出了选择。年轻人在排斥别人方面可以以诸如肤色、文化背景、爱好和天资的各种"差异"，比如这封信的主人遇到的内招生还是外招生的标准是身份证上的身份还是实际上的成长环境。甚至有的年轻人会以玩什么网络游戏来区别"圈内人"和"圈外人"。遭遇这种对待或有这样对待他人的大学生需要在心理上有一个清晰的认识：这样的区分或这种不容忍性是个体对同一性丧失感的一种必要的防御。①

三、女性身份认同

我的心理变化更多的是来自家庭的影响。奶奶和姥姥一直劝说爸爸妈妈再要一个男孩，不过我14岁的时候家里迎来了我的小妹妹。爸爸妈妈虽然受原生家庭的影响和为了所谓的"孝道"而选择再要一个孩子，但他们的思想观念毕竟不同于上一辈人，也欣然接受了有3个女儿的事实，并给予我们每个人尽可能多的爱与关心。姥姥因为心疼妈妈，没有再多说什么，而奶奶直到现在都过不了心里的坎，也是从那个时候开始，我深刻地感受到奶奶对男孩的渴望。小妹妹出生之后，奶奶依然在"固执"地劝说爸爸妈妈去抱养一个男孩，可能是因为奶奶看到爸爸妈妈并没有这个想法，于是她每次见到我都必谈到家里没有一个男孩的种种弊端，并希望我

---

① 埃里克·H. 埃里克森著，孙名之译：《同一性：青少年与危机》，浙江教育出版社1998年版，第118页。

也去劝说爸爸妈妈再抱养一个孩子，直到现在依然如此。那个时候，也听到姥姥说，奶奶自从我出生之后就因为我不是儿子而有所抱怨，以及奶奶在这一心理驱动下做出的一些行为，再加上听到周围一些支持奶奶这一观念的人的话，更加深了我这样的想法：不论在学习、生活还是将来的事业上，我都一定会做得和男孩子一样优秀甚至更优秀，我要用自己的实力证明给大家看（最初只是想证明给奶奶看），女儿一样可以成为爸爸妈妈的依靠。

我努力学习，想要考一个好名次的动机里包括我想要变得比家里的男孩子（两位堂哥），甚至比爸爸妈妈朋友的孩子更优秀。为了成为周边人尤其是家族里长辈眼中懂事的孩子，从而让他们羡慕妈妈有一个好女儿，我也开始"伪装"自己，比如过年回老家，对我不熟悉或者根本不想说话的客人也微笑相待，热情地帮奶奶一起招待他们。这样做除了因为从小被爸爸妈妈教育要有礼貌外，更深层次的动机是听到他们对妈妈说"你真是好福气，女儿这么懂事"之类的话时的欣喜，因为我认为自己只有这样做，爸爸妈妈才不会因为没有儿子而感到有缺憾。

高考失误让我第一次体会到了挫败感，虽然考得比自己、爸爸和老师的预期差一些，但还是进入了这所大学。因为我进班时成绩排名靠后，班级里又有很多比我优秀的同学，所以我由一个一直被老师"重视"的学生变成班级里中等生的心理落差让我开始怀疑自己，加上看着身边多才多艺的同学活跃在各种学校活动中，更加剧了我的不自信……

分析：

学习努力的人或多或少都有一点假性自体这样的问题。重男轻女是农业社会遗留下来的社会心理，不光是中国，全世界都存在这样的问题。这个女孩其实是想打败奶奶，以此证明自己存在的意义。关键是这样的行为是否过度。在某种程度上，她没有感觉到自己作为一个女孩被接纳，所以她的自信没有建立起来。她无意识地认同了奶奶对男孩的期望，她也无意识地想要变成一个男孩，而且她把优秀等同于男孩，她认同了这一点。所以对孩子来说，比较危险的是他们认为大人说的话是对的。她内心没有作为自己被接纳、被接受的感受，她的自信建立得并不牢固，她怎么看待自己更多地依赖于外部评价。她有个特点是比较在乎别人怎么看她，或者说她比较在乎外在评价，她是通过拥有什么来肯定自己的，而不是通过了解自己是谁来肯定自己。如果是通过外在拥有来肯定自己，那么一旦外在发生变化，个体就会对自己的身份认同产生怀疑。所以，当她由一直被老师重视的优等生变成中等生时，她就开始怀疑自己了。通过拥有的外在来肯定自己的人往往喜欢与他人进行比较。这些人要么是假性自体，要么是自体不牢固。所以就像科胡特所说，她需要自体客体，比如成绩，别人的肯定、赞扬等，一旦得不到这些东西，她的自体就变得不稳定，容易出现所谓的崩溃。然而悲哀的是，他们这种防御模式往往和社会期望是一致的。几乎每个孩子在成长的过程中都有一个"别人家的孩子"，父母期望自己的孩子向别人家的孩子学习。如果孩子主动以他人为参照物进行学习和较劲儿，身为父母会特别高兴。殊不知，这样的行为恰恰是在扼杀孩子的真实感受和自体。

对科胡特来说，儿童生活在一个社会大环境中，他们与他人的关系构成了心理生存的基本前提。儿童自生命之初，就需要成人不仅满足其生理需求，还要满足其心理需求。在这些需求当中，最重要的或许是对一种模糊的未分化的自体感的支持。尽管从一开始，这种自体感如婴儿翻身、抬头、爬行，可能仅相当于一套反射以及与生俱来的潜能，但是通过父母的鼓励，这种自体感迅速转变成精神世界中的一股核心力量。比如孩子无意识的面部肌肉运动被父母理解为微笑，那么在父母激动和欢喜的声音、表情、动作的激励下，孩子会真的变成有意识的肌肉运动保持微笑；再如孩子无意识的嗯、啊之音被父母理解为他在努力尝试发出爸爸或妈妈的声音，结果在父母激动的鼓励反馈之下，孩子慢慢学会用特定的音节发声来称呼父母。类似行为以及幼儿时期的直立行走、自主进食和控制大小便等行为形成的过程中，如果父母给予鼓励，那么这种自体感就会有助于他们真实自体的形成。

温尼科特曾指出，虚假自体来访者的母亲不一定有主观上的恶意，只是"不够好"到能以积极的应对去赋予儿童的自发性动作以意义，她们用自己的动作替代儿童的自发性动作，让儿童去顺从她们的需求。结果确如她们所想，儿童与母亲建立了一种响应母亲的关系，但这种关系不是自发性的，而是"通过顺从环境的要求而实现的"①。

所以个案的母亲为了照顾自己母亲的感受，选择再生一个孩子。而个案为了照顾自己的母亲，选择成为一个优秀的人，为母亲争光。

自体发展的"真实性"与"虚伪性"，实际上是受正在成长的儿童在世界上所感受到的接纳的影响。在这个个案中，我们能看到，她没有感觉到自己被这个世界所接纳。从她出生开始到长大懂事，她身边的重要权威——奶奶都在强调她的无意义感。所以她在逐渐长大的过程中认识到爱与接纳原来是有规范和条件的。她从奶奶眼里看出什么是重要且有价值的、什么是不重要且没有价值的，认识到自己表达的限度是什么，同时也逐渐明白，世界对她的爱并不是因为她的存在，而是通过她的所作所为来预期的。②

---

① 郗浩丽：《客体关系理论的转向：温尼科特研究》，福建教育出版社2008年版，第63页。
② 朱瑟琳·乔塞尔森著，鲁小华、孙大强译：《我和你：人际关系的解析》，机械工业出版社2009年版，第112页。

结语　接纳是健康关系的核心

所有的痛苦和症状都源于关系，而所有健康关系的核心在于接纳（acceptance），即如何接纳一个人，不仅接纳自己，也要接纳他人。接纳婴儿一般问题不大，我们不会说这个婴儿怎么这么难看，或者说这个婴儿怎么什么都不会。但是，随着婴儿的成长，我们开始去评判，而评判都会让对方做出防御性反应。在我们带领的团体里，感受最深的是，很多人在团体治疗中的进步首先是发现什么是评判，学会与他人交流时如何不带评判地去表达自己的感受。比如有人在团体的表现是非常希望帮助别人，每次看到有人不讲话，他就开始讲话，或者总是给别人提建议。但是，其他的团体成员就会发现：怎么老是他一个人讲话？于是，这个组员反馈说：我注意到你就是想去控制，你讲话只是想控制发言权。这种反馈就是评判，这是对总是说话的人行为后面的动机进行分析后得出的评判。

健康的关系不仅是我们生活中快乐的源泉，而且与我们生死攸关。健康的关系对大脑的发展十分重要，它会发展出安全回路。前扣带回和脑岛以及镜像神经系统是共情的神经网络，认知共情的神经结构是腹内侧前额叶。20世纪90年代，医学界发现了镜像神经元，解释了为什么婴儿不会讲话母亲却能理解他讲了什么。婴儿一哭，母亲就知道他要什么，因为婴儿哭泣的行为激活了她脑中相对应的镜像神经元，她就会做出相应的反应。彼此暗示是母婴间互动的一种形式，后来发展为语言性沟通。婴儿针对需要、愉悦和紧张给予母亲暗示的线索，而母亲只是选择性地对其中一些暗示做出反应，因为母亲不可能接收到所有暗示，也不可能对所有暗示进行回应，她只能根据当前情境包括物理环境条件、自身身心状况以及对婴儿所处环境的判断等因素进行综合考虑后，再进行有选择性的回应，而这也正是温尼科特所说"没有完美的母亲"的原因，同时这也是主体间性心理学强调的母婴互动是两个主体之间的主观互动的原因。而婴儿在相似情境中渐渐地改变行为以适应母亲给予的选择性回应，这又恰恰是认知行为治疗里的强化概念所说明的行为形成过程。我们可以说，是母亲的潜意识需要激发了儿童的潜在特征，这些特征使儿童成为母亲的独特的孩子。在这个过程中，母亲传达了一种"镜像"的参考框架，婴儿的原始自体会加以调试地去适应这个框架。通过这些不断循环的互动，儿童的人格得以形成。如果母亲的镜像是无法预期的、不稳定的、焦虑的或有敌意的，那么儿童就有一个不可靠的参考框架，这么一来便会影响或干扰儿童的独立或自我价值感及自尊，进而形成假性自体。但是，如果两个人之间是安全的、彼此接纳的，他们的大脑之间会发生共振，婴儿一开心，母亲也会开心；婴儿笑完了，母亲也笑完了，不会是婴儿笑完了母亲还哈哈笑个不停。他们大脑的波动和频率是一致的。有研究发现，婴儿发起一个表情，大概在 15 秒之后母亲就会做出回应，而且做出的回应基本上与孩子的动作一致（镜映）。婴儿在指着东西，母亲就会顺着孩子指的方向回头看，这往往不是母亲故意的，而是镜映神经元的存在使二者之间产生了共振，或称共鸣。所以婴儿小手一指，母亲就会跟着看过去。有时母亲发出这样的互动，婴儿也会回应。在成长中会发生无数次这样的互动，他们会看同样的东西，会看着彼此。这对婴儿的大脑、心理发展非常重要，因为在互动过程中他可以获得一种感受：我的感受是被一个人理解的，是可以和另一个人分享的。这是我们能够建立主体间性，小孩长大之后能够理解母亲和别人的感受的原因。他首先感受到自己的感受被理解，他才有机会理解另一个人的感受，这使得他感到自己是被接纳的。正是源于对母婴关系的观察，在育儿教育上我们改变了让母婴分离以照顾母亲的传统，而倡导让母婴在第一时间待在一起，以尽可能给婴儿大脑发展建立一个良好的环境。

即使我们在良好的母婴关系中成长，在我们成人以后的人际关系中还是难免会碰到这种情况——一方不开心了。接纳又一次凸显了它的重要性。这种一方不开心的关键是另一方能否一直坚持、保持开放与接纳。冲突的产生往往源于人际交流的一方采取防御性反应，另一方也开始防御。如果一方有反思的功能保持理性，那么冲突就可以得到很好的解决。国家间安全困境里非常有名的"不安全寓言"故事恰如其分地呈现了双方的冲突是如何产生的，以及双方如何开始防御与反防御。奥格超越边界站在了乌格面前，奥格手中拿着标枪，他看起来又瘦弱又饥饿。乌格有一把刀，还有一只羚羊。乌格认为奥格是危险的，要抢自己的羚羊，所以乌格做出了"不由得握紧了刀"这样一个行为。而乌格的这个行为引起了奥格的戒备心理，由于对后面将要发生的事情有着不确定性的焦虑，所以奥格的自我防御机制被唤醒，也下意识地做出了"将标枪放到了防御位置"的行为。这种螺旋模式的发展（或者说投射性认同）让两人陷入对峙局面。两个人都不想处于这样的状态，但是都很害怕。他们试着与对方进行交流，但是都认为对方应该知道自己没有恶意，所以对方应该先放下手中的武器，因为最后的结果是他们仍然僵持在那里。① 这种冲突以及冲突的僵化解决方式不仅存在于个人主体之间，在国家主体间也同样存在。比如有些国家主体对中国积极推进"一带一路"倡议持质疑态度，但非常值得赞赏的是中国政府做的正是坚持、保持开放与接纳，而不是接受质疑者的投射，形成投射性认同。中国政府倡导的人类命运共同体意识与概念以及在此基础上提出的共商共赢共发展倡议则是阿德勒关于个人要获得发展必须与他人合作、为他人做贡献的又一个强力证明。

我们前面提到了社会参与系统（social engagement system），人类的大脑是为了关系而设计的，当然这个设计是进化而来的。进化涉及的关键词如下。

首先是童心（playfulness）。精神分析的书里常有类似字句"Analyst play with his or her patients"，如果直译是"精神分析师和来访者一起玩"，显而易见，对于中国人来说，这简直无法理解。"play"一词在这里包含多重意思：一个是主体间性的主观互动与合作，一个是真诚的开放，一个是放松的状态，一个是非目标性的工作，顺其自然的动力流动，还有一个是在自然流动的动力中得以自然呈现的创造力和新发现。在中国人看来，"玩"不是一件很认真的事情，然而在现代教育中，对孩子而言，playfulness 和创造性有关。孩子的创新无所不在，它原本就是孩子的生存方式，充满着本能的力量和感性的色彩。在孩子那里，创新是"阴性"的；它是在孩子心中经久不息咏叹着的"本能的缪斯"。缪斯女神给予世界声音、节奏、运动，使世界拥有一种可感知的表达方

---

① 张将星：《国家间安全困境的心理分析》，载《同济大学学报（社会科学版）》2013年第4期，第36页。

式，而孩子正是用这种可感知的、非理性化的方式——自发性地通过唱歌、跳舞和玩游戏来表达、创新自己和自己生存的世界，这是他们与生俱来的生存性力量和权利。① 只有玩，只有 playfulness 的，才叫创造性的，所以咨询师也一样，我们和来访者一起"玩"，往往是有一些空间能够发展出来（让我们创造）。很多来访者就是太过于正经、太刻板僵硬而缺少玩的"童心"，他们不仅缺少乐趣，还因这种缺乏而变得刻板和僵化。

第二个关键词是反思能力（reflection）。大多数时候，我们改善关系或者建立关系，很重要的一点就是反思能力。有很多名词，比如认知（awareness）、心智化（mentalization），它们和情商是相同的，即一个人理解自己内心世界或理解别人内心世界的能力。学心理学能够让我们保持好奇心，不会对任何事物想当然地进行理解，因为我们鼓励反思，我们不但对外界事物感兴趣，也对内心世界感兴趣。反思，这是学心理学给我们带来的最大好处——它使我们的生活有活力，并且因为反思而能更好地共情，设身处地去理解别人的感受。我们深信这样的环境对大脑的发展很有好处。

如果你发现你和你的朋友、同事、室友、伴侣（男女朋友）产生了一些负面情绪，你势必要去反思，你要去问这些情绪意味着什么，这是帮助我们改善关系的最主要途径。我们大部分人会说"我的愤怒都是你造成的""是你让我这么愤怒的，所以你要对我负责任"，但现实未必如此。所以我们要去反思。还要反思关系，你可能会问自己："我期望在这个关系中获得什么？""这个关系对我而言意味着什么？"你是希望找到依赖的人，还是希望这个人给你压力？可能这个人很独立，对你没要求，允许你发展。很可能这个愿望满足了之后，过段时间你发现自己的另一个愿望得不到满足——他不给你压力，也不给你亲密，你就会发现自己开始失望了，这就叫反思。

第三个关键词是情绪能力（emotional competence）。情绪对我们很重要，它为我们的生活增添了活力。如果你和一个人讲话，而那个人不带情感，你很快就打瞌睡了；如果你和一个人交往，而那个人非常理

---

① 张将星：《孩子的创新是可以培养的吗》，载《教育理论与实践》2003 年第 23 卷第 21 期，第 16 页。

结语 接纳是健康关系的核心

性,那你也会慢慢没有兴趣。所以,情绪为我们的想法提供能量。当我们生气的时候,我们发现自己的力量特别大——其实蛮可惜的,力量大的时候都在生气。但确实如此,情绪让我们的生活变得丰富多彩。情绪有两极性,这是人的局限性所决定的,因为我们不能无所不能。这种局限性带来了情绪的两极性,所以有爱就有恨、有喜欢就有讨厌。因此,在建立一段亲密关系前要做好思想准备,即我们会在亲密关系中体验爱、喜悦、感激、激情,这段关系对你越重要,这种体验就越强烈;但是,负面情绪也会变得更强烈,也就是说,丧失对你来说会变得非常痛苦,而且你可能感到非常不安全,会害怕被拒绝、害怕失去。但是,它们(正负面的情绪体验)总是联系在一起的,所以我们必须有这样的准备。很多人害怕失去,不敢开展关系;很多人渴望亲密,可一旦开始亲密关系,他们又变得非常焦虑和不安全,然后就把那段关系结束掉。

有效沟通的人际关系还有一些原则需要遵守。

第一个原则是轮流原则—— 一个人说完后另一个人再说。这一点在儿时就是如此,然而我们发现很多人在日常生活中要么不发起话题,要么一旦开始说就没完没了,不在乎别人听不听。这种交流模式被称为独白(monologue),但是,在生活中我们需要的是对话(dialogue)而不是独白。

我的团体里有一个来访者,别人已经对他的话不感兴趣,开始看手机了,他也不管不顾地继续说。别人就会问他:"我们不听了,你还在说,你讲话不是为了沟通啊?"他回答:"是的,我有一种担心,如果我不把话讲完,就再也没机会说了。"他是在处理自己的焦虑,并不考虑别人是否在听。所以我们在和别人沟通时要记住轮流原则。

第二个原则是表达要清晰完整。比如有个女大学生在男朋友接到一个打麻将的邀请电话后,带着情绪对她的男朋友说:"你是不是不想陪我?想去打麻将?"这个问题并没有清晰地表达她想要什么,而是在给她的男朋友传递错误信息。更加健康的说法是:"我内心感到不是很安全,如果你答应陪我,却又被邀请电话动摇,让我感觉到你不是真的爱我。"但是这种表达对很多人来讲很困难。

第三个原则是非言语要和言语表达一致。我们经常会欺骗自己,也会欺骗对方。比如有个女生在公司努力工作,拿到了一个项目并获奖。她回家后非常想和老公分享,但她总担心如果自己表达喜悦,别人会认

237

为她骄傲自得、炫耀。所以她用自己一贯的就事论事的方式对老公说："我获了××奖。"她老公说："哦。"过后她觉得没人和自己分享喜悦，其实她不知道自己已经把别人带入了这样的沟通模式。

还有很多"老好人"，也就是"零存整取型"的人，别人向他提要求，他为了迎合别人总会答应，但其中包含着很多愤怒，因为他没有重视自己的感受。别人向自己提要求，如果我们知道自己的底线在哪里，我们在满足别人的需要与别人满足自己的需要之间是平衡的——在满足别人需要的同时也满足自己的需要，这样的关系才健康。一味迎合别人，这也是源于儿时的问题，因为这样的人害怕如果拒绝别人，别人会不理自己，那么这个关系就消失了，所以尽管他心里已经感到不舒服，却还是没有表达。你不表达，别人就会认为向你提要求没什么不好，所以不是别人在剥削你，而是你在误导别人。

第四个原则是区分事实和体验。有些人会把自己的体验当作事实，并根据这种所谓的事实分析别人的动机。比如一个人说要去看她妈妈，她丈夫说："对不起，我今天有事儿。"她说："每次说去我家，你总是推托，你就是不想去。"——这其实是个体的揣测，是个体脑中的想法和体验，把其中一次推托当成每次，但这并不是事实。她在描述自己被忽略的体验时就把它当作事实。在心智化的三个水平里，这是典型的想象即事实水平，即我怎么想的就是事实。如果混淆了这一点，就很容易造成冲突。

第五个原则是非评判原则。由于我们的传统文化习惯于喜怒不形于色，因此我们在表达自己的情绪时常常会不知所措。因而，我们习惯用判断和评价来表达自己的情绪，表达自己对对方的接纳或者不接纳。但是，评判不管是好还是坏，在关系的建设中都是弊大于利的。评判的一方会让另一方有被看低的感受，如同面对小学班主任的场面和感受会再现在此时此刻的关系中。同时，评判会让交流流于现实层面，甚至会导致一地鸡毛的情况，陷入无休无止的争论之中。这样的结果，显而易见远离了想要建立良好关系的目标。然而，我们小时候习惯了被父母和老师表扬"乖"或者批评"不乖"，因此，在成长以后的人际关系中，我们也习惯用这样的态度和思维去处理人际关系。所以，在建立健康关系的尝试中，我们需要意识到不评判这个原则的重要性，在矫正性的情绪体验中逐渐提升心智化水平，最终达到领悟模式。

结语　接纳是健康关系的核心

　　本书通过前面章节的表述以及案例的引申分析，详述了当代大学生心理问题产生的原因以及代表性的典型问题和解决问题的途径。总的来说，当今教育者面对网络时代的挑战需要做的是帮助个体感受真实世界的情绪，从 Facebook 回归 face-look，从碎片化教育回归整合性教育，整合自由与理性，整合尊重与自尊，整合历史与现实，整合分离与依靠，整合个人与集体。这些整合都是在对自体进行整合，整合自体意味着将我和这个世界有意义地联结在一起。"你中有我，我中有你"，但同时"你是你，我是我，你我都是独立的个体"。因此，教育者包括家长要帮助青少年个体在一个有边界的空间比如团体中练习发出自己的声音，在自己的声音里逐渐找到真正的自己，理解自己和自己的关系、自己和他人的关系以及自己和世界的关系。也只有在这样的情境下，个体才能真正建立长久的、可信任的亲密关系，而不必将自己放逐在人际的洪流中颠沛流离，或者在无边界的网络空间里寻找活着的感觉。

参 考 文 献

[1] Abram, J., 2007: *The Language of Winnicott-a dictionary of Winnicott's use of words*, London, Karnac Books.

[2]〔奥〕阿德勒:《自卑与超越》,李青霞译,沈阳,沈阳出版社,2012 年。

[3]〔美〕贝克:《认知疗法:基础与应用》,张怡、孙凌、王辰怡等译,北京,中国轻工业出版社,2015 年,2 版。

[4]〔美〕怀特、韦纳:《自体心理学的理论与实践》,吉莉译,北京,中国轻工业出版社,2013 年。

[5]〔美〕怀特:《学习认知行为治疗图解指南》,武春艳等译,北京,人民卫生出版社,2010 年。

[6]〔美〕科胡特:《自体的分析:一种系统化处理自恋人格障碍的精神分析治疗》,刘慧卿、林明雄译,北京,世界图书出版公司北京公司,2012 年。

[7] 马超:《强迫症的心理研究与矫治》,广州,暨南大学出版社,2012 年。

[8]〔英〕尼南,德莱登:《认知行为治疗:100 个关键点与技巧》,孙铃、杨钰琳、杨洋等译. 北京,化学工业出版社,2018 年。

[9]〔美〕琼:《思想等待思想者:比昂的临床思想》,苏晓波译,北京,中国轻工业出版社,2008 年。

[10] 张小乔:《心理咨询的理论与操作》,北京,中国人民大学出版社,1998 年。